Yes we camp!

SECRET CAMPSITES

KLEINE, CHARMANTE CAMPINGPLÄTZE IN EUROPA

Katja Hein, Julian Meyer, Heidi Siefert

INHALT

WEST- UND SÜDWESTEUROPA

NIEDERLANDE

FRANKREICH

ITALIEN

IBERISCHE HALBINSEL

ENTSPANNEN ZWISCHEN WEINGÄRTEN → S. 12

ZENTRAL-, OST- UND SÜDOSTEUROPA

ZENTRALEUROPA

BALKAN

DURCHATMEN IM SCHLOSSPARK → S. 24

GRIECHENLAND

NORDEUROPA

SKANDINAVIEN

VEREINIGTES KÖNIGREICH

BALTIKUM

ABSCHALTEN AUF DEN LOFOTEN → S. 176

MEERBLICK GARANTIERT: GANZ NAH AM STRAND DER MITTELMEERKÜSTE

VORWORT

Einfach mal durchatmen, zur Ruhe kommen, sich selber wieder spüren – in der Hektik des Alltags ist für diese Grundbedürfnisse oftmals viel zu wenig Raum. Da kommt eine Auszeit dann wie gerufen. Ob für ein verlängertes Wochenende oder den Jahresurlaub – ob mit Zelt, Caravan oder Camper. Die Frage ist nur: Wo sind sie noch zu finden, die beschaulichen kleinen Campingplätze, auf denen man ungestört seinen Gedanken nachhängen, sportlich aktiv oder herrlich faul sein kann?

In diesem Buch werden 50 solcher kleinen Paradiese vorgestellt und die sind über ganz Europa verteilt: von Skandinavien im Norden bis Griechenland im Süden, vom Vereinigten Königreich im Westen bis zum Baltikum im Osten. Wildromantische Küsten, paradiesische Strände, ausgedehnte Wälder, liebliche Hügellandschaften, schroffe Felsformationen, tiefe Schluchten, aber auch einsame Moore mit unendlich weitem Blick versprechen wahres Urlaubsglück. Dazu Campingplatzbetreiber, denen es ein Bedürfnis ist, ihre Gäste zu verwöhnen, und nur wenige Stellplätze, die man sich meist auch noch aussuchen kann, machen das Wohlfühlpaket komplett. Wer die Umgebung erkunden möchte, findet Vorschläge für Wanderungen, Fahrradtouren, Bootsfahrten, Naturerlebnisse oder Tierbeobachtungen. Daneben laden historische Stätten und pittoreske Dörfer zu abwechslungsreichen Besichtigungstouren ein, abseits des Trubels großer Ferienregionen.

So selten sind die ungestörten Flecken, nach denen sich alle sehnen, ja doch nicht.

Katja Hein | Julian Meyer | Heidi Siefert

DIE 3 PLÄTZE, AUF DENEN KINDER BESONDERS VIEL ERLEBEN KÖNNEN

Spielen und toben, spannende Geschichten hören und dann nach einem erlebnisreichen Tag selig einschlafen. So genießen junge Campinggäste ihren Urlaub. Bei Gyvelborg Økocamping & Gårdbutik, Dänemark (→ Seite 206), dürfen die Kleinen Hasen und Meerschweinchen füttern, die Kühe in den Stall bringen und zusehen, wie deren Milch verarbeitet wird. Auf Farm & Camping Lazy, Slowakei (→ Seite 112), können sie sogar das Melken lernen und bekommen ein Diplom dafür. Richtig aktiv sein können die Kinder bei Camping La Venta De Contreras, Spanien (→ Seite 68), auf den Sportplätzen und an einer Kletterwand.

Na, soll ich dir nochmal so einen leckeren Zweig besorgen?

Beim Wasserwandern zählt nicht die Zeit, sondern das Erlebnis in der Natur

DIE 3 PLÄTZE MIT DEN SCHÖNSTEN WASSERSPORTERLEBNISSEN

Mit dem Schlauchboot, Kajak oder SUP auf einem Fluss oder See unterwegs sein, ermöglicht so manchen Blickwinkel, der vom Ufer aus verborgen bleibt. Von Camping Eko Oaza Tear of Europe, Montenegro (→ Seite 148), aus saust man bei einer Raftingtour durch die Stromschnellen der Tara. Rechts und links ragen die steilen Felswände imposant in die Höhe. Im Bootscenter von Camping Zagarkalns, Lettland (→ Seite 235), kann man sich alles leihen, was auf dem Wasser Spaß macht, und damit eine Flusswanderung auf der Gauja unternehmen. Von Camping du Braou, Frankreich (→ Seite 32), fahren Wassersportbegeisterte zum Delta der Leyre, das im Volksmund auch als kleiner Amazonas bezeichnet wird.

DIE 3 PLÄTZE MIT DER SPEKTAKULÄRSTEN AUSSICHT

Einen Campingstuhl vor das Zelt oder den Camper stellen und das Naturkino genießen – morgens zum Sonnenaufgang oder abends zum Sonnenuntergang. Am Geirangerfjorden Feriesenter, Norwegen (→ Seite 184), kommt noch der Blick in den tiefblauen Fjord dazu. Im Invercoe Caravan and Camping Park, Vereinigtes Königreich (→ Seite 212), reicht der Blick über den Loch Leven weit in die umliegende Bergwelt hinein. Auf Camping Beira Marvao Alentejo, Portugal (→ Seite 80), hat man vom Plateau mit den Olivenbäumen die schönste Aussicht über das Tal oder man schwimmt im Pool mit Blick auf die Burg von Marvão.

Die Fjorde in Norwegen sind von jeder Perspektive aus fantastisch.

Psst,da kommen sie, und vielleicht gelingt ein gutes Foto.

DIE 3 PLÄTZE FÜR DIE SPANNENDSTEN TIERBEOBACHTUNGEN

Tiere in ihrem natürlichen Lebensraum zu erleben, zählt zu den faszinierendsten Urlaubserlebnissen. Schwarze Kulleraugen und ein schneeweißes Fell haben die Robbenjungen, die man im Donna Nook National Nature Reserve in der Nähe des Camping Walesby Woodlands, Vereinigtes Königreich (→ Seite 216), sehen kann. Camping, Stugor & Outdoor Storängens, Schweden (→ Seite 197), bietet Elchsafaris an, auf denen eine Begegnung mit den gewaltigen Tieren fast garantiert ist. Vom Campingplatz o Tamanco, Portugal (→ Seite 76), ist es nicht weit zum Naturpark Paul de Arzila, in dem Purpurreiher sowie unzählige Entenarten leben und in dem Zugvögel regelmäßig rasten.

DER WEITE BLICK ÜBER DAS ENDLOSE MEER IST IMMER WIEDER EIN ERLEBNIS UND EIN SCHÖNES FOTOMOTIV.

WEST- UND
SÜDWEST-
EUROPA

CAMPINGPLÄTZE IN WEST- UND SÜDWESTEUROPA

WEITERE TOLLE PLÄTZE AUF PINCAMP.DE!

NIEDERLANDE

Entspannung vor und hinter dem Deich

① Camping Julianadorp Aan Zee → S. 14

② Camping De Rozephoeve → S. 18

FRANKREICH

Beeindruckende Wasserwelten
und aussichtsreiche Wanderrouten

③ Camping Le Brévedent → S. 24

④ Bijou du Doubs → S. 28

⑤ Camping Le Braou → S. 32

⑥ Camping les Pins → S. 36

ITALIEN

Zauberhafte Panoramen

⑦ Alpin Fitness Waldcamping Völlan → S. 42

⑧ Sivinos Camping Boutique → S. 46

⑨ Camping Lino → S. 50

⑩ Camping44 → S. 54

IBERISCHE HALBINSEL

Eindrucksvolle Landschaftsbilder

⑪ Camping Playa Penarronda → S. 60

⑫ Camping El Cortal del Gral → S. 64

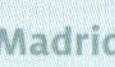

NIEDER-
LANDE
Amsterdam
Paris
FRANKREICH
Mailand
Genua
Montpellier
ITALIEN
Rom
Barcelona
1
2
4
6
7
8
9
10
⑬ Camping La Venta De Contreras → S. 68
⑭ Camping Granada → S. 72
⑮ Parque de Campismo O Tamanco → S. 76
⑯ Camping Beira Marvao Alentejo → S. 80
⑰ Alqueva Rural Eco Camping → S. 84
Zeichenerklärungen
für die Ausflüge → S. 256

NIEDERLANDE

Etwa 500 Kilometer lang ist die niederländische Küste. Da findet schnell jeder einen schönen Badestrand, an dem er schwimmen, sonnenbaden, relaxen oder sportlich aktiv sein kann. Doch nicht nur für ihre Küstenregion sind die Niederlande berühmt: Imposante Windmühlen, die unendlich weiten Blumenfelder, herrlich abwechslungsreiche Landschaften sowie kulturell und historisch bedeutende Städte laden zu Rad-, Wander- und Besichtigungstouren ein.

DIE TULPENFELDER SIND ZUR FRÜHLINGSZEIT EIN HIGHLIGHT VON SÜDHOLLAND.

Vom Campingplatz ist es nicht weit zu den Dünen und damit zum Meer.

CAMPING JULIANADORP AAN ZEE 

Geeignet für Wohnmobile, Caravans und Zelte, 30 Standplätze, Mitte März–Ende Okt.
▸ Van Foreestweg 13a, NL-1787 BK Julianadorp
Tel. +31 616646546
GPS 52.901221, 4.730829
■ pincamp.de/Pin_232885

Dünen, Blumen und das Meer: Julianadorp aan Zee rühmt sich der meisten Sonnenstunden in den Niederlanden. Wie wär's, das in einer der Hängematten zu genießen, die auf dem kleinen Campingplatz zwischen Tulpen- und Narzissenfeldern zum festen Inventar gehören? Esther und Barry haben sich dort 2018 einen Traum erfüllt und neben der Blumenzwiebelgärtnerei einen Minicampingplatz mit Kanuverleih eröffnet. Direkt am Duinvliet, der sich wunderbar für Wasserwanderungen, Spaziergänge, Radtouren und zum Laufen eignet, bieten sie 30 geräumige Stellplätze auf einer großen, freien Wiese. Gesäumt von Dünen, Bäumen und Blumenfeldern, die das Land im Frühling mit kräftigen Farben überziehen.

Für Kinder gibt es einen Spielplatz, für die Großen eine akribisch angelegte Boulebahn. Wer mehr Action sucht, der findet in nächster Nähe jede Menge Möglichkeiten: Tennisplätze, Reitausflüge, Segeln auf dem IJsselmeer.

Direkt vom Platz aus kann man Kajaks oder SUPs zu Wasser lassen oder sein Anglerglück versuchen. Alternativ zur eigenen Muskelkraft lassen sich die romantischen Wasserwege rund um

AUSFLÜGE IN DER NÄHE auf einen Blick

	Strecke	Schwierigkeit	Dauer
Rad	40 km	Leicht	2 Std., Streckentour nach Alkmaar
Ort	Variabel	Leicht	Nach Lust und Laune
Suche	27 km	Leicht	3 Std., davon 1,5 Std. zu Fuß

Julianadorp aan Zee auch mit einem der Elektroboote erkunden, die es führerscheinfrei am Platz zu mieten gibt. Oder doch lieber an den Strand? Der erstreckt sich gleich hinter den Dünen – mit Surfschule, Radweg am Meer entlang und jeder Menge Restaurants, wenn man keine Lust auf selber kochen hat.

ALLES KÄSE

Unbedingt sehenswert ist Alkmaar mit seinen von hübschen Häusern gesäumten Grachten, den netten Läden und sehenswerten Museen. Nicht zu vergessen der historische Käsemarkt. Die Strecke dorthin ist ein Vergnügen mit dem Fahrrad. Zumeist verläuft der Weg parallel zum Meer Richtung Süden. Man muss ja nicht so schnell in die Pedale treten wie die Profis, die 2019 hier ihre Europameisterschaften ausgetragen haben.

Von April bis September ist freitags Käsemarkt in Alkmaar, und der Waagplein wird, wie schon seit 1622, zum geschäftigen Handelsplatz voll goldgelber Käselaibe, die hier gehandelt werden. Freilich ist vieles Touristenattraktion, und doch lohnt es sich, das Prüfen der Käse, das Feilschen und Handeln zu beobachten. Vor allem aber das Käsetragen, wenn die weiß gekleideten Männer der Käseträgergilde im Laufschritt mit einer hölzernen

Der Käsemarkt auf dem Waagplein in Alkmaar ist ein beliebtes Schauspiel.

Trage die Laibe zur Waage bringen. Natürlich gehört ein Stück Käse in den Fahrradkorb, wenn man den Rückweg nach Julianadorp antritt. Wer nicht zweimal denselben Weg nehmen möchte, fährt nicht direkt an der Küste, sondern parallel dazu Richtung Naherholungsgebiet Geestmerambacht, um für die letzten Kilometer bei Sint Maartenszee wieder auf den bekannten Weg zu treffen.

ENDLOSES BLÜTENMEER

Tulpen, soweit das Auge reicht. Dazu Narzissen, Hyazinthen und Lilien. Zwischen Petten, Den Helder, Nieuwe Niedorp und Wieringerwerf erstreckt sich das größte zusammenhängende Blumenzwiebelfeld der Welt. Sandböden und Seeklima sorgen für beste Bedingungen, sodass sich im Frühling der Norden der Provinz Noord-Holland in ein schier endloses Blütenmeer verwandelt. Den Anfang machen die Narzissen. Bis Ende April steht die Region in schönster Blüte. So lange, bis die hübschen Blumen maschinell geköpft werden, damit alle Energie in die Zwiebel geht, um die sich hier alles dreht, weil auf den Feldern keine Blumen, sondern Blumenzwiebeln geerntet werden. Jedes Jahr zur Blütezeit gibt

»Die Blumenfelder überziehen das Land im Frühling mit kräftigen Farben.«

Blumenliebhaber lieben die Stellplätze direkt neben dem Narzissenfeld.

Die 160 Pfähle am Strand von Petten zeigen, wo die Stadt einst stand.

es eine Vielzahl von Möglichkeiten, die Region hautnah zu erleben. Vom Blumenpflücken im Tulpensammelgarten, über Radtouren durch die Dünenlandschaft mit Blick auf die Felder, bis zu exklusiven Erlebnissen wie Fallschirmspringen oder Helikopterflüge. Ein besonderes Erlebnis ist der Wandertag zwischen Blumenfeldern, für den jedes Jahr zwei unterschiedlich lange Routen zu besonders schönen Plätzen ausgearbeitet werden (www.kleurrijkjulianadorp.nl).

Man kann sich aber nicht nur an üppigen Blumenreihen sattsehen. Wer genau hinschaut, der entdeckt vielleicht auch den einen oder anderen Vogel, denn Lerche, Rebhuhn, Rotschenkel oder Bachstelze schätzen das dichte Blattwerk, um hier zu brüten.

MIT DEN ZEHEN IM SCHLAMM

Schuhe ausziehen, Hosenbeine hochkrempeln und los geht's. Das Wattenmeer ist ein mehr als faszinierendes Ökosystem, das der Rhythmus der Gezeiten prägt. Am besten lässt es sich bei einer Wanderung entdecken, bei der man nicht nur den Meeresboden spürt und die würzig-salzige Luft in tiefen Zügen atmet. Mit lokalen Führern lernt man nebenbei eine Menge über die Besonderheiten und Lebewesen im Watt. Und ist auf der sicheren Seite, nicht von der Flut überrascht zu werden. Eine besondere Kombination ist eine Bootsfahrt zum Beobachten der Seehunde. Vom 27 Kilometer entfernten Den Oever auf der ehemaligen Watteninsel Wieringen aus starten die Touren ins Weltnaturerbe Wattenmeer. Zunächst geht es im Schiff hinaus. Wer Lust auf Bewegung hat und das Watt richtig fühlen möchte, der wandert zum Deich, sieht das feine System der Wasserlinien und Rinnen, findet Muschelbänke und staunt über all die winzigen Lebewesen, die sich im seichten Wasser tummeln. Nicht vergessen: Unbedingt einen Abstecher zum Wattenerlebnispunkt machen und von oben einen Blick auf das Naturschutzgebiet 't Oeverse Schor, den Leidam mit der größten Löfflerkolonie Europas, Wieringen, den Hafen von Den Oever und den Afsluitdijk werfen (www.degrootrecreatie.nl).

Der Grill ist angeheizt – jetzt heißt es nur noch: Fleisch oder Fisch?

CAMPING DE ROZEPHOEVE 

Geeignet für Wohnmobile, Caravans und Zelte, 25 Standplätze, Mitte März–Anf. Nov.

▸ Rosepdreef 13, NL-5062 TB Oisterwijk

Tel. +31 135283742
GPS 51.559056, 5.237762

▪ pincamp.de/Pin_232857

Naturidyll: Ein Traum für alle, die Landleben mögen, die das Muhen einer Kuh nicht als störend empfinden und sich auch mal über neugierige vierbeinige Nachbarinnen freuen, die von hinter dem Zaun aus interessiert beobachten, was sich auf der Campingwiese tut. Die könnte idyllischer kaum sein. Mitten im Grünen mit reichlich Platz, ausgezeichneter Infrastruktur und viel Atmosphäre.

Das gilt für den Hof wie für den Minicampingplatz, den Susanne Claassen-Reijrink und Bart Claassen bei Oisterwijk in Noord-Brabant zwischen den hübschen Backsteinhäusern und ihren Weiden angelegt haben. Seit 2019 haben sie sich auf Wagyū-Rinder spezialisiert. Nebenan dürfen heimische Schweine ihre Rüssel in die Erde graben und sich genüsslich im Schlamm suhlen.

De Rozephoeve ist ein herrlicher Ort zum Abschalten inmitten einer Tourismusregion, aber weg vom Massentourismus. Rund um den großen, reetgedeckten Sitzplatz in der Mitte gruppieren sich ganz locker die Stellplätze. Die stylishen Sanitärgebäude lassen einen stutzen,

AUSFLÜGE IN DER NÄHE auf einen Blick

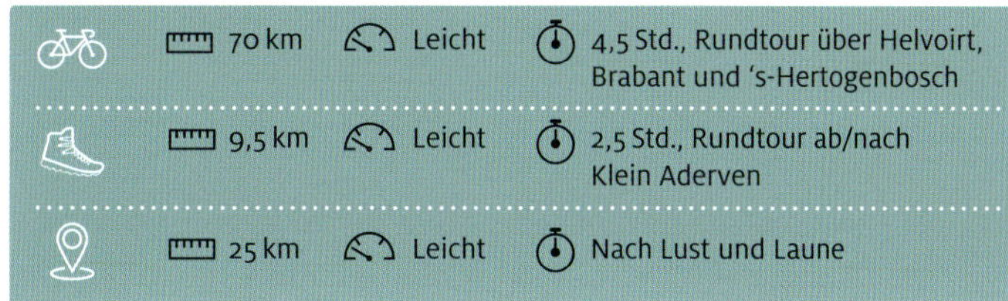

Rad	70 km	Leicht	4,5 Std., Rundtour über Helvoirt, Brabant und 's-Hertogenbosch
Wandern	9,5 km	Leicht	2,5 Std., Rundtour ab/nach Klein Aderven
Ort	25 km	Leicht	Nach Lust und Laune

ob man wirklich beim Camping ist. Für Fahrräder gibt es einen Abstellraum. Angler dürfen ihr Glück am kleinen, eingewachsenen Fischteich versuchen und samstags trifft man sich traditionell zu Billard und Brettspielen. Oder lieber doch eine Partie auf dem Pétanque-Platz?

Ins Zentrum des lebendigen Oisterwijk mit seinem hübschen historischen Zentrum, den einladenden Geschäften, sehenswerten Museen und einem von Römerzeiten inspirierten und häufig bespielten Freilufttheater sind es vier Kilometer. Eindhoven, die traditionsreiche Textilstadt Tilburg und die Provinzhauptstadt 's-Hertogenbosch liegen maximal eine halbe Autostunde entfernt, während Rad- und Wanderwege direkt am Hof vorbeiführen.

Auf De Rozephoeve sollte man unbedingt einen Blick in den Hofladen werfen, der allein einen Besuch wert ist, weil er mit seinem offenen Gewölbe und dem großen alten Kamin wirklich schön ist und obendrein einige witzige Details hat, wie die Melkmaschinen als Deckenlampen. Hier kann man sich mit Köstlichkeiten vom Hof und von ausgewählten Betrieben für die Campingküche eindecken, sich frisch gerösteten Kaffee holen oder ein Stück von einem der Käselaibe schneiden lassen, die appetitlich in Holzregalen liegen. Und wer sich eines der hübschen Souvenirs mitnimmt, die allesamt optisch irgendwie mit Landleben zu tun haben, der schwelgt auch später daheim noch ein bisschen im Urlaubsglück.

MIT DEN AUGEN VAN GOGHS

Seine Heimat Brabant prägte den am 30. März 1853 in Zundert geborenen Vincent Van Gogh und war ihm immer eine Quelle der Inspiration. Sich mit dem Fahrrad auf Spurensuche zu begeben, ist eine der schönsten Möglichkeiten, die Region zu entdecken. Erstes Zwischenziel auf dem Weg nach 's-Hertogenbosch ist Helvoirt, wo sein Vater Theodorus Pfarrer war und Vincent häufig zu Besuch bei der Verwandtschaft. Vorbei an der Vughtsen Heide geht es weiter nordöstlich in die von viel Wasser durchzogene Provinzhauptstadt. Ein eigener Pavillon des Het Noordbrabants Museum widmet sich Van Gogh und ist unbedingt einen Besuch wert, wenn man sich danach auf der Runde um 's-Hertogenbosch mitten in die Natur begibt und in der weiten, ursprünglichen Landschaft manche Perspektive entdeckt, die zu einem der gesehenen Bilder passen könnte (www.visitbrabant.com/de/was-unternehmen/radfahren-in-brabant/der-van-gogh-radweg).

Bei Sonnenaufgang liegt noch Nebel über dem Feuchtgebiet Bossche Broek bei 's-Hertogenbosch.

Insgesamt gibt es einen 435 Kilometer langen Themenradweg und zehn kürzere Schleifen, die sich auf den Spuren Van Goghs durch die Provinz ziehen und 40 Orte anfahren, die für den Maler bedeutend waren, die er malte oder an denen er geehrt wird. Sie orientieren sich an dem in Noord-Brabant üblichen Radwegenetz aus Knotenpunkten, an denen die Van-Gogh-Radtouren mit extra Schildern ausgewiesen sind.

ZAUBERHAFTE SEENLANDSCHAFT

Schillernde Libellen, Eisvögel und Entenarten, die man noch nie gesehen hat, winzige Blüten, Heidekrautteppiche: Wer aufmerksam ist, der kann auf einer Runde durch das Naturschutzgebiet Oisterwijk mit seinen Mooren, Wäldern, Sümpfen und kleinen Seen viel entdecken. Nicht nur Vögel und mit etwas Glück sogar eine Uferschnepfe, den Nationalvogel mit seinen staksigen Beinen und dem langen gebogenen Schnabel. Unterwegs wechseln sich tiefschwarze Moorseen, Tümpel voller Seerosenteppiche und glasklare Gewässer ab. Magisch ist die Runde, wenn die aufgehende Sonne durch den Frühnebel bricht. Oder nach einem Gewitterregen, wenn das dampfende Wasser Ufer und Inselchen mit einem Schleier überzieht.

Etwas nördlich von De Rozephoeve liegt mit dem Klein Aderven der erste einer Vielzahl kleiner Seen, die man während der Rundtour südlich von Oisterwijk passiert. Bei Badewetter lohnt es sich,

Die Landschaft ist besonders schön, wenn das Heidekraut leuchtend violett blüht.

Mystisch ist die Stimmung morgens am Moorsee im Naturschutzgebiet Oisterwijk.

die Badehose einzupacken und im Openluchtbad Staalbergven ins Wasser zu springen. Schon lange bevor man den See Brouwkuip erreicht, kann man Frösche quaken hören. Interessante Einblicke in Flora und Fauna des Naturschutzgebiets bekommt man im Besucherzentrum Speijkven. Zu einer Stärkung unterwegs lädt das gemütliche Boshus Venkraii, wo sich schon vor mehr als 100 Jahren Pilger auf ihrem Weg nach Belgien mit Limonade und Kaffee stärkten.

DUTCH DESIGN

Das 25 Kilometer entfernte Eindhoven gilt als die Designmetropole der Niederlande. Nicht nur, weil hier jedes Jahr im Oktober das Festival für Design stattfindet, bei dem unter anderem die besten Abschlussarbeiten der Design Academy Eindhoven prämiert und präsentiert werden. Die Universitätsstadt mit Lehrstuhl für Design lebt den typischen Gestaltungsstil an vielen Orten: etwa in der ehemaligen Philips-Werkhalle »Strijp R« mit der Galerie von Piet Hein Eek (www.pietheineek.nl), dem »Hutspot« (www.hutspot.com) oder der kleinen Shopping-Mall »Urban Shopper« (www.urban shopper.nl) in der einstigen Glühlampenfabrik auf dem angesagten Strijp-S-Gelände. Bezeichnend für Dutch Design, das sich von Alltagsgegenständen über Möbel bis in die Architektur zieht: Es ist funktional, humorvoll, vorzugsweise nachhaltig und auf gar keinen Fall elitär.

FRANKREICH

Ob an der rauen Küste des Atlantiks im Norden oder im Westen, den grünen Landstrichen im Burgund oder den üppig blühenden und duftenden Lavendelfeldern der Provence im Süden: Die typisch französische Lebensart ist allgegenwärtig und überaus ansteckend. Neben einem guten Essen und einem Gläschen Wein dazu gehören idyllisch gelegene Dörfer, lebhafte Kleinstädte und reizvolle Landstriche zu einem entspannten und gleichzeitig erlebnisreichen Campingurlaub in Frankreich.

EBBE UND FLUT AM MONT-SAINT-MICHEL ZU ERLEBEN, IST BEEINDRUCKEND.

Im Schlosspark findet jeder einen schönen Platz – nah am Schloss oder etwas abseits im Grünen.

CAMPING LE BRÉVEDENT

★★★★

Geeignet für Wohnmobile, Caravans und Zelte, 97 Standplätze
▸ FR-14130 Le Brévedent

Tel. +33 231647288
GPS 49.2249, 0.304883

▪ pincamp.de/NO1400

Genuss mit allen Sinnen: Ein bisschen fühlt man sich wie im Film. Oder wie im Märchen. Der weitläufige Schlosspark von Le Brévedent ist ein zauberhafter Ort, um seine Zelte aufzuschlagen. Wahlweise mit Blick auf den See, das Schloss oder mitten ins Grüne. Das hat Tradition. 1959 öffneten die Besitzer des ehemaligen Jagdschlosses aus der Zeit Ludwigs XVI. ihre Gärten erstmals für Campingurlauber. Heute ist es mit Jessica und Raphaël Bony die dritte Generation, die mit großer Leidenschaft Gastgeber ist. Und nicht nur das. Sie leben entschleunigten und nachhaltigen Tourismus, lieben Kunst und Musik und haben Kräuter- und Gemüsebeete in Permakultur angelegt, in denen sich jeder am Platz bedienen darf. Einzige Regel: Immer mindestens ein Drittel der Pflanze übrig lassen, damit sie noch weiter wachsen kann. Dabei spürt man, dass dieses Konzept für Jessica und Raphaël keine Modeerscheinung ist, sondern tiefe Überzeugung. Entsprechend sind auch das Angebot im Laden sowie die Köstlichkeiten im Café und Restaurant weitestgehend regional und bio hergestellt.

Neben frischem Gemüse gibt es auf dem Platz in der Nähe der berühmten Badeorte Honfleur

Sehr beliebt sind auch die Stellplätze direkt am See.

und Deauville auch uralte Bäume. Von einem weiß man, dass er mindestens 100 Jahre alt ist. Die Kinder lieben es, in seinen ausladenden Ästen zu klettern und zu spielen. Überhaupt ist Le Brévedent ein Paradies für Kinder, die man hier getrost laufen lassen kann. Platz für Entdeckungen gibt es genug. Und genug zu entdecken. Für manche schon ganz früh, wenn sie Raphaël in den Minizoo begleiten und ihm beim Füttern der Tiere helfen. Gut möglich, dass sie mit einem frisch gelegten Frühstücksei zurückkommen.

Ein zweites Steckenpferd der Gastgeber ist die Musik, weshalb immer irgendwo ein Instrument oder Gesang zu hören ist. Montags im Salon, wo unplugged gespielt wird und sich Gäste gerne auch spontan ans Piano setzen und mitspielen dürfen. Im Hochsommer wird regelmäßig die Open-Air-Bühne im Restaurant bespielt. Oft von Raphaël und seiner Band Les Ratures, deren Repertoire von French Pop bis Brel, Brassens und Aznavour reicht. Ihnen an einem lauen Sommerabend unter den Bäumen zuzuhören, ist ein stimmungsvoller Tagesausklang. Also, wer ein Instrument spielt und im Urlaub nicht aus der Übung kommen möchte: Das Klavier steht bereit.

Das steht im Schloss, in dem auch Rezeption, Laden, Bar und Restaurant einen besonderen Rahmen haben. Drumherum das beheizte Schwimmbad und die großen Stellplätze unter Apfelbäumen, während am idyllischen See Gäste mit Zelt und kleinen Fahrzeugen die besondere Lage genießen.

»Platz für Entdeckungen gibt es genug. Und genug zu entdecken.«

RINGELBLUMENGELB UND ERBSENGRÜN

Sie duften. Sie schmecken. Sie sehen schön aus. Man isst sie, bereitet daraus Getränke zu oder verwendet sie für Kosmetik. Aber wer hat schon einmal Tinte aus Blüten und Früchten hergestellt? Lyse Marfil zeigt, wie es geht, und nimmt ihre Mitstreiter dabei mit auf eine spannende Entdeckungsreise in die Natur. Zunächst geht es gemeinsam über das Anwesen von Le Brévedent. Da werden Blüten gezupft, Tomaten gepflückt und Blättchen zwischen den Fingern zerrieben. Dann wird an der Werkbank im Grünen geschnibbelt, gepresst, gemischt und verrührt – und immer wieder ausprobiert, ob das Resultat den Vorstellungen entspricht. Für die Künstlerin selbst ist die »Alchemie der Pflanzen« ein großes Experimentierfeld mit immer neuen Entdeckungen. Ihren Gästen zeigt Lyse, wie die Farbe gemischt und

AUSFLÜGE IN DER NÄHE auf einen Blick

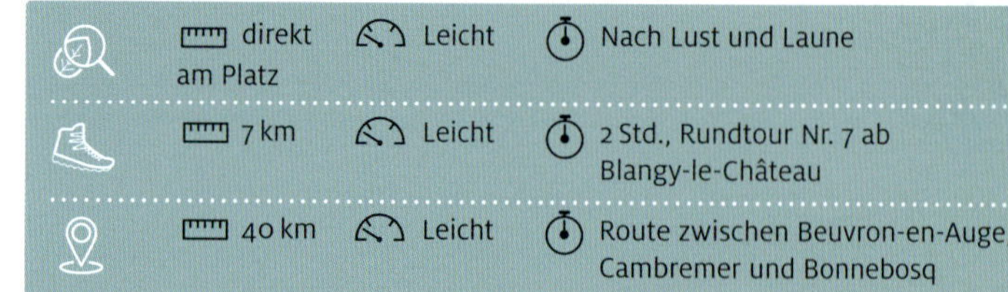

	Strecke	Schwierigkeit	Dauer
	direkt am Platz	Leicht	Nach Lust und Laune
	7 km	Leicht	2 Std., Rundtour Nr. 7 ab Blangy-le-Château
	40 km	Leicht	Route zwischen Beuvron-en-Auge, Cambremer und Bonnebosq

haltbar gemacht wird. Vor allem aber ermutigt sie sie, kreativ und neugierig zu sein. Und wer die Kräuter dann doch lieber in der Kosmetik als auf dem Papier hat, der kann sich alternativ – oder ergänzend – eine Wellnessmassage bei Anne-Lise gönnen.

FACHWERK UND APFELBLÜTEN

Die herrliche Hügellandschaft, das typische Fachwerk, das mit seinen überwiegend senkrechten Balken die schönen alten Häuser gestreift aussehen lässt und schattige Wälder kennzeichnen die aussichtsreiche Rundtour im Südwesten von Le Brévedent. Besonders schön ist es im Frühling, wenn überall in dem von Apfelbäumen geprägten Land ein Blütenteppich die Hügel überzieht. Ein Schmuckstück ist Blangy-le-Château und typisch für das Pays d'Auge. An seinen Häusern lässt sich die Geschichte der Region ablesen – vom Fachwerk aus dem 16. und 17. bis zu den Steingebäuden aus dem 19. Jahrhundert und der Wassermühle aus dem 18. Jahrhundert. Besonders imposant ist die »Auberge du Coq Hardi«, wo im 16. Jahrhundert Reisende und ihre

Im Pays d'Auge fühlen sich auch die Pferde in der weitläufigen Landschaft wohl.

Die Äpfel sind schon fast reif: Bald wird der neue Cidre angesetzt, oder es wird ein Calvados gebrannt.

Pferde rasteten. Vorbei an Wassermühlen und historischen Waschplätzen geht es in immer ländlicheres Gebiet über Les Batailles nach Le Bois Bertrand und von dort weitgehend durch den Wald zurück.

Wahlweise gibt es auf der Route auch Rad- und Reitwege (www.calvados-tourisme.com).

DEM APFEL AUF DER SPUR

Das Pays d'Auge ist Apfelland. Das erkennt man an den Bäumen und sieht es auf den Getränkekarten der Bars und Restaurants. Hier trinkt man Cidre, den perlend-frischen Apfelwein, der hier die kontrollierte Herkunftsbezeichnung »Cidre Pays d'Auge« trägt. Im Zentrum dieser Region liegt die Cidre-Straße, die 20 Produzenten miteinander verbindet, die den besonderen »Cru de Cambremer« herstellen. Der Themenroute zu folgen, ist allein landschaftlich ein Vergnügen. Pferdekoppeln, Fachwerkhäuser, saftige Wiesen und viele Obstbäume säumen die Strecke, auf der es längst nicht nur Cidre zu entdecken gibt. Typisch ist unter anderem auch »Le Pont-l'Evêque Spruytte«, ein flacher, viereckiger Weichkäse, der in Saint-Philbert-des-Champs produziert wird. Unbedingt einen Halt wert ist Beuvron-en-Auge, das zu den schönsten Dörfern Frankreichs gehört und für seine Lokale bekannt ist – vom einfachen Bistro bis zum Sternerestaurant »Le Pavé d'Auge« von Jérôme Bansard. Eine Schlechtwetteralternative könnte ein Besuch im »Calvados Père Magloire l'Expérience« in Pont-l'Evêque sein, wo man sich dem zweiten typischen Apfelgetränk der Region mit einer multimedialen Entdeckungsreise nähert und erfährt, wie aus der Frucht die goldgelbe Spirituose wird. Die Route zwischen Beuvron-en-Auge, Cambremer und Bonnebosq ist auch als Radtour möglich (reine Fahrzeit 2,5 Std.).

Der Blick vom Campingplatz auf den Fluss ist herrlich beruhigend.

BIJOU DU DOUBS 

★★★

Geeignet für Wohnmobile, Caravans und Zelte, 50 Standplätze

▶ Rue du Pont 3, FR-71270 Lays sur le Doubs

Tel. +33 385728232

GPS 46.92985, 5.24478

■ pincamp.de/BC1000

Dem Wasser ganz nah: Den idyllisch zwischen Wiesen, Park und Fluss gelegenen Platz gibt es schon viele Jahre. Aber seit Ralf Knirsch im April 2021 das Areal übernommen und sich den Traum vom eigenen Campingplatz erfüllt hat, wird aus dem Kleinod am Wasser immer mehr auch ein Schmuckstück, ein echtes Bijou.Hier kann man seine Zelte direkt am Doubs aufschlagen, im und am Wasser die Zeit vergessen oder die Vorzüge der Lage genießen. 16 der geräumigen und überwiegend von großen Bäumen beschatteten Stellplätze und die beiden einfachen, aber gemütlichen Holzchalets stehen direkt am Ufer mit Blick und Zugang zum Fluss.

Der Platz liegt ausgezeichnet für Ausflüge nach Beaune, Dijon und in zahlreiche hübsche Städte und Dörfer im südlichen Burgund. Und er ist ein idealer Zwischenstopp für die lange Anreise ans Meer. Wobei sich schon der eine oder andere Gast entschied, doch länger hier zu bleiben und das gemütliche Leben am Fluss zu genießen.

Pool und Sanitärgebäude sind nagelneu renoviert. Die Küche hat Ralf Knirsch als leidenschaftlicher Koch selbst übernommen. Getreu seiner Überzeugung, »dass man auch auf einem kleinen

Campingplatz nicht nur Pommes mit altem Fett und Fertigpizza bekommen muss«, serviert er regionale Spezialitäten wie Andouillette Bourguignonne, Coq au Vin, Jambon Persillé von der Metzgerei am Ort oder seinen Burger mit Raclettekäse und selbst gemachtem Zwiebelconfit.

Aus winterlichem Schwemmholz wurden Sitzgelegenheiten am Boulodrome, wo sich immer Gesellschaft für eine Partie Boule und ein Gläschen Pastis zusammenfindet. Sangesfreudige planen ihren Urlaub passend zu den Karaokeabenden, die von Mitte Mai bis September alle zwei Wochen freitags stattfinden. Dann legt DJ Thierry die Lieblingslieder der Gäste in verschiedensten Sprachen auf, und Küchenchef Knirsch bereitet besondere Köstlichkeiten zu.

Besonders wohl fühlen sich Angler auf Bijou du Doubs. Sowohl vom Ufer als auch vom Boot aus können sie hier ihre Angelrute auswerfen. Vor allem die Aussichten, hier einen Wels zu angeln, sind gut. Auch Äschen, Barsche, Hechte und Zander sind im Doubs heimisch. Die dafür erforderliche Angelkarte gibt es direkt am Platz. In Jean-Paul, den hier alle nur Polo nennen, haben sie den richtigen Ansprechpartner. Er ist nicht nur die gute Seele auf der Anlage und stets zur Stelle, wenn jemand Hilfe braucht, sondern hat als passionierter Angler sicher den einen oder anderen guten Tipp parat.

NATURERLEBNIS VOM WASSER AUS

Longwy-sur-le-Doubs, dessen Wurzeln bis in die Antike zurückreichen, ist ein idyllischer Ausgangspunkt, um sein Boot zu Wasser zu lassen und dem Flusslauf im Natura-2000-Schutzgebiet bis zurück zum Campingplatz zu folgen. In lang gezogenen Kurven windet sich der Fluss durch kaum besiedeltes Land. Felder, Wiesen und Wälder säumen das grüne Band. Tief hängen Weiden ihre Äste übers Wasser, und im Frühsommer breiten die wolligen Pappelsamen ihren »Schnee des Junis« über den Doubs und seine Ufer. Auenlandschaften wechseln sich mit Wasserwiesen ab. Gelegentlich geht es vorbei an Kies- und Sandbänken, die zu Picknickpausen laden.

Egal, ob bei einer Rast oder unterwegs lohnt es sich, aufmerksam zu sein. Mit etwas Glück entdeckt man einen Eisvogel im Geäst, die zierlichen Uferschwalben in ihren Bruthöhlen oder Bienen-

Angler fahren gerne morgens oder abends auf den See und werfen ihre Angelrute aus.

AUSFLÜGE IN DER NÄHE auf einen Blick

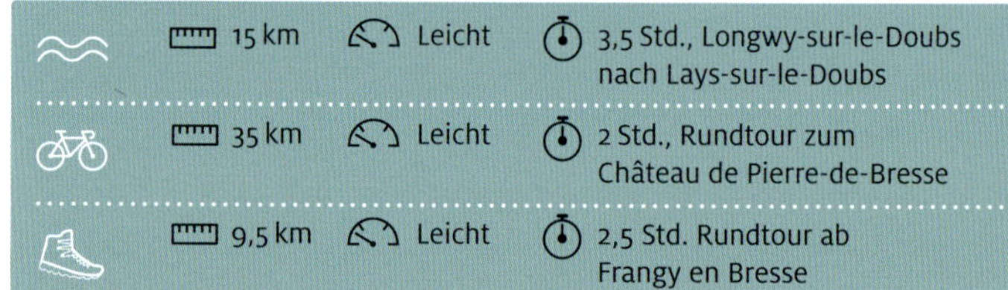

	Strecke	Schwierigkeit	Dauer
Kanu	15 km	Leicht	3,5 Std., Longwy-sur-le-Doubs nach Lays-sur-le-Doubs
Rad	35 km	Leicht	2 Std., Rundtour zum Château de Pierre-de-Bresse
Wandern	9,5 km	Leicht	2,5 Std. Rundtour ab Frangy en Bresse

fresser mit ihren hübschen Bäuchen in zartem Grün. Auch die direkte Umgebung des Campingplatzes ist für ihren Vogelreichtum bekannt. Also noch einmal den Blick schweifen lassen, während man sich mit ruhigen Paddelzügen Bijou du Doubs nähert. Kanus und Kajaks können am Platz ausgeliehen werden. Der Transfer flussaufwärts ist nach Anfrage möglich.

ZU SCHLÖSSERN UND KAPELLEN

Imposant ist das Château de Pierre-de-Bresse mit seinen trutzigen Mauern, den Türmchen und Arkaden. Und dabei ist das Schloss aus dem 17. Jahrhundert nicht nur wegen seiner Optik ein lohnendes Ziel. Hier ist das Ecomusée de la Bresse untergebracht, in dessen sorgsam zusammengetragenen Sammlungen man viel über Historie, Besonderheiten und Alltag der Region erfährt. Zunächst strampelt man durch Wiesen und Felder in Richtung Süden, um bei Terrans zum Étang Baily Gruyère abzubiegen. In einem weiten Bogen führt die Strecke vorbei am Étang du Moulin und Étang de la Folie. Bei La Chapelle-Saint-Sauveur mit seinen windschiefen Fachwerkhäusern lädt ein hübsches Naturbad im Grünen zu einer Abfrischung zwischendurch. Ab Les Pernards geht es Richtung Norden zurück nach Pierre-de-Bresse mit einem

Das Château de Pierre-de-Bresse wurde 1680 von der Familie Thiard de Bissy erbaut.

Die Stellplätze liegen je nach Tageszeit in der Sonne, im Halbschatten oder ganz im Schatten.

Abstecher zum Château, das immer wieder auch den stimmungsvollen Rahmen für Kunst-, Kultur- und Kinofestivals gibt. In der Umgebung gibt es jede Menge Schlösser, die vielfach schöne Ziele für Fahrradausflüge sind. Tipps und Broschüren gibt es vor Ort.

RUNDE DURCH'S GRÜNE

Viel Grün und unberührte Landschaft kennzeichnen das Natura-2000-Gebiet. Durchzogen wird es von zahlreichen Wanderwegen im Grünen, den »Ballades vertes«, eine davon als Rundtour ab Frangy-en-Bresse. Hier ist traditionell Bauernland, und so spaziert man vorbei an kleinen Höfen aus Backstein und Weiden, von denen scheckige Kühe neugierig auf die Wanderer schauen. Besonders stimmungsvoll ist es morgens oder abends, wenn die Sonne durch die hohen Bäume bricht und die Landschaft zauberhaft erscheinen lässt.

»Ob vom Ufer oder vom Boot aus: Die Aussichten, hier einen Wels zu angeln, sind gut.«

Viel Privatsphäre: Die Stellplätze sind durch Hecken und Büsche voneinander getrennt.

CAMPING DU BRAOU 

Geeignet für Wohnmobile, Caravans und Zelte, 50 Standplätze

▶ Rue de Bordeaux 26, FR-33980 Audenge

GPS 44.772795, -1.142966

■ pincamp.de/AQ_80307

Typisch französisch: Leuchtstiftgrüne Kiefern und strahlend blauer Himmel wetteifern um die stärksten Farben über Camping Le Braou, wo es viel Platz gibt, um Zelte aufzuschlagen oder Wohnwagen und Wohnmobil zu installieren. Einfach, aber cool sind die Campétoiles, die nicht nur bei Radreisenden und Weitwanderern sehr beliebt sind: schmucklose Holzkabinen auf hohen Stelzenbeinen mit einem Fenster zum Sternenhimmel und einer geschützten Sitzecke darunter. Die Atmosphäre auf Le Braou ist unaufgeregt. Es gibt kein Chichi, aber alles, um sich wohlzufühlen. Und ganz viel Grün. Hecken und Büsche trennen die Stellplätze. Auf der Terrasse an der Snack-Bar sitzt man unter Bäumen und im kleinen beheizten Pool schwimmt man auf Palmen zu.

Wer keine Lust auf Selberkochen hat oder einfach nur Gelüste auf ein Töpfchen Moules frites – Muscheln mit Pommes – oder süße Crêpes mit Schokoladencreme verspürt, der wird unter den spitzen weißen Zeltdächern gut versorgt. Oder wahlweise vom Foodtruck, der den Platz immer wieder ansteuert.

Berühmt ist die Region für ihre Meeresfrüchte. Die wichtigsten kann man weithin sehen. Im Becken von Arcachon, das sich 50 Kilometer westlich von Bordeaux als spektakuläres Bassin ins Land gräbt, wird seit 1860 Austernzucht betrieben. Hier entstanden auf Betreiben von Napoleon III. die ersten Austernparks. Weit draußen, wo es auch bei Ebbe noch Wasser gibt, kann man die Austernbänke sehen. Und am Ufer die hübschen, bunt gestreiften Hütten der ostréiculteurs, die über vier Jahre ihre Austern pflegen müssen, ehe sie reif sind und traditionell mit Zitrone, Baguette, Butter und einem Glas Sancerre serviert werden. Die schnellste Möglichkeit, die meeresfrischen Muscheln zu kosten, hat man am Port d'Audenge, nur zwei Kilometer vom Campingplatz entfernt. Dazu gibt es jede Menge Alternativen entlang der Lagune, die auch wegen ihrer hübschen Orte, den schönen Sandstränden und viel unberührter Natur ein attraktives Urlaubsziel ist.

AUSFLÜGE IN DER NÄHE auf einen Blick

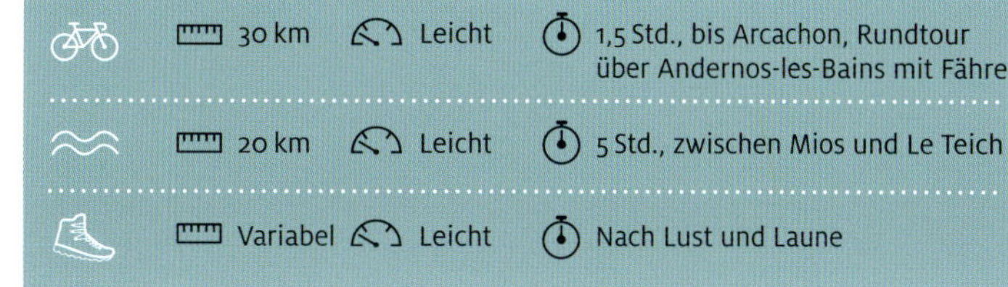

	Strecke	Schwierigkeit	Dauer
Rad	30 km	Leicht	1,5 Std., bis Arcachon, Rundtour über Andernos-les-Bains mit Fähre
Wasser	20 km	Leicht	5 Std., zwischen Mios und Le Teich
Wandern	Variabel	Leicht	Nach Lust und Laune

VELODYSSÉE – RADVERGNÜGEN RUND UM DAS BECKEN VON ARCACHON

Das Ziel hat man ziemlich genau vor Augen. Direkt gegenüber im Bassin d'Arcachon liegt die Stadt, die dem Meeresbecken ihren Namen gab. Mit ihren schmucken Villen von Neoklassizismus bis Belle Époque, hübschen Läden, eleganten Parkanlagen und den für Meeresfrüchte bekannten Restaurants ist Arcachon unbedingt einen Besuch wert. Die vergnüglichste Art, dorthin zu gelangen, ist eindeutig mit dem Fahrrad, denn das Radwegenetz ist fantastisch. Direkt vom Platz

Das Städtchen Audenge in der Nähe des Campingplatzes zieht seine Besucher meist in den Hafen.

geht es auf La Velodyssée, das gut ausgebaute und landschaftlich reizvolle französische Teilstück des Atlantik-Fernradwegs, der mit einem beachtlichen Netz regionaler Radwege ergänzt wird. Nur ein kleines Stück ist es von Arcachon zur Dune du Pilat. Wer noch Energie für acht Extrakilometer und eine kleine Klettertour hat, der sollte auf jeden Fall den Abstecher zur imposanten Düne machen und von oben den weiten Blick über das Meer, das Bassin mit seinen Austernbänken und die ausgedehnten Kiefernwälder im Hinterland genießen. Noch immer nicht genug? Wie wär's mit einer Fährpassage von Arcachon nach Andernos-les-Bains und noch zehn Kilometer auf La Velodyssée parallel zur Küste zurück zum Campingplatz strampeln und die abwechslungsreiche Rundtour komplett machen (www.lavelodyssee.com)?

AUF DEM KLEINEN AMAZONAS DIE ZEIT VERGESSEN

»La petite amazone« – nicht von ungefähr heißt das Delta der Leyre im Volksmund kleiner Amazonas. Sümpfe, Feuchtwiesen und Schilf säumen die Wasserwege, die sich im Süden des

»Hübsche Orte, schöne Sandstrände und viel unberührte Natur rund um die Lagune«

Der Strand von Lège-Cap-Ferret in der Bucht von Arcachon ist mit dem Rad gut zu erreichen.

Beschaulich geht es im Kajak die Leyre, die auch als kleiner Amazonas bezeichnet wird, hinab.

Bassin d'Arcachon durch die Flusslandschaft winden. Ein Traum für Kajaktouren, bei denen man sich schon mal unter dem Blätterdach wegducken muss und sich gelegentlich fühlt wie im Mangrovenwald. Dann wieder weitet sich das Delta, und der Blick schweift über Schilf und weite Wasserflächen. Und wie endet eine Kajaktour am Bassin d'Arcachon stilecht? Mit einem Teller frischer Austern, die noch viel besser schmecken, wenn man direkt mit dem Boot an eines der Restaurants am Ufer paddelt. Organisierte und individuelle Touren beginnen u. a. beim Maison de la Nature du Bassin d'Arcachon am Eingang zum Réserve Ornithologique du Teich. Kinder ab 6–8 Jahre können bereits mitpaddeln.

TYPISCH ARÈS: DIE SALZWIESEN

Das unter Naturschutz stehende Areal der Salzwiesen von Arès mit Kanälen, Wiesen, Dünen und Kiefernwäldern beeindruckt vor allem durch seine landschaftliche Vielfalt. Mal geht es vorbei an von Wiesen gesäumten Fischbecken. Dann wieder durch trockene Graslandschaft. Auf den gut beschilderten Wegen findet man sich im knapp 500 Hektar großen Areal mühelos allein zurecht. Schautafeln unterwegs weisen auf Besonderheiten dieses maritimen Ökosystems hin. Noch spannender ist eine Tour mit den Naturführern von Arès, die nicht nur erzählen, was die Salzwiesen so besonders macht. Sie wissen, was da zwitschert, welche Pflanzen besonders gut mit Ebbe, Flut und Salzwasser klarkommen, und wo man vielleicht eine der Schildkröten sehen könnte, die sich hier genauso wohlfühlen wie Aale, Otter und viele andere Tierarten.

Weit reicht der Blick über den Lac de Sainte-Croix, der das Wasser des Verdon auffängt.

CAMPING LES PINS 6

Geeignet für Wohnmobile, Caravans und Zelte, 100 Standplätze, Ende April–Anf. Okt.

▶ FR-83630 Les Salles-sur-Verdon

Tel. +33 498102380
GPS 43.776283, 6.209

■ pincamp.de/PO2200

Nur keine Hektik: Karibischblau strahlt der Lac de Sainte-Croix von Weitem schon. Und auch auf dem Camping Les Pins hat man gute Chancen, vom Stellplatz aus einen Blick auf den See zu erhaschen. Möglich macht es das terrassierte Gelände zwischen See und dem 230-Einwohner-Dorf Les Salles-sur-Verdon, das ursprünglich dort lag, wo sich nun die Wasserfläche erstreckt. 1971 wurde das Talbecken geflutet und der Ort wanderte 400 Meter weiter nach oben an seinen heutigen Platz – mitten im Parc naturel régional du Verdon. Der gewonnene Stausee dient nicht nur der Trinkwasserversorgung und Stromerzeugung. Er ist auch ein Paradies für Wassersportler und ein herrlicher Ort für Badetage am sandigen Ufer. Zu Fuß sind es nur ein paar Meter vom Campingplatz an den See.

Auf Les Pins selbst wird aus Überzeugung »Slow Tourism« gelebt. Wer Action sucht, der ist hier falsch. Wer es genießt, seine Hängematte zwischen zwei Bäume zu spannen und sich am Blick und der Ruhe zu erfreuen, sich abends ungezwungen am Grillplatz oder bei einer Partie Pétanque zu treffen, der ist hier genau richtig. Ihre Zelte schlagen Urlauber mitten im

Grünen auf und Platzchef Alain Gombert müsste sein aufrichtiges »wir lieben Bäume« nicht extra erwähnen, denn hier gibt es nicht nur die markanten Pinien, die gleich an der Rezeption ins Auge fallen und dem Platz zu seinem Namen verhalfen. Eine Vielfalt von Gewächsen von süß duftenden Linden über Feigen, Esskastanien, Oliven und Nussbäumen bis zu den Akazien mit ihren üppigen Blüten und feinen Blättern prägen das Gelände und sorgen für Privatsphäre auf den Stellplätzen, von denen es ganz einfache ohne jegliche Anschlüsse, aber mit viel Abenteuer gibt, aber auch komfortabler ausgestattete Parzellen mit eigenem Stromanschluss oder allem Komfort. Und ungewöhnlich für Frankreich: Der Platz bietet keine einzige Mietunterkunft an. Dafür Sitzgarnituren für Radfahrer, Wanderer und Biker, die mit kleinem Gepäck reisen.

Camping Les Pins ist ein gemütlicher Platz mit familiärer Atmosphäre und idealer Ausgangspunkt für vielerlei sportliche Aktivitäten und aussichtsreiche Panoramatouren im grünen Hinterland der Côte d'Azur.

Typisch Provence und nicht nur cool für Kinder ist es, wenn der Pizzawagen kommt. Ansonsten gibt es regionale Bioprodukte für die Campingküche sowie Bäcker und Metzger gleich neben dem Platz. Und ein Bummel über den provenzalischen Wochenmarkt am Ort ist allein wegen der Atmosphäre angeraten.

PADDELN MIT WOW-EFFEKT

Es ist kein einsames Vergnügen, aber trotzdem absolut empfehlenswert. Als eine von Frankreich als Naturdenkmal ausgewiesene und geschützte »Grand Site de France« ist die mehr als imposante Verdon-Schlucht ein entsprechend frequentiertes Ziel von Kajakfahrern, Stand-up-Paddlern und Tretbooten. Wer früh am Morgen startet, kann einigermaßen allein die spektakuläre Landschaft und das türkisblaue Wasser genießen. Am späteren Nachmittag bezahlt man die Ruhe häufig mit Gegenwind aus der Schlucht. Etwa fünf Kilometer vom Campingplatz entfernt mündet der Unterlauf des Verdon in den Lac de Sainte-Croix. Recht schnell verengt sich hinter der Pont du Galetas der Flusslauf. Winzig fühlt man sich zwischen den steilen Felsen und weit weg vom Alltag. Immer wieder scheint man direkt in eine Sackgasse zu gelangen. Man spürt, wie es tiefer in der Schlucht kühler wird und staunt über immer neue Felsformationen. Unbedingt loh-

Der Quinson-See im Nationalpark Gorges du Verdon ist bei Kajakfahrern sehr beliebt.

nenswert ist es, bis zur Cascade de Saint-Maurin zu fahren. Nach etwa drei Kilometern endet der ohne Vorkenntnis und Wildwassererfahrung befahrbare Bereich. Auf dem Rückweg hilft die Strömung. Da der Verdon in Stauseen mündet und der Wasserstand unterschiedlich reguliert wird, unbedingt vor Ort über Wasserstände und Strömungen informieren. Bei starkem Wind sollten nur erfahrene Wassersportler aufs Wasser. Boote können beim Campingplatz oder am Eingang zur Schlucht gemietet werden.

SENTIER MARTEL – DER EINDRUCKSVOLLE KLASSIKER

Man merkt es schnell, warum der Sentier Martel ein Muss für wanderbegeisterte Franzosen ist. Die Tour führt vom Chalet de la Maline (südlich von La Palud-sur-Verdon an der Panoramastraße Route des Crêtes) stromaufwärts zum Point Sublime. Einfach nur atemberaubend ist der aussichtsreiche Weg entlang der senkrecht ins Tal

»Alles grünt und blüht, dazu der Gesang der Vögel und eine wunderbare Aussicht in die Verdon-Schlucht.«

Auf dem Sentier Martel taucht man tief in die üppige Natur ein.

AUSFLÜGE IN DER NÄHE auf einen Blick

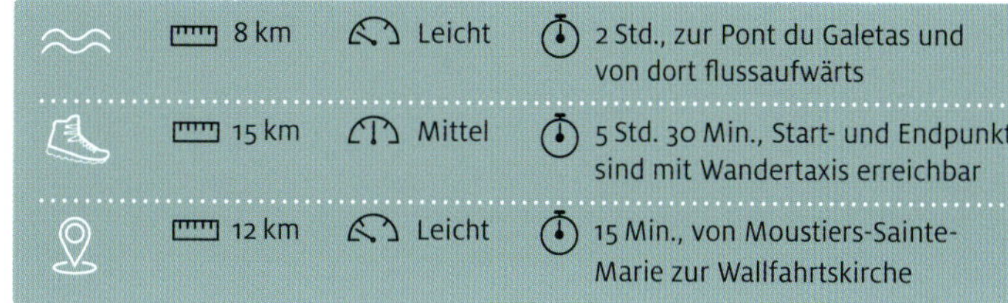

	8 km	Leicht	2 Std., zur Pont du Galetas und von dort flussaufwärts
	15 km	Mittel	5 Std. 30 Min., Start- und Endpunkt sind mit Wandertaxis erreichbar
	12 km	Leicht	15 Min., von Moustiers-Sainte-Marie zur Wallfahrtskirche

geschnittenen Verdon-Schlucht, wo sich der Fluss milchigblau durch waldreiche Hänge und schroffen Fels windet. Der nach seinem Erstbegeher, dem Höhlenforscher Eduard Martel, benannte Pfad, der am Chalet de la Maline beginnt, verläuft bisweilen in aussichtsreicher Höhe. Dann wieder folgt er direkt dem Fluss. Malerisch ist die Felsterrasse La Mescla am Zusammenfluss von Artuby und Verdon, die man nach etwa zwei Stunden erreicht. Atemberaubend der Felsdurchlass Brèche d'Imbert, abenteuerlich der Abstieg auf einer Eisenleiter zum Fluss auf etwa halber Strecke, wo das Tal einen Knick macht. Um die beiden Tunnel gegen Ende des Wegs und die große Höhle Baume aux Pigeons bequem passieren zu können, hilft es, in den Rucksack mit reichlich Trinkwasser und einer Brotzeit für unterwegs auch eine Taschenlampe zu packen. Wenn der Beau Rivière den Weg kreuzt, ist es nicht mehr weit bis zur »Auberge du Point Sublime«, dem Endpunkt einer traumhaften Tour. Trittsicherheit und Schwindelfreiheit sind Voraussetzung, Abkürzungen sind nicht möglich.

Die schönste Zeit, um den Sentier Martel zu gehen, sind Frühling und Herbst, wenn es weniger heiß ist und der Weg nicht so frequentiert wie während der französischen Sommerferien.

AUSSICHTSREICHER ABSTECHER

Das zwölf Kilometer entfernte Moustiers-Sainte-Marie gilt als eines der malerischsten Dörfer Frankreichs. Unter einer schroffen Felswand kleben Häuser, eine Kirche, ein Aquädukt und die Stadtmauer des für seine filigrane Fayencekunst berühmten Orts wie Bauklötzchen am Hang. Hier lohnt es sich, nicht nur zu flanieren. Wer gut zu Fuß ist, sollte die 262 Stufen des Kreuzwegs zu Notre-Dame de Beauvoir hinaufsteigen. Eindrucksvoll schmiegt sich die ursprünglich romanische und im 16. Jahrhundert spätgotisch umgebaute Wallfahrtskapelle an den Fels. Weit schweift der Blick von hier oben über die grünen Täler, den türkisgrünen Lac de Sainte-Croix und im Hochsommer über das eine oder andere Lavendelfeld in kräftigem Violett. Lohnenswert ist aber nicht nur der Ausblick, sondern auch ein Blick nach oben. Berühmt ist Moustiers-Sainte-Marie auch für die mehr als 200 Meter lange vergoldete Kette mit einem Stern, die sich zwischen zwei Felsen spannt. Warum? Dass sie das Geschenk eines Kreuzritters war, ist nur eine von vielen Legenden, die das erklären.

Ein Besuch im kleinen Örtchen Moustiers-Sainte-Marie ist eine Sightseeingtour in eine andere Zeit.

carthago
CH
100

ITALIEN

Ganz im Norden, gleich nach dem Brenner, beginnt mit Südtirol die erste Genussregion Italiens. Weiter geht es über den noch zwischen hohen Bergen gelegenen Gardasee zu den Stränden der italienischen Riviera und der ursprünglichen Hügelregion der Marken an der Adriaküste. Zwischen Weingärten, Olivenhainen und Lavendelfeldern liegen ruhige Plätze und stille Ecken, einzigartige Landschaften und authentische Dörfer, die ein ursprüngliches Italien zeigen.

DIE BERGWELT ITALIENS FASZINIERT IMMER WIEDER.

Jeder Stellplatz bietet eine herrliche Aussicht über das Tal.

ALPINFITNESS WALDCAMPING VÖLLAN 7

Geeignet für Wohnmobile, Caravans und Zelte, 79 Standplätze, Anf. April–Anf. Nov.

▸ Feldweg 25, IT-39011 Lana, OT Völlan

Tel. +39 0473568138

GPS 46.597683, 11.1501

▪ pincamp.de/ST1570

Paradies über der Etsch: Ein schattiger Platz im Wald, ein sonniger auf der Wiese oder aussichtsreich neben Obstgärten? Auf dem sonnigen Hochplateau westlich über dem Südtiroler Etschtal müssen sich Camper entscheiden, wo sie sich im Waldcamping Völlan niederlassen wollen. Auf alle Fälle haben sie viel Platz. Seit 1989 ist das reizvoll gelegene Areal rund um das einstige Völlaner Freibad, teilweise ist die Straße zum Platz einspurig, ein Campingplatz. Noch heute gibt es Stammgäste aus den Zeiten des Lido Camping, der zum Alpinfitness Waldcamping Völlan wurde, als Christine und Hubert Tumler 2012 übernahmen und mit viel Fingerspitzengefühl und Liebe zum Detail den Platz auf Vordermann brachten.

Der Name erklärt schon, was die Anlage am Waldrand ausmacht. Hier ist genau richtig, wer einen optimalen Standort für sportliche Aktivitäten in den Bergen sucht. Dass sie sich gleichzeitig auf historisch bedeutendem Gebiet befinden, wissen die wenigsten Urlauber. Historische Funde belegen, dass der Kobalthügel schon in der Hallstattzeit und der älteren Eisenzeit stark besiedelt war. Er steht unter archäologischem Schutz des Landes Südtirol.

Heute ist das 700 Meter hoch gelegene Völlan ein Luftkurort am Eingang zum Ultental. Umgeben von Obstgärten und Kastanienhainen und mit eindrucksvoller Aussicht über das Tal. Hier logiert man abgeschieden von allem Trubel und ist doch ein paar Kehren den Hang hinunter in einer mehr als lebendigen Region mit der traditionsreichen Kurstadt Meran oder den herrlichen Gärten von Schloss Trauttmansdorff.

Wer sein Auto in den Ferien stehen lassen möchte, der kann den Shuttle vom Campingplatz hinunter nach Lana nutzen. Auch Fahrräder werden mitgenommen, sodass Campinggästen auch die weitläufigen Radwege im Tal bequem zugänglich sind. Etwa die Strecke entlang der historischen Via Claudia Augusta oder idyllische Wege zwischen Apfelgärten, aber auch kernige Bergstrecken auf die gegenüberliegenden Hänge. Der für Gäste kostenlose Biketransfer für Mensch und Fahrrad fährt Lana, Völlan, Tisens und den Gampenpass an. Für alle, die lieber in ortskundiger Gesellschaft strampeln, gibt es einmal wöchentlich eine kostenlos geführte Tour.

Der schönste Platz zum Entspannen nach einer Bergtour oder Radrunde ist am Pool mit Aussicht. Vielleicht an einem Aperitif nippen und sich auf einen netten Abend an der Grillhütte freuen, wo man sich in gemütlicher Runde zu Grillabenden oder Pizza aus dem Steinofen trifft, während sich die Kinder auf dem Waldspielplatz vergnügen, bis sie müde in die Schlafsäcke schlüpfen.

Der alpine botanischen Garten des Schlosses Trauttmansdorff liegt hoch über Meran.

AUSFLÜGE IN DER NÄHE auf einen Blick

Wandern	5,5 km	Mittel	1 Std. 15 Min., Start: 2 km vom Campingplatz entfernt
Erkunden	8 km	Leicht	Nach Lust und Laune

ALLES KASTANIE

Manch einer ist irritiert über die spitz zulaufende und entfernt an eine Spindel erinnernde Skulptur am Dorfplatz von Völlan, die als Startpunkt für den Kastanienerlebnisweg ausgewiesen ist. Die Auflösung gibt ein kleines Schild. Ein überdimensionaler »Keschtnriggl« weist den Weg auf den Spuren der Esskastanie. In handlicher Größe wurden die aus Kastanien- und Haselnussholz geflochtenen Körbe zum Schälen gebratener Kastanien verwendet, die man so lange rüttelt, bis die Schalen ab sind. Nächste imposante Wegmarkierung ist ein mannshoher »Kastanienigel«, wie die von ihrer stacheligen Schale umgebenen Früchte hier genannt werden. Je nach Jahreszeit entdeckt man sie auch in den Kronen der Bäume, die nun den Weg säumen. Aber Vorsicht: Herabgefallene Kastanien darf man nicht mitnehmen. Zehn Stationen mit Informationen zur Kastanie gibt es unterwegs – spannend für Kinder, interessant für Große und mit viel Liebe zum Detail angelegt. So wie die Jahresringe an einem gefallenen Baum, an denen nicht nur Wetterphänomene und klimatische Besonderheiten erklärt werden. Auch historische Ereignisse sind im mehr als 200 Jahre

Auf dem Kastanienerlebnisweg in Völlan bei Lana erfährt man viel über die Maronen.

Einer der sieben Gärten im Kränzelhof in Tscherms

»Der schönste Platz zum Entspannen nach einer Bergtour oder Radrunde ist am Pool mit Aussicht.«

alten Stamm verortet. Erlebnisreich ist der Weg das ganze Jahr, aber besonders schön im Herbst, wenn sich das Laub färbt und man danach bei einem Bauernhof beim Törggelen frisch geröstete Keschtn kosten kann.

NACHTS IM GARTEN

Der Mensch braucht nicht nur Speisen und Getränke, um zu leben, sondern auch inspirierende Nahrung für Geist und Seele. Davon ist Franz Graf Pfeil überzeugt. Dass er ausgerechnet im fruchtbaren Etschtal dafür Platz für Landwirtschaft opferte, stieß zunächst auf wenig Verständnis. Doch unbeirrt legte er auf dem Anwesen des 650 Jahre alten Kränzelhofs in Tscherms seine sieben Gärten an. Inspiriert von Reisen nach Südengland installierten er und seine Frau Stephanie einen Kunstgarten. Einen Ort zum Spazieren, sich Verlieren, Abschalten und Kraft tanken voll Kunst und mit aufregenden Ausblicken zu jeder Tageszeit. Die Philosophischen Gartenführungen, zu denen der Hausherr jeden Dienstag einlädt, sind ebenso inspirierend wie seine Weinführungen. Etwas Magisches haben die sieben Gärten im Mondlicht. Dann werden sie zur besonderen Kulisse für Vollmondmeditationen und Tanzfeste mit coolen DJ's in lauen Sommernächten – barfuß unter freiem Himmel (www.kraenzelhof.it).

Ein schönes Plätzchen am Ufer des Gardasees – das erfreut des Campers Herz.

SIVINOS CAMPING BOUTIQUE 8

★★★½

Geeignet für Wohnmobile, Caravans und Zelte, 38 Standplätze, Anf. April–Ende Okt.
▶ Via Punta San Sivino, IT-25080 Manerba del Garda

Tel. +39 0365552767
GPS 45.531602, 10.557262

■ pincamp.de/GS3000

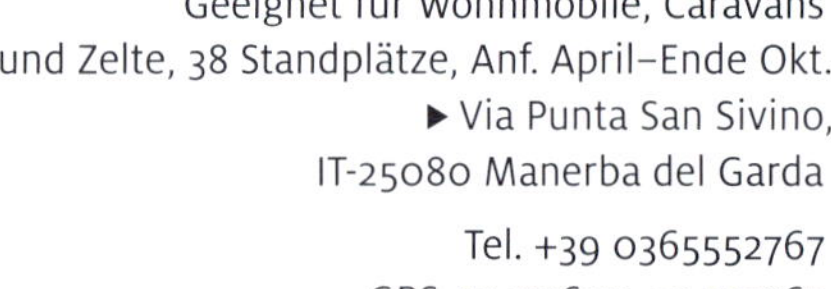

Großes Urlaubsgefühl am Lago: Es sind die Lage und das Flair, die Sivinos Camping Boutique so besonders machen. Im ruhigen Südwesten des Gardasees, wo Oliven- und Weinbau das Bild prägen und die Touristenhochburgen auf Distanz sind, liegt dieser bezaubernde Ort, der zur Gruppe der Vacanze col Cuore gehört, die sich Nachhaltigkeit, Komfort und Naturverbundenheit auf die Fahnen schreibt und dazu ein Faible für kleine Plätze und ausgefallene Glamping-Unterkünfte hat. Die Stellplätze am Gardasee sind klein, weil der Platz begrenzt ist. Dafür hat man gute Chancen, in der ersten Reihe zum See zu stehen, denn das Areal schmiegt sich direkt ans Ufer, das hier eine Biegung macht. Den freien Zugang zum Wasser genießen alle Gäste von Sivinos Camping Boutique, das seit 2021 auch ein Activitycenter betreibt, in dem man sich SUPs und E-Bikes mit GPS-Navigator und kartierten Fahrradrouten leihen kann, oder unter Anleitung die Unterwasserwelt des größten italienischen Sees beim Schnorcheln oder Tauchen entdeckt. Wer sein eigenes Boot mitbringt, kann hier eine Boje mieten.

Ausgeglichen ist der Anteil an Stellplätzen und wirklich coolen Mietobjekten, von denen jedes einzelne seinen besonderen Charme hat. Die einfachen aber stylishen Air Stays zwischen Olivenbäumen und blühenden Sträuchern. Die Bell Tents, Coco Suites und Safarizelte und ganz besonders die schnuckeligen Vintage-Wohnwagen für zwei, mit viel Sinn für Details, überdachter Terrasse und Blick auf den See.

Den genießt man auch von der Loungeecke an der Beach Bar oder auf der von imposanten Oleanderbüschen begrenzten Terrasse, wo kleine Mahlzeiten und Snacks serviert werden. Und natürlich die Weine aus der Region, deren Produzenten teilweise nur einen kleinen Spaziergang vom Platz entfernt sind.

Samstags ab 14 Uhr ist Markt im fünf Kilometer entfernten Padenghe sul Garda, das eine mittelalterliche Burg überragt. Zehn Kilometer sind es nach Desenzano, der mit 20 000 Einwohnern größten Stadt am See. Ihre schön restaurierten Handelshäuser am Hafen und in der Altstadt zeugen von der Bedeutung als eines der wichtigsten Handelszentren Oberitaliens. In den Sommermonaten werden hier mittwochs die Notti bianche, die weißen Nächte, gefeiert mit Aperitif, Abendessen und Livemusik unterm Sternenhimmel.

ZUM TEMPEL DER GÖTTIN

Was den antiken Griechen Athene, war Etruskern, Latinern und Sabinern Minerva. Ihr zu Ehren hatten sie am spektakulärsten Punkt der Rocca di Manerba einen Tempel erbaut, den zu besuchen sich allein der Aussicht wegen lohnt. Auf dem senkrecht in den See abfallenden Fels thronte das Bauwerk, dessen Ruinen die einstige Größe ahnen lassen. Auf dem Weg von Porto di Dusano hinauf zum Parco Archeologico Naturalistico sind Trittsicherheit und gutes Schuhwerk notwendig. Es lohnt ein Blick ins fast unscheinbare Kirchlein von San Giorgio mit einigen gut erhaltenen Wandmalereien. Bei einem ersten Aussichtspunkt nach einer guten halben Stunde Gehzeit schweift der Blick über Bucht, Berge und die Isola di Garda (www.gardasee.de/manerba-del-garda/naturpark-rocca-di-manerba).

TRUTZIGE FESTUNGEN, TRAUMHAFTE FLUSSLANDSCHAFT

Das quirlige Desenzano mit seinem hübschen alten Hafen liegt als erstes Highlight an der Strecke und verlangt die erste Entscheidung, ob man vor der Tour hier noch einen Espresso mit Aussicht nehmen möchte oder sich die Pause für

Atemberaubend ist der Blick vom Rocca di Manerba über den See.

AUSFLÜGE IN DER NÄHE auf einen Blick

	Strecke	Schwierigkeit	Dauer
Wandern	6 km	Mittel	1 Std. 30 Min., ab Porto di Dusano, 5 km nördlich des Platzes
Rad	90 km	Mittel	5 Std., Rundtour ab/bis Desenzano
Wasser	5 km	Leicht	2 Std. 30 Min., Bootsfahrt von Manerba nach Sirminone

den Rückweg aufhebt. Weitläufiger ist der Porto di Peschiera, dessen beeindruckende Mauern von der einst wichtigen strategischen Lage zeugen. Parallel zum Ufer führt die Strecke hierher. Sirmione lässt man links liegen. Wer Zeit hat, plant einen Abstecher in die von Kanälen umgebene Altstadt ein, die sich komplett innerhalb der mächtigen Festung befindet. Mit dem Mincio verlässt bei Peschiera der einzige Abfluss den Gardasee. Seinem Lauf folgt der Weg bis Monzambano im Parco regionale de Mincio. Ab hier geht es wieder zurück. Den Monte Barbello im Blick, strampelt man zunächst durch Pozzolengo und weiter in Richtung Desenzano. Bevor man die Stadt erreicht, liegt mit dem Torre di San Martino ein markanter und geschichtsträchtiger Ort auf dem Weg. Der mächtige runde Turm erhebt sich auf dem höchsten Hügel von San Martino und erinnert an die blutige Schlacht von Solferino am 24. Juni 1859, die Italiens Unabhängigkeit begründete und die Geburtsstunde für das Rote Kreuz war. Es lohnt sich, den zu einem Museumskomplex (www.solferinoesanmartino.it) gehörenden Turm zu besteigen, die Aussicht ist herrlich. Bei Desenzano schließt sich der Kreis der Radrunde.

Die bunten Häuser und Boote im Hafen von Desenzano laden zu einer Rast in einem der Cafés ein.

Von keinem der Stellplätze auf dem Campingplatz ist es weit zum Strand, und jeder findet dort einen schönen Platz.

RÖMERVILLA UND JAMAICA-STRAND

Man sieht die lang gezogene Landspitze von Sirmione vom Platz aus. Wenn man sich mit dem Linienboot nähert, werden irgendwann auch die antiken Stätten erkennbar, die ganz vorne an der Landspitze liegen. Als Grotte di Catullo sind die Ruinen eines römischen Landhauses aus dem 2. Jahrhundert bekannt und wenngleich nur noch einige Reste von Fresken und Mosaiken erhalten sind, braucht es nicht viel Fantasie, um sich die prächtige Ausstattung von einst vorstellen zu können. Dazu kommt die Lage an der äußersten Nordspitze der Halbinsel, die von glasklarem Wasser umspült wird. Also unbedingt Badesachen mitbringen. Nicht ganz einfach, weil nur vom Wasser aus zu erreichen, aber traumhaft schön gelegen ist der Jamaica Beach direkt unterhalb der Felsen der Grotte di Catullo, wo weißer Stein und türkises Wasser für eine besondere Atmosphäre sorgen. Ebenfalls ganz nah an den Grotte di Catullo befindet sich der Lido delle Bionde mit Liegewiese und Kiesstrand, einem Restaurant und der Möglichkeit, sich ein Kajak zu leihen und die Landzunge paddelnd zu umrunden.

»Im ruhigen Südwesten des Gardasees prägen Oliven- und Weinbau das Bild.«

Malerisch schmiegt sich das Städtchen Cervo an das Ufer der italienischen Riviera.

CAMPING LINO 9

Geeignet für Wohnmobile, Caravans und Zelte, 90 Standplätze, Anf. April–Mitte Okt.

▶ Via N. Sauro 4, IT-18010 Cervo

Tel. +39 0183752390
GPS 43.923283, 8.1092

▪ pincamp.de/LG1350

Küstentraum: Blühender Oleander, duftender Jasmin, opulente Bougainvillea-Teppiche sowie Palmen, deren Blattwedel sanft im Wind rauschen, und das alles beschirmt von hohen Kiefern. Dieses Bild hat man von der italienischen Riviera. Und genau so sieht es am Camping Lino aus, wo obendrein noch rankender Wein für Schatten über den Stellplätzen sorgt. Sobald die Trauben reif sind, darf man sie ausdrücklich pflücken und naschen.

Klein und familiär ist die Anlage und dass sowohl die Parzellen als auch der Swimmingpool und der Strand keine XL-Ausmaße haben, ist schon in der Lage Liguriens begründet, wo recht unmittelbar hinter der Küste die Berge beginnen. Dafür wird man mit außergewöhnlichem Licht, angenehmen Temperaturen und vielfältigen Möglichkeiten belohnt.

Direkt vom Platz starten Radfahrer und Mountainbiker zum gemütlichen Cruisen an der Küste oder auf anspruchsvolle Trails in den Bergen. Dorthin zieht es vorzugsweise auch Wanderer, weil sich an den aussichtsreichen Hängen unzählige Routen ergeben.

Gleich beim Platz oder vom Boot aus versuchen Angler ihr Glück, mit selbst gefangenen Goldbrassen, Barrakudas oder Tintenfischen die Campingküche zu bereichern. Nur vor dem recht unscheinbaren Petermännchen sollten sie sich hüten. Das ist zwar ausgesprochen schmackhaft. Seine Giftstacheln haben jedoch schon manchen Angler ernsthaft verletzt.

Dem Restaurant kann man auch aufs Dach steigen – und oben eine Pizza oder ein Eis mit Aussicht aufs Meer und vielleicht mehr noch auf die von der mächtigen Kirche überragte Altstadt am Hang genießen.

Nicht von ungefähr gehört Cervo zu den »borghi più belli d'Italia«, den schönsten Orten Italiens. Das beschränkt sich nicht nur auf das seit Jahrzehnten beliebte Postkartenmotiv aus der Ferne. Auch aus der Nähe betrachtet ist die nur fünf Gehminuten entfernte Altstadt mit ihren hübschen Gassen immer einen Bummel wert. Wem der Sinn nach größeren Orten steht, der findet entlang der Küste jede Menge Abwechslung von kleinen Fischerdörfern bis ins knapp eine Fahrstunde mit dem Auto oder Zug entfernte Nizza an der Côte d'Azur.

Für Kammermusikbegeisterte und Jazzfans sind Juli und August die besten Monate, um nach Cervo zu reisen. 2023 findet zum 60. Mal das Festival Internazionale di Musica da Camera di Cervo statt (www.cervofestival.com). Überall im 1100-Einwohner-Dorf mit der autofreien Innenstadt spürt man dann die beschwingte Festivalstimmung, und die Piazza della chiesa vor der Kirche der Korallenfischer wird zu einem außergewöhnlichen Open-Air-Konzertsaal.

»Die nur fünf Gehminuten entfernte Altstadt von Cervo mit ihren hübschen Gassen ist immer einen Bummel wert.«

AUSFLÜGE IN DER NÄHE auf einen Blick

	Strecke	Schwierigkeit	Dauer
Rad	26 km	Leicht	1,5 Std., Start: San Lorenzo al Mare, Ziel: Ospedaletti
Wandern	6,5 km	Mittel	4 Std., Start: Varigotti Ziel: Capo Noli

ALLES ROLLT

Die Strecke ist ein Traum. Nicht nur, wenn sich der Himmel in strahlendem Blau über die Blumenriviera spannt und mit dem Blau des Meers um die kräftigste Farbe wetteifert. Entlang der 2016 stillgelegten Bahnstrecke Genua–Ventimiglia wird seit einigen Jahren Stück für Stück ein Radweg ausgebaut, auf dem man ganz entspannt und ohne Autoverkehr im Nacken in Richtung

Bei einer Radtour nach San Lorenzo al Mare ist jeder Kilometer entlang des Meers ein Genuss.

französischer Grenze strampelt. Aktuell geht die Route über 26 Kilometer zwischen San Lorenzo al Mare und Ospedaletti bei Sanremo. Wer diesen Weg radelt – oder mit Inlinern fährt – findet nicht nur eine gut gepflegte Strecke vor. Sie ist auch ausgesprochen reizvoll gelegen, weil die alte Bahntrasse mit bester Aussicht auf die Riviera verlief. Unbedingt in den Fahrradkorb gehören die Badesachen für eine erfrischende Schwimmpause zwischendurch. Vom ungezwungenen, kostenfreien Strandzugang bis zur chicen Badeanstalt mit Himmelbetten und Loungemusik gibt es unterwegs ein vielfältiges Angebot.

Räder kann man in San Lorenzo al Mare ausleihen oder die 16 Kilometer dorthin entlang der Via Angiolo Silvio Novaro parallel zur Küste radeln.

Auf dem Radweg entlang der stillgelegten Bahnstrecke stört kein Auto.

An klaren Tagen reicht der Blick vom Capo Noli sogar bis nach Korsika.

WAS FÜR EIN AUSBLICK!

Egal wo, die ligurische Küste geizt nicht mit aussichtsreichen Wegen und Orten. Man muss hier fast in die Wanderstiefel schlüpfen und losmarschieren, weil es keine öden, langen Hatscher gibt, sondern Strecken, die immer wieder mit neuen, spektakulären Blicken jede Anstrengung sofort belohnen. Als Königsweg unter den Panoramatouren gilt der von Varigotti zum Capo Noli. Das anstrengendste Stück legt man dabei gleich zu Beginn zurück, um in die Höhe zu kommen. Vom hübschen Dorf mit den pastellfarbenen Häusern, das auf jeden Fall zuerst noch einen kleinen Bummel und einen Cappuccino unter Palmen lohnt, geht es über einen steinigen Steig hinauf. 200 Meter über der Küste schlängelt sich der Panoramaweg am Hang entlang. Er folgt den Spuren alter Pilgerwege, passiert das farbenfrohe mit Rettungsringen und Bildern vom Meer dekorierte Mausoleo Cerisola, das an die Rettung eines Ertrinkenden durch Giuseppe Cerisola in den 1980er-Jahren erinnert. Ein Stück weiter steht der Torre delle Streghe, um den sich wilde Hexengeschichten ranken. An klaren Tagen sieht man von hier bis Korsika. Aber allein schon der Blick auf die Küste ist ein Erlebnis. Dazu der opulente Duft nach Salbei und anderen Kräutern. Für einen Blick in die Grotta dei Falsari lohnt sich ein kurzer Abstecher, bevor es zum Capo Noli geht, wo sich die Felsen senkrecht aus dem Meer erheben und wo der allerschönste Platz für ein Picknick mit grandioser Aussicht ist. Auf der einen Seite zu den Strandbuchten von Malpasso, auf der anderen nach Noli, wo es wieder auf Meereshöhe hinuntergeht.

Ausblick vom Campingplatz in die hügelige Landschaft der Marken

CAMPING44 

Geeignet für Wohnmobile, Caravans und Zelte, 24 Standplätze, Ende April–Ende Sept.

▸ San Paterniano – Contrada Aquaviva 44, IT-62020 Loro Piceno

Tel. +39 3317488136
GPS 43.158851, 13.415949

■ pincamp.de/Pin_232266

Kleines Paradies: Ein Platz unter Olivenbäumen und großes Landschaftskino vor den Camperfenstern. Das ist Landleben von seiner schönsten Seite. Rachel und Reus van Hilst betreiben mitten in den Hügeln der Marken einen Agriturismo mit Olivenhainen, Lavendelfeldern, Gemüsegarten und viel Flair. Allein die Aussicht macht den Platz besonders, an dem Wohnwagen, Camper oder Zelte mit viel Abstand zum Nachbarn stehen. Wahlweise frei auf terrassiertem Gelände, im Schatten von Oliven oder Obstbäumen oder zwischen blühenden Blumenwiesen. Im kleinen Pool schwimmt man direkt ins Grüne. Für Kinder – auch große – gibt es Tischtennis, Kicker und Trampolin und für Leseratten einen gut bestückten Bücherschrank, aus dem sie sich bedienen und sich ihren Lieblingsplatz zum Schmökern suchen können. Vielleicht auf dem kleinen Plateau mit Loungemöbeln, Sonnensegel und Lichterketten, auf dem auch italienische Abende und Weinproben mit einem befreundeten Weingut veranstaltet werden?

Morgens liefert der Bäcker frisches Brot. Für die Campingküche gibt es, je nach Saison, frisches Gemüse und Obst aus dem Garten. In dem eine

Viertelstunde zu Fuß entfernten Ort Loro Piceno kann man sich dazu frische, handgemachte Pasta aus dem Nudelladen holen. Oder alles andere aus dem Supermarkt. Unbedingt lohnt sich hier ein Bummel durch die Altstadt mit Kloster, Kirchen und Museen, gemütlichen Bars und Restaurants sowie einer aussichtsreichen Weinbar. Ganz nah gibt es etliche hübsche historische Dörfer. Jeweils eine halbe Autostunde entfernt liegen der Sandstrand von Civitanova, das für sein Opernhaus bekannte Macerata sowie der interessante Naturpark Monti Sibillini.

Auf dem Campingplatz kann man nicht nur sehen, wie an den knorrigen Bäumen die Oliven

»Landleben von seiner schönsten Seite: zwischen Olivenhainen und Lavendelfeldern«

wachsen, sondern sich im Hofladen biologisches Olivenöl Extra Vergine für die Campingküche – oder daheim – kaufen. Rachel und Reus bieten auch Patenschaften für Olivenbäume an. Für 50 Euro im Jahr kann man bei ihnen einen Baum adoptieren. Im Gegenzug bekommt dieser ein Namensschild mit einem Wunschtext und der Pate Adoptionsurkunde, Foto vom Baum und eine Dose Öl aus Oliven vom eigenen Baum. »Wir wollen den gesamten Olivenhain wiederherstellen und dazu neue Bäume pflanzen«, erklären die van Hilsts, wofür sie das Geld investieren.

220 über lange Zeit vernachlässigte Olivenbäume gehören ihnen, seit sie 2019 mit ihren Söhnen Joep und Siem nach Loro Piceno kamen, um hier Landwirtschaft und den Minicampingplatz zu betreiben. Neu dazu kamen 5000 Lavendelpflanzen, aus denen sie Lavendelöl und Lavendelwasser gewinnen und die zur Blütezeit im Juli ein duftender Traum in Violett sind.

Da der Platz mit 24 Stellplätzen und zehn eingerichteten Safari-, Cottage- oder De-Waard-Zelten begrenzt ist, empfiehlt es sich, frühzeitig zu reservieren.

KÜHLES WASSER AN HEISSEN TAGEN

Für die Einheimischen sind die 23 Kilometer entfernten Wasserfälle von Sarnano der Ort, an den es sie an heißen Sommertagen zieht. Hier ist es schattig und kühl, und wo sich das Wasser in

Schon von Weitem hört man das Rauschen der Verlorenen Wasserfälle bei Sarnano.

AUSFLÜGE IN DER NÄHE auf einen Blick

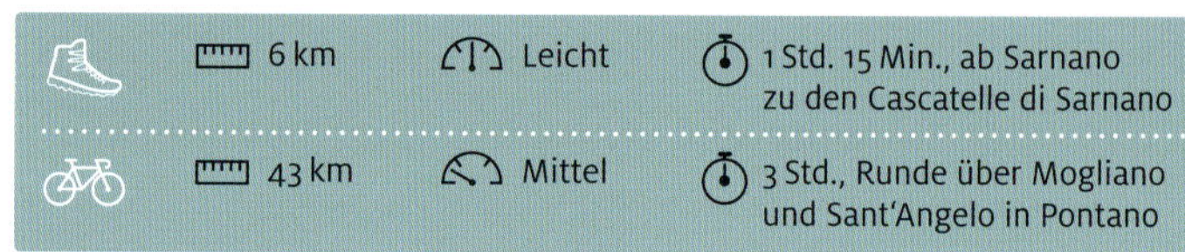

Kaskaden über moosbewachsenen Fels ergießt oder der Tennacola gluckst, ist die Luft frisch, auch wenn sonst die Hitze flirrt. Eine schöne Runde lohnt eine Wanderung aber zu jeder Jahreszeit. Sogar an kalten Wintertagen, wenn Schnee und Eis eine besonders zauberhafte Atmosphäre schaffen.

Zum ersten der Wasserfälle von Sarnano sind es gerade einmal 20 Minuten von der Piazza della Libertà im hübschen Zentrum von Sarnano. Die Cascatelle, die kleinen Wasserfälle, liegen gleich hinter der alten Mühle, die heute renoviert und in Privatbesitz ist. Zuerst kann man den Wasserfall hören. Wer dem Bachlauf folgt, hat ihn bald entdeckt. Überall plätschert das Wasser. Manchmal versteckt hinter Felsen. Manchmal scheint es aus der Wand zu fließen, weil Moos und Blattwerk die feuchten Steine überziehen. Überall findet man lauschige Plätze für eine Rast, und die mitgebrachten Getränke zum Picknick hält das Wasser kühl.

Die Sonnenblumen auf dem Feld strahlen mit der Sonne um die Wette.

Immer am Bachlauf entlang, erreicht man schon nach kurzer Zeit den Verlorenen Wasserfall von Sarnano.

AUSSICHTSREICHE RUNDE

Von den zahlreichen Radtouren, die teilweise direkt am Platz beginnen, ist die Rundtour über Mogliano, Massa Fermana, Falerone und Sant'Angelo in Pontano ein beliebter Klassiker für Rennradfahrer. Eine hügelige Schleife zieht sich durch Wälder, Felder und Dörfer. Je nach Jahreszeit ist die Landschaft leuchtstiftgrün von saftigen Frühlingswiesen, strahlend gelb, wenn die Sonnenblumen blühen oder elegant silbrig, wo die Blätter der Olivenbäume im Licht glitzern. Schon von Weitem sieht man Massa Fermana auf einem Hügel thronen. Wie eine mächtige Kulisse erhebt sich die Porta Sant'Antonio mit Zinnen, Bögen und Arkaden über dem Eingang ins Zentrum. Wer keine Eile hat, der macht Halt beim Museo del Cappello di Montappone (www.ilcappellodipaglia.it), das in einer liebevoll gestalteten Sammlung die Geschichte und Technik der Hutmacherei in der Region thematisiert. Höchster Punkt des kupierten Geländes ist kurz hinter Sant'Angelo in Pontano, das für sein seit Jahrzehnten gefeiertes Polentafest im Oktober berühmt ist. Von hier aus führt der Weg auch wieder Richtung Norden und zurück zum Platz. Wer keine eigenen Fahrräder dabeihat: Am Platz werden Mieträder vermittelt.

IBERISCHE HALBINSEL

Im Norden und Westen vom Atlantischen Ozean umspülte Küsten, die Wellenreiter und Strandnixen anziehen, im grünen Hinterland beschauliche Landstriche, die zu Wanderungen und Entdeckungstouren inmitten einer fast unberührt erscheinenden Natur einladen, im Süden und Osten die Bergwelt der Sierra Nevada und der Pyrenäen: So präsentieren sich die naturnahen Urlaubsregionen Spaniens und Portugals.

BLICK AUF DEN FELSEN VON GIBRALTAR

Schon der Eingang zum Campingplatz wirkt einladend.

CAMPING PLAYA PENARRONDA 11

★★★

Geeignet für Wohnmobile, Caravans und Zelte, 71 Standplätze
▶ Playa de Penarronda s/n, ES-33794 Barres-Castropol
Tel. +34 985623022
GPS 43.551329, -6.997924
■ pincamp.de/AS2400

Geheimtipp: »A la playa, a la playa«, rufen die Nachbarskinder. Schwer bepackt machen sie sich auf zum großen Sandstrand direkt neben dem Campingplatz. Zu Badesachen, Schaufeln und Eimern haben sie auch Köcher dabei. Sie wollen in den kleinen Tümpeln, die sich zur Ebbe an den Felsen gebildet haben, nach kleinen Meerestieren suchen und sind schon ganz aufgeregt. Auf der anderen Platzseite richtet ein Wellenreiter sein Surfboard her und grüßt freundlich herüber. Auf dem mit Palmen, Nadelbäumen und Blumen wie ein Garten angelegten kleinen Campingplatz stehen Zelte, Wohnwagen und Wohnmobile in direkter Nähe zum Meer. Die gepflegten Parzellen sind durch grüne Hecken getrennt, die zusätzlich Schutz bieten.

Zur schönen Lage tragen auch die grüne Umgebung und der Blick auf das nahe liegende Gebirge Picos de Europa bei. Nachts ist nur das Rauschen der Wellen zu hören. Dazu kommt ein herrlicher Sternenhimmel.

Hier im nordspanischen Asturien, direkt am Atlantik, locken Meer und Natur, und vor allem ein riesiger Naturstrand. Dieser erinnert von der Form her an eine lang gezogene Muschel und ist auf beiden Seiten von Steilküsten eingefasst. Durch einen schmalen Dünenstreifen führen Holzstege. Klares Wasser und die an Land brandenden Wellen laden zum Toben und Schwimmen ein. Das Zusammenspiel von Ebbe und Flut sowie das Wetter sorgen für ständig wechselnde Farben und Eindrücke. In der Mitte der Bucht befindet sich ein riesiger Felsen mit Durchbruch, der kleine und große Abenteurer zur Entdeckung reizt.

Auch wenn hier ein beliebter Surfspot ist, an dem sich Wellenreiter gerne in die Fluten werfen, bietet der in der Saison bewachte Strand auch ideale Bedingungen für Familien und Naturliebhaber. Unter anderem wachsen an dieser Stelle seltene Pflanzen, wie die Meeresviole, die vom Aussterben bedroht ist. Die »Grüne Küste« – Costa Verde –, wie dieser Teil von Nordspanien genannt wird, ist trotz ihrer mal rauen, mal sanften Schönheit kein Touristenhotspot. Es gibt Tageszeiten, da haben die Bewohner des Campingplatzes den Strand ganz für sich allein. Zum Camperglück tragen zusätzlich ein gutes Restaurant und eine große Auswahl an Ausflugszielen in der Nähe bei, von uralten Kirchen, über Höhlen bis zum Hochgebirge.

VON AUSBLICK ZU AUSBLICK

Wer die Wanderschuhe schnürt, erlebt die grüne Schönheit der asturischen Küste hautnah. Direkt am Campingplatz startet der Küstenwanderweg Senda Costera de Tapia. Er führt durch kleine Dörfer, unberührte Natur und vor allem viel Grün entlang der zerklüfteten Steilküste. Dabei schlängelt sich der mit einer Kombination aus rot-weißen Strichen gekennzeichnete Weg ganz leicht auf und ab und der Landschaft folgend auch immer wieder ins Inland. Das Rauschen der Wellen, Zirpen der Vögel und Brummen von Insekten begleiten den Wanderer. Neben dem Meer und spannend geformten Felsen in verschiedenen Farben ziehen die hohen Berge der Picos de Europa in der Nähe immer wieder den Blick auf sich, eine herrliche Kulisse! An verschiedenen Stellen laden Aussichtspunkte und angelegte Picknickplätze zum Anhalten und Einlegen einer Pause ein. Playa de Santa Gadea, Playa de Paloma oder Playa de Tapia heißen die Strände, an denen der Weg direkt vorbeiführt, und die zu einem erfrischenden Bad verführen. Bis zum Ziel,

Auf dem Weg zum Fischerörtchen Tapia de Casariego laden immer wieder Aussichtspunkte zu einem Stopp ein.

AUSFLÜGE IN DER NÄHE auf einen Blick

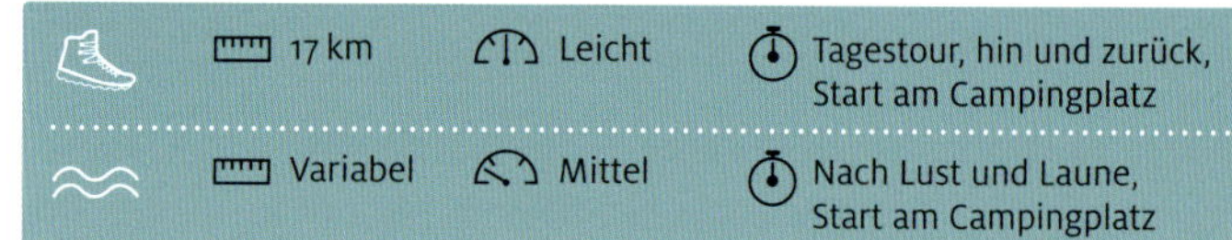

dem Fischerort Tapia de Casariego, sind es rund 8,5 Kilometer. Hier ist eine gute Möglichkeit zum Einkehren und Probieren der schmackhaften asturischen Küche, bevor es auf dem gleichen Weg zurückgeht.

ÜBER DIE WELLEN GLEITEN

Die asturischen Strände sind beliebte Surfspots für Wellenreiter. Wegen der guten Bedingungen hat der Wassersport hier eine lange Tradition. Die Costa Verde und die daran anschließenden weiten Strände Galiziens werden von vielen Surfern auch gerne als »Wilder Westen« bezeichnet. Unter anderem, weil es hier im Norden von Spanien noch ursprünglich und nicht so voll ist. Auch am Playa de Penarronda kommen die Surfbretter zum Einsatz. Besonders die Zeit zwischen Ebbe und Flut ist beliebt, um die besten Wellen zu erhaschen. Da macht schon das

Die Bedingungen für die perfekte Welle sind an der Costa Verde besonders gut.

Nur wenige Meter sind es vom Campingplatz zum Strand, der niemals überfüllt ist.

Zuschauen Freude. Hier kann man den besonderen Wassersport auch ausprobieren. Der weite Strand direkt neben dem Campingplatz ist nämlich ein gutes Revier für Anfänger. Die Strömung ist nicht so stark wie an vergleichbaren Plätzen. Und im Sommer sind die Wellen selten über einen Meter hoch, was die ersten Stehversuche erleichtert. Aber auch Fortgeschrittene kommen auf ihre Kosten. Von Juni bis August herrschen bei Wassertemperaturen von 20 °C die besten Bedingungen für Anfänger. Die Monate mit der höchsten Wellensicherheit und besonders beliebt bei erfahrenen Surfern sind September und Oktober. Dann hat das Wasser noch etwa 18 °C. Direkt hinter dem Campingplatz befindet sich die Nordes Escuela de Surf (Surfschule), die Material verleiht und Unterricht anbietet (www.nordesescueladesurf.com).

»Das Zusammenspiel von Ebbe und Flut sowie das Wetter sorgen für ständig wechselnde Farben und Eindrücke.«

Manchmal fällt die Wahl schwer: einen Stellplatz mit Aussicht zu den Bergen …

CAMPING EL CORTAL DEL GRAL 12

Geeignet für Wohnmobile, Caravans und Zelte, 46 Standplätze, Mitte Juni–Anf. Sept.
▸ ES-25726 Lles de Cerdanya
Tel. +34 659595168
GPS 42.416499, 1.673486
▪ pincamp.de/CT_84634

Herrliche Aussichten: Was für ein Panorama und so eine schöne Lage, sind sich Camper einig, die hier untergekommen sind. Der freie Blick vom kleinen Bergcampingplatz auf die gegenüberliegende Serra del Cadí ist außergewöhnlich. Der lang gestreckte, schroffe Gebirgszug der Vorpyrenäen gehört zum Parc Natural del Cadí-Moixeró.

Hier ganz im Norden von Spanien stehen die Zelte, Wohnwagen und Campervans auf einer satten Bergwiese mit einigen Büschen und Bäumen. Die großzügigen Stellplätze sind durch Felsblöcke aufgeteilt. Rundum gibt es nur Weiden, einen Wald mit Schwarzkiefern und ein paar vereinzelte Häuser. Die Ver- und Entsorgung muss fachgerecht im nächsten Ort erfolgen.

Die Region lebt von Landwirtschaft, Viehzucht, Forstwirtschaft und vom Tourismus, vor allem im Winter. Ganz in der Nähe des Campingplatzes liegt ein beliebtes Skirevier. Dagegen kommen im Sommer nur Eingeweihte hierher. Dabei ist die Lage des Campingplatzes ideal für Ausflüge ins umliegende Gebirge, zum Wandern, Fahrradfahren oder für Motorradtouren. Verschiedene Wanderwege führen direkt am Campingplatz vorbei. Auch Frankreich und

Andorra sind nicht weit entfernt. Doch eigentlich ist es auch schön, einfach vor Ort oder in der Nähe des Campingplatzes zu bleiben. Rundum stehen Schafe, Ziegen, Rinder und Pferde auf satten Bergweiden.

Die Luft auf 1700 Metern ist glasklar und erfrischend. Die Sonne spiegelt sich im klaren Wasser des kleinen Pools, der zum Campingplatz gehört. Einige Badende genießen die Erfrischung und vor allem die grandiose Aussicht, die sich vom Platz aus bietet. Nebenan toben Kinder auf dem Spielplatz, andere stauen gerade den Bachlauf, der lebhaft durch das Gelände fließt. Die Stille wird nur vom Gebimmel der Kuhglocken unterbrochen. Und nachts sitzen die Gäste noch lange vor ihren Zelten, erzählen und genießen den unendlichen Sternenhimmel.

»Die Lage ist ideal für Ausflüge ins umliegende Gebirge, zum Wandern, Fahrradfahren oder für Motorradtouren.«

… oder ein Plätzchen mit Ausblick weit über das Tal. Beides hat seinen Reiz.

AUSFLÜGE IN DER NÄHE auf einen Blick

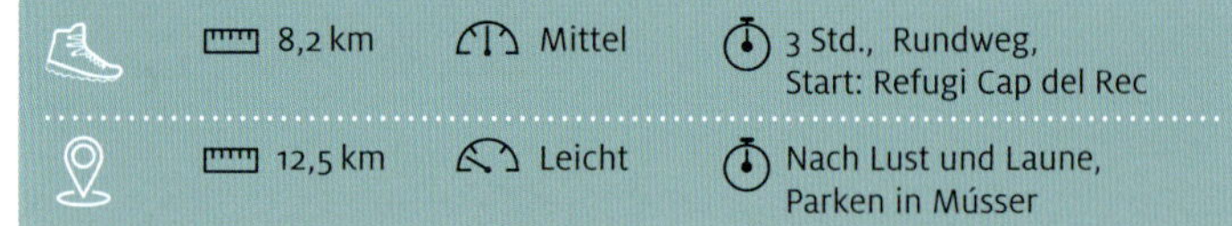

	Strecke	Schwierigkeit	Dauer
Wandern	8,2 km	Mittel	3 Std., Rundweg, Start: Refugi Cap del Rec
Ort	12,5 km	Leicht	Nach Lust und Laune, Parken in Músser

Der nächste Ort Lles de Cerdanya ist rund vier Kilometer vom Campingplatz entfernt. Man braucht etwa 44 Minuten, um ihn zu Fuß zu erreichen, und folgt dabei immer der Zufahrtsstraße. Es ist ein hübsches Bergdorf, das sich seinen natürlichen Charme erhalten hat. Hier finden sich auch mehrere Restaurants. Nicht wundern, wenn die Sprache so gar nicht Spanisch klingt, denn der Campingplatz befindet sich im Herzen von Katalonien und so wird hier mit Stolz Katalanisch gesprochen.

EINFACH SCHÖN

Startpunkt der Wanderung, die über Almwiesen und durch Bergwald führt, ist die Schutzhütte Cap del Rec. Diese liegt vom Campingplatz 3,2 Kilometer entfernt und ist in etwa 40 Minuten erreicht. Dabei sind einige Höhenmeter zu überwinden, denn das Refugi (Schutzhütte auf Katalanisch) befindet sich auf 1960 Metern Höhe. Wer möchte, kann auch mit dem eigenen Fahr-

Der Tossa Plana de Lles spiegelt sich im klaren Wasser des Estany de l'Orri.

Der Blick von der Pista de Lles von Cerdanya in die Bergwelt ist grandios.

zeug bis dorthin fahren. Das dauert nur wenige Minuten. Die Straße bis zum Refugi ist asphaltiert. Der Einstieg in die schöne Wanderung erfolgt seitlich der Hütte über Bergweiden den Berg hinauf. Nach rund 800 Metern zweigt der eigentliche Rundwanderweg zur Munyidera del Tossalí rechts ab (S 21). In einer Biegung erreicht die Strecke den Bergsee von Orri (Estany de l'Orri). Dieser bleibt rechts liegen und die Route folgt mit stetiger Steigung immer weiter dem Weg um den Berg herum. Über den Pla de les Someres wird auf 2387 Metern die höchste Stelle des Rundwegs erreicht. Die Aussicht ist herrlich. Zurück folgt der Weg, vorbei an der einfachen Schutzhütte von Pradell, der Pista de Lles von Cerdanya durch den Wald in Richtung Pollineras wieder hinunter (S 19 und S 18). Der Ausschilderung Refugi Cap del Rec folgend geht es zurück zum Ausgangspunkt, wo auch gutes und herzhaftes regionales Essen serviert wird. Man kann auch beim Campingplatz starten, dann umfasst die Runde 14,6 Kilometer und dauert 4,5 Stunden.

LEBENDIGER STEIN

Nicht weit vom Campingplatz werden an den Hängen von Cadí die Felsen lebendig. Das magische Labyrinth von Rocaviva ist ein verzauberter Ort voller Rätsel. Es kann bei einer Führung besichtigt werden. Mitten in den abgeschiedenen Bergen hat der Künstler Climent Olm die natürlich vorkommenden Felsbrocken in verschiedene Formen gemeißelt. Gestalten, Symbole und Gesichter warten darauf, entdeckt zu werden. Hier finden Besucher eine künstlerisch gestaltete Spirale, dort zeigt sich ein fliegendes Pferd und um die nächste Ecke lugt das Gesicht eines Gnomen. Unklar ist dabei, wer wen anschaut, die Besucher die Kunstwerke oder die Steine die Besucher, so eindrücklich sind die in den Felsen geschlagenen Augen. Ganze 27 Jahre hat der exzentrische Schöpfer an den Werken seines Freilichtmuseums der besonderen Art gearbeitet. Rund 600 Figuren sind dabei rund um den Berg entstanden. Felsen und Landschaft, Kunst und Natur verschmelzen miteinander (www.rocaviva-laberintmagic.blogspot.com).

Geschützt unter Bäumen liegen die Stellplätze am Rand des Naturreservats Hoces del Cabriel.

CAMPING LA VENTA DE CONTRERAS 13

Geeignet für Wohnmobile, Caravans und Zelte, 50 Standplätze
▸ Ctra. Puerto de Contreras Km. 2,5, ES-16260 Minglanilla
Tel. +34 606874206
GPS 39.540087, -1.507806
▪ pincamp.de/Pin_236233

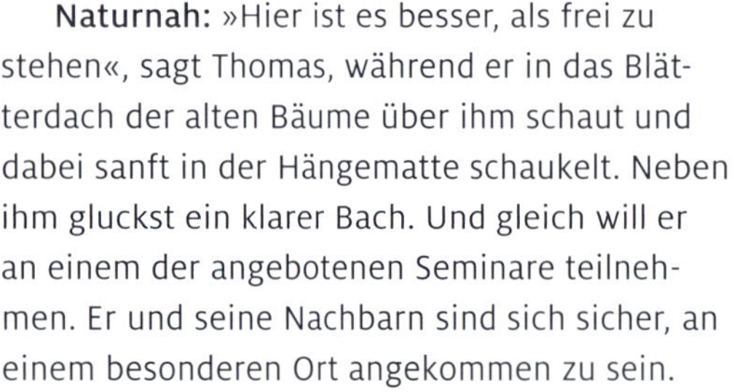

Naturnah: »Hier ist es besser, als frei zu stehen«, sagt Thomas, während er in das Blätterdach der alten Bäume über ihm schaut und dabei sanft in der Hängematte schaukelt. Neben ihm gluckst ein klarer Bach. Und gleich will er an einem der angebotenen Seminare teilnehmen. Er und seine Nachbarn sind sich sicher, an einem besonderen Ort angekommen zu sein. Der Campingplatz La Venta De Contreras ist auf dem Gelände einer alten Handelsstation entstanden, worauf sich auch der Name bezieht. 1785 war an dieser Stelle bereits ein obligatorischer Halt für Händler auf dem Weg von Madrid nach Valencia. Beim Bau des benachbarten Staudamms wurden die Gebäude als Unterkunft für die Arbeiter genutzt.

Jetzt kümmern sich Fidel und Anna hier um ihre Gäste. Nachhaltigkeit und regionale Produkte sind ihnen besonders wichtig. Und auch die Geschichte ist noch an vielen Stellen auf dem Gelände präsent. Das auf traditionelle Gerichte der Region spezialisierte Restaurant ist stimmig in einem historischen Haus aus dem 16. Jahrhundert untergebracht. Camper schwärmen neben dem Ambiente auch von der selbst gemachten Pizza und der Aussicht von der Terrasse. Der kleine, rustikale

Campingplatz hat eine herrliche Lage am Rand des Naturreservats Hoces del Cabriel. Er befindet sich direkt unterhalb der Staumauer des Stausees von Contreras. Die Parzellen sind ideal in die Landschaft eingepasst und in Terrassen mit viel Grün und Schatten angelegt. Wald wechselt sich mit Halbschatten ab. Zum Gefühl, mitten in der Natur zu stehen, kommt alles, was Camper brauchen. Und auch langweilig wird es nicht. Zahlreiche Sehenswürdigkeiten und Wandermöglichkeiten in der direkten und weiteren Umgebung und ein breit gefächertes Programm sorgen für Abwechslung.

Aktiver Tourismus wird hier großgeschrieben. Das Team bietet geführte Wanderungen und Ausflüge an. Der chlorfreie Naturpool wird mit Quellwasser gespeist. Sowohl Kinder als auch Erwachsene sind von den Sportplätzen und der Kletterwand sowie von den Katzen und dem zum Platz gehörenden Hund und Esel angetan. Nachts wird die Ruhe nur vom Rauschen der Bäche, die durch das Gelände fließen, und vom Rascheln der Blätter an den Bäumen unterbrochen. Dazu kommt ein atemberaubender Sternenhimmel. Für große Wohnwagen und Wohnmobile gibt es allerdings nur wenige geeignete Plätze, deshalb lieber vorher anrufen.

ZU DEN IMPOSANTEN MESSERN VON CONTRERAS

Bei einer einfachen Wanderung, die auch für Familien geeignet ist, kann man die eindrucksvolle Natur der Region am besten erleben und dabei sogar das Fahrzeug stehen lassen. Vom Campingplatz geht es etwa 100 Meter hinunter in Richtung Fluss, wo der Sendero de los Cuchillos de Contreras – der Wanderweg zu den Messern von Contreras – hinter dem Informationspavillon des Naturreservats Hoces del Cabriel startet. Während man den Ausblick auf den Contreras-Staudamm genießt, besteht die Möglichkeit, sich mit Informationsmaterial zur Wanderung und zum Naturpark einzudecken. Dann steigt man einige Treppen und einen schmalen Weg hinunter. Der Sendero de los Cuchillos de Contreras folgt ohne große Höhenunterschiede immer dem Fluss. Grün- und Erdtöne überwiegen. Immer wieder gibt es schöne Ausblicke auf das Wasser. Kurz vor der Paraje de los Cuchillos passiert der Wanderweg mehrere kleine Tunnel. Eine Taschenlampe ist aber nicht erforderlich. Die Wanderer sehen die Messer genau gegenüber auf der anderen

Es gehört schon Glück dazu, einen solch kapitalen Steinbock in freier Wildbahn zu entdecken.

Seite des Wassers. Die imposanten Felsen, die hoch in den Himmel ragen, sind durch die Erosion des Kalkgesteins entstanden, die durch das Mäandern des Flusses hervorgerufen wurde. Wendepunkt der Wanderung ist die alte Eisenbrücke, Puente de Hierro. Von hieraus geht es auf dem gleichen Weg zum Campingplatz zurück. Aufmerksame Beobachter können Eichhörnchen und Steinböcke beobachten. Und mit etwas Glück zeigen sich vielleicht im Naturpark lebende Geier oder sogar Adler.

VORSICHT NASS

Gleich mehrere Veranstalter bieten Raftingtouren auf dem Río Cabriel an. Das Team vom Campingplatz kennt die besten und übernimmt gerne die Buchung. So eine Tour ist eine gute Gelegenheit, die außergewöhnliche Schönheit der Landschaft und des Flusstals zu genießen und gleichzeitig gemeinsam Spaß zu haben und natürlich so richtig nass zu werden. Das Mindest-

»Nachts wird die Ruhe nur vom Rauschen der Bäche, die durch das Gelände fließen, und vom Rascheln der Blätter an den Bäumen unterbrochen.«

AUSFLÜGE IN DER NÄHE auf einen Blick

	Strecke	Schwierigkeit	Dauer
Wandern	8,5 km	Mittel	2 Std. 30 Min., hin und zurück ab Campingplatz
Rafting	25 km	Leicht	3–4 Std., davon 2 Stunden auf dem Fluss

alter ist 5 Jahre und Schwimmkenntnisse sind ebenfalls nötig. Neoprenanzug für alle, Socken, Helm und Schwimmweste stellt der Veranstalter. Bevor die Fahrt beginnt, gibt es natürlich noch eine ausführliche Einweisung. Jeder im Boot bekommt ein eigenes Paddel, und dann geht es auch schon los. Neben ruhigem Gleiten über das klare Wasser des Río Cabriel passiert das Schlauchboot auch Strömungen und leichte Stromschnellen, ein feuchtfröhliches Abenteuer für Groß und Klein. Wer dann noch nicht genügend Wasser gehabt hat, kann vor dem Transfer zum eigenen Fahrzeug noch ein erfrischendes Bad im Fluss nehmen, der zu den saubersten Gewässern in Europa gehört. Am Ausgangspunkt sind Zelte zum Anziehen der mitgebrachten trockenen Ersatzkleidung aufgebaut. Zum Einsatz kommen hochwertige Raftingboote, die von einem ausgebildeten Guide geführt werden.

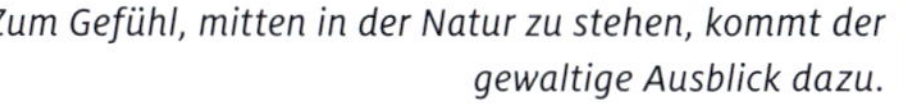

Zum Gefühl, mitten in der Natur zu stehen, kommt der gewaltige Ausblick dazu.

Eine Raftingtour auf dem Río Cabriel ist ein nasses Vergnügen.

Die Alhambra hoch über Granada ist zu jeder Tageszeit ein Highlight.

CAMPING GRANADA 

★★★

Geeignet für Wohnmobile, Caravans und Zelte, 64 Standplätze
▶ Paraje, Cerro de la Cruz
ES-18210 Peligros

Tel. +34 958340548
GPS 37.2414, -3.631383

■ pincamp.de/AD5200

Berge oder Meer? Ein beliebtes Postkartenmotiv hat man hier immer direkt vor Augen. Ob am Stellplatz, von der Terrasse des Restaurants und drinnen von den hohen Fenstern aus oder beim Schwimmen im Pool – hinter einem Meer aus Olivenbäumen erheben sich Granada und die meist schneebedeckten Gipfel der Sierra Nevada als Hintergrundbild, das immer wieder aufs Neue überwältigend ist. An einem steilen, terrassierten Hang gibt es mit Bäumen und Sträuchern aufgelockerte Plätze, von denen einige ebenfalls den Traumblick auf Granada haben.

Schon hier lassen sich gut Pläne schmieden, wohin es in der imponierenden Provinzhauptstadt zuerst gehen soll. Zur mächtigen Kathedrale, in einen der prachtvollen Gärten oder an den Sacromonte, wo sich die ersten Siedler im 15. Jahrhundert ihre Wohnungen in Höhlen bauten, die heute vorzugsweise für Flamenco-Aufführungen genutzt werden. Bei einem Gitarrenbauer durch die Werkstattfenster zusehen, wie Instrumente gebaut werden, oder den Spuren des Dichters Federico García Lorca folgen. Abgerundet später mit einem Glas Wein an der einladenden Bar, am offenen Kamin oder im familiär

AUSFLÜGE IN DER NÄHE auf einen Blick

	45 km	Variabel	Nach Lust und Laune und nach Schneelage
	12 km	Leicht	3 Std. 30 Min., Rundtour ab/bis Huétor Santillán

geführten Restaurant, in dem sich Campinggäste durch andalusische Spezialitäten probieren können.

Die Lage von Camping Granada ist nicht nur ein idealer Ausgangspunkt für vielfältige Wanderungen, Klettern in der Sierra de la Alfaguara und – überwiegend anspruchsvolle – Touren mit Mountainbike oder Rennrad. Es ist gerade auch die Nähe sowohl zu den Bergen als auch zum Meer, die den Reiz Granadas ausmacht. Nicht einmal eine Autostunde entfernt liegt die Costa Tropical, die ihren Namen nicht von ungefähr trägt. Sie ist so etwas wie der Obstgarten Spaniens, und wer Früchte liebt, der sollte die Gelegenheit nutzen, sich hier durch frisch und reif geerntete Köstlichkeiten zu probieren. Und es lohnt sich auch hier, sich auf maurische Spuren zu begeben. Etwa in Almería, wo noch die mächtige Festung Alcazaba auf einem Felsen über der Stadt an die Mauren erinnert.

An vieles wird man sich hier erinnert fühlen, wenn man zuvor schon durch Granada mit seiner Alhambra, dem Sommerpalast Generalife (für beide Eintrittskarten oder den kombinierten Bono Turístico vorab reservieren), den arabischen Bädern und verwinkelten, lebhaften Gassen des Albaicín schlenderte. Apropos: Eine Tapas-Tour, bei der man im Lauf des Abends von Bar zu Bar wechselt und einem zu jedem Getränk ein kleiner, köstlicher Happen serviert wird, gehört unbedingt dazu. Besonders reizvoll ist es, vom Platz aus direkt nach Granada zu radeln; immer das besondere Ziel vor Augen und mit der Gewissheit, sich um keinerlei Parkplatzprobleme sorgen zu müssen.

SÜDLICHER SCHNEE

Skifahren oder Snowboarden im Süden Spaniens? Unbedingt! Die Sierra Nevada ist nicht nur das höchste Gebirge der Iberischen Halbinsel. Mit Pradollano oder Sol y Nieve liegt hier Europas südlichstes Skigebiet, das spätestens durch die Ski-Weltmeisterschaften 1996 bekannt wurde. Bis in den Mai herrschen auf mehr als 3000 Metern beste Schneeverhältnisse und dazu ein ganz besonderes Flair. Wintersport wird hier lässig mit Flamenco in den Bars und Tapas zum Après-Ski kombiniert. Nicht von ungefähr gibt es eine große Snowboard- und Freestyleszene an den Flanken des 3482 Meter hohen Mulhacén, wo mit dem »Superpark Sulayr« einer der besten Snowparks

Ja, auch Schnee und damit Wintersport sind in der Sierra Nevada ein beliebtes Freizeitvergnügen.

Europas steht. Die Sierra Nevada ist aber auch bis in den frühen Sommer ein herrliches Gebiet für Schneeschuhwanderungen und Skitouren. Und das nicht einmal eine Autostunde vom Strand entfernt. Wer frühlingsfrisches Wasser nicht scheut, kann mühelos einen Tag im Schnee mit einem Bad im Meer verbinden (www.sierranevada.es).

AUSSICHTSREICHE RUNDE

Wälder aus Pinien, Atlaszedern, Spanischen Tannen und Steineichen prägen das Naturschutzgebiet Sierra de Huétor ebenso wie die Quellen und Bäche, die Grotten und Höhlen in den Fels graben. Unter den grünen Hügeln liegt nicht nur Granadas Wasserreservoir. Hier gibt es eine artenreiche Flora und Fauna, und es ist ein wunderbares Gebiet für abwechslungsreiche Wanderungen im Grünen.

Eine davon ist die Rundtour Cañada del Sereno – ein Klassiker. Beschildert ist sie gegen den Uhrzeigersinn. Wer sie jedoch im Uhrzeigersinn geht, hebt sich eine Reihe besonderer Aussichtspunkte für den Endspurt auf. Meist geht es im kühlenden Schatten von Pinien und Eichen dahin.

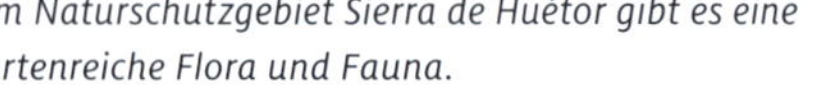

Im Naturschutzgebiet Sierra de Huétor gibt es eine artenreiche Flora und Fauna.

Zahlreiche Naturwege durchziehen das weitläufige Gebiet der Sierra de Huétor.

Im Frühling tupft das Gelb des blühenden Ginsters Wiesen und den lichten Wald. Über weite Strecken wandert man auf weichem Waldboden oder sandigen Wegen dahin, parallel zu Bachbetten oder Gräben wie dem Barranco de Polvorite, und immer wieder tut sich der Blick auf felsige Gipfel auf, die aus dem dichten Grün herausragen. Nördlich des Cerro del Muerto wendet der Weg, führt in engen Serpentinen ein Stück hinauf, um sich fortan ohne größere Höhenunterschiede von Aussichtspunkt zu Aussichtspunkt zu bewegen. Auf Hinweistafeln unterwegs gibt es viel Wissenswertes zum Park und seinen Besonderheiten zu lesen (www.andalucia.org).

»Hinter einem Meer aus Olivenbäumen erheben sich Granada und die meist schneebedeckten Gipfel der Sierra Nevada als Hintergrundbild.«

Die außergewöhnlichen Betonröhren auf dem Campingplatz sind eine beliebte Unterkunft.

PARQUE DE CAMPISMO O TAMANCO 

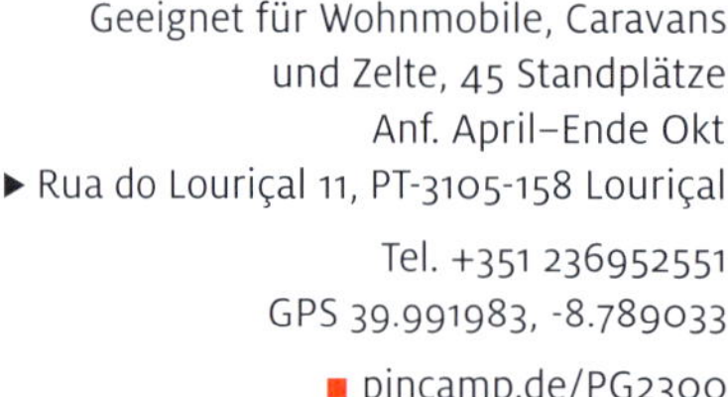

Geeignet für Wohnmobile, Caravans und Zelte, 45 Standplätze, Anf. April–Ende Okt.

▶ Rua do Louriçal 11, PT-3105-158 Louriçal

Tel. +351 236952551
GPS 39.991983, -8.789033

▪ pincamp.de/PG2300

Kleines Paradies: Wie genussvoll es sein kann, Naturverbundenheit und Nachhaltigkeit zu leben, zeigen Hans und Irene. Vor 20 Jahren sind sie aus Eindhoven gekommen, um hier ihren Traum von einem Ort zu leben, an dem man gastfreundlich ist, aber auch respektvoll mit der Natur umgeht. Auf naturbelassenem, leicht geneigtem, teils auch terrassiertem Gelände haben sie im grünen Hinterland der Costa de Prata einen Platz eingerichtet, auf dem Stellplätze durch Sträucher oder auch mal eine Reihe aufgestapeltes Holz gegliedert sind. Teilweise liegen diese im Pinienwald. An anderen Platzteilen duftet es nach Orangenblüten. Palmen, Laub- und Nadelbäume wechseln sich mit üppigen Blumenteppichen ab, und im Permakultur-Garten wächst vieles von dem, was später im lichtdurchfluteten »Cantina« mit den hohen Fenstern und der gemütlichen Ecke mit offenem Feuerplatz, Bibliothek und Kicker auf den Tisch kommt. Auch für die Campingküche kann man auf Tamanco biologisch produzierte Lebensmittel kaufen.

Wer ohne eigenes Zelt oder Fahrzeug anreist, dem stehen auf dem Platz im Grünen einige sehr spezielle Unterkünfte zur Verfügung. Da wären die als gemütliche Schlafräume ausgebauten Betonröhren, die hier »Tubismo« heißen, witzig neben- und übereinander gestapelt und heiß begehrt sind. Die wunderbar gemütlichen Jurten als bunte Farbtupfer im hohen Kiefernwald oder die kleinen Landhäuschen mit Ohrensessel, Kamin und Terrasse. Nicht zuletzt der mit sehr viel Liebe zu Deko und Details ausgestattete und auf Schiffscontainern aufgebaute »Artist Shack«, der sich nicht nur zum Urlaub machen bestens eignet, sondern ebenso für Workation. Alles liebevoll eingerichtet mit Second-Hand-Mobiliar, dem Irene mit viel Leidenschaft und einem Händchen für die richtige Präsentation neues Leben einhaucht. Vintage und Shabby sind hier kein Modetrend, sondern echte Überzeugung. Apropos arbeiten: Mit schnellem WLAN ist nicht nur für digitale Nomaden alles gerichtet. Das kann man auch am Platz jederzeit, weil etwa im Garten immer helfende Hände gebraucht werden können. Und man kann sich als Künstler oder Kunsthandwerker für ein Artist-in-Residence-Programm bewerben. Die umgebaute alte Garage beherbergt nicht nur einen Vintage-Basar, sondern auch ein Atelier.

Tamanco ist ein Platz, an dem man gerne seine Zeit verbringt. Kinder lieben Streichelzoo und Pool. Zwischen Porto und Lissabon gelegen, ist er aber auch ein guter Ausgangspunkt, um Zentralportugal zu erkunden – Batalha, Coimbra oder

»Naturnah im grünen Hinterland der Costa de Prata entspannen«

Das bisschen Haushalt im Campingurlaub ist schnell erledigt.

Fatima. Und für Ausflüge zu den berühmten Surfstränden an der Atlantikküste, wofür der passionierte Surfer Hans die besten Tipps geben kann. Vor der Abreise kann man sich aus der Samenbibliothek mit nach Hause nehmen, was einem hier geschmeckt oder besonders gut gefallen hat und sich sein Urlaubssouvenir selber ziehen. Normalerweise bleibt man hier mindestens für zwei Nächte. Für Pilger, Wanderer und Radfahrer gibt es eine eigene Wiese, auf der sie unkompliziert ihr Zelt aufschlagen können.

AUSFLÜGE IN DER NÄHE auf einen Blick

COIMBRA AUF DEM WASSERWEG

Auch wenn sich in Portugal sehr vieles ums Surfen dreht: Es muss nicht immer Wellenreiten sein. Eine schöne Alternative ist eine Kajaktour auf dem Mondego vom 80 Kilometer entfernten Penacova nach Coimbra. Die Strecke flussabwärts ist einfach zu bewältigen und dabei traumhaft schön. Die Einstiegsstelle ist am Carvoeira-Damm.

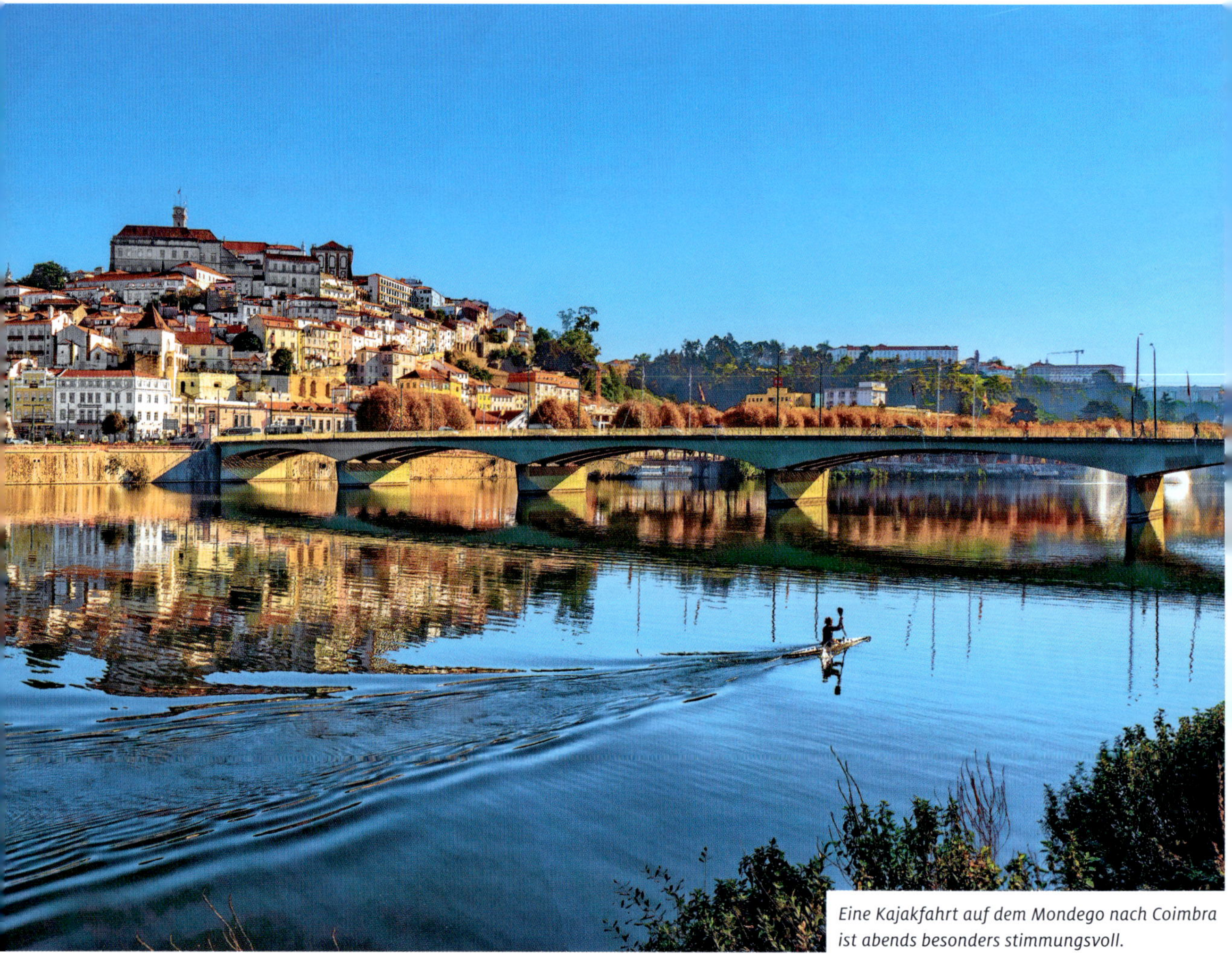

Eine Kajakfahrt auf dem Mondego nach Coimbra ist abends besonders stimmungsvoll.

Einen Purpurreiher bei der Jagd zu beobachten, glückt nur mit Geduld.

Meist paddelt man durch üppiges Grün. Bisweilen kommt man durch kleine Dörfer – Ronqueira, Rebordosa, Louredo, Foz do Caneiro, Casal – in deren Nähe es meist schöne Picknick- und Badeplätze gibt. Bei Palheiros kann man an einer kleinen Bar am Ufer Pause machen. Erster klassischer Ausstiegspunkt ist Torres do Mondego. Wer weiter Richtung Stadt paddelt, muss dafür ein wenig mehr Kraft aufwenden als im ruhigen, geschützten Flusstal. Je näher man Coimbra kommt, desto weiter und manchmal welliger wird der Mondego. Dass sich das kräftige Paddeln lohnt, wird spätestens dann klar, wenn man den Turm der Universität Coimbra entdeckt und die Stadt immer näherkommt.

Geübte können die Tour auch auf dem SUP machen (www.opioneirodomondego.com).

MIT DEM FERNGLAS INS SUMPFGEBIET

Die Runde ist kurz, doch zu sehen gibt es viel. Nahe zum Mondego liegt das geschützte Sumpfgebiet des Cernache, das wichtiger Lebensraum nicht nur für zahlreiche Vogelarten ist. Eine halbe Autostunde vom Campingplatz entfernt liegt der Naturpark Paul de Arzila, zu dem die drei Abzugsgräben »dos Moinhos«, »do Meio« und »da Costa« sowie ein Waldgebiet gehören. Von einem Informationszentrum aus lässt sich der Park auf einer beschilderten Rundtour auf unbefestigten Wegen gut entdecken. Ein Fernglas in der Tasche kann nicht schaden, um von einem der Aussichtspunkte aus die Vögel zu beobachten. Wahrzeichen des Sumpfgebiets ist der Purpurreiher, aber auch unzählige Entenarten sind hier heimisch. Besonders artenreich ist der Naturpark, wenn die Zugvögel hier rasten. Historische Wassermühlen und alte Bewässerungssysteme geben einen Einblick, wie Landwirtschaft einst funktionierte (www.natural.pt).

Im Parque Natural da Serra de São Mamede scheint die Zeit stillzustehen.

CAMPING BEIRA MARVAO ALENTEJO 

★★

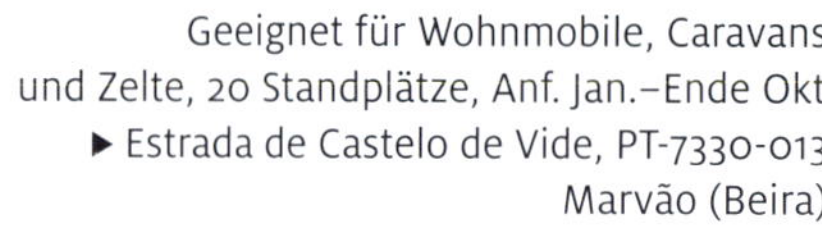

Geeignet für Wohnmobile, Caravans und Zelte, 20 Standplätze, Anf. Jan.–Ende Okt.
▶ Estrada de Castelo de Vide, PT-7330-013 Marvão (Beira)

GPS 39.42777, -7.38561

■ pincamp.de/PG4700

Oase der Ruhe: »Campscape« nennen Vitor und Ronald diesen besonderen Ort im Parque Natural da Serra de São Mamede im Südosten Portugals, gleich an der Grenze zu Spanien, weil es ein Platz ist für »eine Flucht aus dem hektischen Leben in einer wunderschönen Landschaft«. Sie selbst sind 2021 hierhergekommen, um der Hektik Amsterdams zu entkommen, und haben diesen kleinen, sehr besonderen Campingplatz übernommen. Er ist Teil eines Landguts mit Olivenhain, Obstbäumen, Hühnern und Eseln und genau richtig, wenn man Ruhe sucht, einen guten Ausgangspunkt für sportliche Aktivitäten haben möchte oder Portugals Landleben schätzt. Hier kann man ganz einsam sein oder in wenigen Kilometern geschichtsträchtige Dörfer wie Marvão, das lebhafte Castelo de Vide mit seiner hübschen Altstadt oder die Klosteranlagen von Portalegre erkunden. Reisende mit Camper können sich für Einkäufe und Ausflüge auch einen Kleinwagen leihen. Ganz in der Nähe finden Sportkletterer in Escusa sechs ebenso anspruchs- wie reizvolle Routen.

20 Stellplätze bieten Vitor und Ronald an. Nicht mehr, damit jeder Einzelne auch wirklich die Landschaft und die Ruhe genießen kann, die diesen

Platz ausmacht. Wo man sein Lager auf dem etwa ein Hektar großen Gelände aufschlagen möchte, das fürs Camping reserviert ist, darf man sich selbst aussuchen. Vielleicht zwischen Olivenbäumen mit Blick über das Tal und auf die Eselkoppel? Oder ganz nah an der Natur auf einer Wiese am Ende des Wegs? Mit Strom und Wasser oder ganz naturbelassen?

Wer mag, kann sich Brötchen bestellen, die morgens mit dem Fahrrad direkt an den Platz geliefert werden. Abends ist die lauschige Terrasse des Amsterdao ein gern besuchter Treffpunkt von Campern und Gastgebern. Hier gibt es köstliche Tagesgerichte, immer einen guten Kaffee von Barista Vitor und tagsüber am Kiosk Getränke, Kleinigkeiten und das wunderbare Olivenöl vom Platz.

Und dazwischen? Könnte man über die Anlage spazieren, die uralte Steinmauern und ein Bach teilen und die Esel Teddy, Peppino und Famosa besuchen. Vom Plateau mit den Olivenbäumen hat man die schönste Aussicht. Im Areal, auf dem die Eukalyptusbäume wachsen, taucht man in den aus Stein gemauerten Meerwasserpool und schwimmt mit Blick auf die Burg von Marvão.

Die unberührte Natur ist Lebensraum zahlreicher Vögel. Man muss nicht einmal ein besonders geübtes Auge haben, um etliche von mehr als 50 teilweise sehr seltenen Arten zu entdecken – Gezwitscher inklusive. Und an jedem klaren Tag spannt sich über das Anwesen ein fantastischer Sternenhimmel.

Die Straße Santa Maria in Castelo de Vide führt zum Schloss.

GESCHICHTEN IN BLAU UND WEISS

Auch wenn man keine Zugfahrt plant, ist ein Besuch auf dem alten Bahnhof von Beirã, dem einstigen Grenzbahnhof der Eisenbahnstrecke von Madrid nach Lissabon, unbedingt ein lohnendes Ziel. Einschließlich einer kleinen Portugalreise, denn die Gemälde auf den typisch portugiesischen Fliesen, die den überdachten Bahnsteig schmücken, zeigen jede Menge Sehenswürdigkeiten vom Portal der örtlichen Kirche über die Gärten der Universitätsstadt Coimbra, den Dianatempel von Évora, das 2027 Europäische Kulturhauptstadt wird, oder Lissabons Wahrzeichen, den Torre de Belém. Ein schöner, unbefestigter Weg dorthin ist ein-

»Genau richtig, wenn man Portugals Landleben schätzt.«

Die mittelalterliche Burg von Marvão zu erreichen ist anstrengend, aber der Ausblick lohnt sich.

AUSFLÜGE IN DER NÄHE auf einen Blick

	Strecke	Schwierigkeit	Dauer
Wandern	8,5 km	Leicht	2 Std., Rundtour von/bis Beirã
Radfahren	7 km	Mittel	1 Std., Streckentour nach Marvão
Schwimmen	8,5 km	Leicht	Nach Lust und Laune

fach und überwiegend flach. Der Rückweg verläuft ein gutes Stück parallel zum Ribeira de Cabril, bis er etwa 1,5 Kilometer vor dem Ende rechts abbiegt auf die Estrada de Castelo de Vide und Richtung Westen zurück zum Camping führt. In Beirã lohnt sich darüber hinaus ein Abstecher zum einstigen zentralen Waschplatz am höchsten Punkt des Orts, und es gibt Einkehrmöglichkeiten für eine Erfrischung oder Stärkung. Wer noch aktiv sein möchte, kann in Beirã ein Schienenfahrrad mieten.

LOHNENDE ANSTRENGUNG

Man sieht sie vom Pool aus und von vielen der Stellplätze auf dem Campingplatz: die auf einem Felsplateau gelegene Burg von Marvão, die flankiert von einem weißen Dorf hoch über dem Tal thront. Sie aus der Nähe zu betrachten, ist ein schönes Ziel mit dem E-Bike oder entsprechend guter Kondition. Schon allein wegen des atemberaubenden Blicks auf den Naturpark im portugiesisch-spanischen Grenzgebiet. »Von hier kann man die Rücken der fliegenden Vögel sehen«, scherzen die Einheimischen über die exponierte Lage von Castelo und Dorf, die wegen ihrer strategischen Lage eine bewegte Geschichte haben. Auf leicht ansteigender Strecke durch ländliches Gebiet nähert man sich Marvão, bis es zuletzt in anspruchsvollen Serpentinen nach oben geht. Es lockt die Aussicht. Und die entspannte Rückfahrt, bei der es nur noch bergab geht, und bei der man nicht einmal halb so lang für dieselbe Strecke benötigt. In den Sommermonaten finden in Marvão Musik- und Filmfestivals statt.

SCHWIMMEN MIT AUSSICHT

Portagem, die Maut, gab dem kleinen Ort am Fluss Sever seinen Namen. König Johann II. (1455–1495) soll hier an der Ponte Romana Mautgebühren eingeführt haben, um die Einreise von Juden aus dem spanischen Kastilien und Aragon zu kontrollieren und zu besteuern. Dazu gibt es jede Menge Geschichten um Pakte mit dem Teufel. Heute ist die Römerbrücke stimmungsvoller Hintergrund für Schwimmer, die sich im 8,5 Kilometer entfernten Portagem in einem schönen Flussschwimmbad erfrischen.

In Portagem führt eine fotogene Steinbrücke aus der Römerzeit über den Sever.

Einfach mal entspannt abhängen: Am Alqueva-Stausee findet jeder dafür ein Plätzchen.

ALQUEVA RURAL ECO CAMPING 17

Geeignet für Wohnmobile, Caravans und Zelte, 30 Standplätze
▶ Vidigueira Estrada nacional nº 258, Km 38,5, PT-7960 Pedrógão do Alentejo

Tel. +351 934987954
GPS 38.116389, -7.635833

■ pincamp.de/Pin_231473

Der Natur ganz nah: Nicht erschrecken, wenn man morgens zuerst in das Gesicht eines neugierigen Esels schaut! Manch einer von den Vierbeinern am Alqueva Rural Eco Camping stupst seine Schnauze schon mal ans Camperfenster. Aber gerade das ist es, was den Charme des Platzes in der reizvollen Landschaft des Alentejo ausmacht. Man ist mitten auf dem Land, hört Hühner gackern, Enten quaken, Ziegen meckern und auch mal einen der Esel, wenn er nicht gerade neugierig auf Urlauber ist. 30 Stellplätze bietet der ökologisch bewirtschaftete Bauernhof. Teilweise mit Blick auf den Guadiana.

Für Camper und Caravans gibt es Plätze auf befestigtem Untergrund, während sich Zelturlauber ihren Lieblingsplatz auf der Wiese suchen können. Morgens die Sonne über den Hügeln aufgehen sehen und abends lange am Lagerfeuer sitzen, gehört ebenso zu Tagen auf dem Bauernhof wie das Schwimmen im Badeteich, den gefiltertes Flusswasser aus dem Guadiana speist. Er ist frei von Chemie, spezielle Pflanzen garantieren gute Wasserqualität, und in abgetrennten Bereichen können Kinder gut im seichten Wasser plantschen, während es auch tiefe Stellen zum Reinspringen gibt. Auf dem weitläufigen Farmland gibt es

Pinienwälder, Olivenbäume und einen Weinberg. Dazwischen knorrige Korkeichen und Felder für Früchte und Gemüse, die an die Cooperative von Beja und Brinches-Pias geliefert werden. So wie Olivenöl, Eier und Wein. Alles auch hervorragend geeignet für die Campingküche.

Alqueva Rural Eco Camping ist ein günstiger Ausgangspunkt für Wanderungen und Radtouren durch die wunderbar ruhige Hügellandschaft im spanisch-portugiesischen Grenzgebiet. Es ist aber auch eine geschichtsträchtige Region. Weit reichen die Wurzeln zurück bis ins Neolithikum, römische wie arabische Traditionen sind noch heute präsent. Und dazu kommen mittelalterliche Kirchen und Klöster wie auch Erinnerungen an die großen Seefahrer des 15. Jahrhunderts, wie Vasco da Gama. Man kann sich hier auf die Straßen der Töpferei, des Brots, Käses, der Würste, des Weins und des Olivenöls begeben, für das die Region besonders bekannt ist. Dazu sehenswerte Orte wie Moura, Vidigueira, Amieira, Alvito, Portel, Serpa, Beja, Mourão oder Monsaraz.

Zu tun gibt es hier genug. Oder lieber einfach nur die herrliche Ruhe und den besonderen Ort genießen? Viele machen das auch außerhalb der klassischen Urlaubszeiten, denn mit den angenehmen Temperaturen lässt es sich hier auch gut überwintern.

UNTERM STERNENHIMMEL

Jeder Blick in den nächtlichen Himmel über Pedrógão do Alentejo ist ein faszinierendes Ereignis. Weit weg von starken Lichtquellen und jeglicher Lichtverschmutzung spannt sich ein funkelnd-strahlendes Firmament über die Zeltwiese. Die Region um den Alqueva-Stausee ist ausgewiesenes Lichtschutzgebiet und als solches prädestiniert für die Sternenbeobachtung. Schon beim bloßen Anblick ist das mehr als beeindruckend. Einen tieferen Einblick bekommt man im 30 Kilometer entfernten Dark-Sky-Observatorium Alqueva in Cumeada. Neulinge werden behutsam an die Materie herangeführt, und Kenner können mit Gleichgesinnten fachsimpeln und sich über die aktuellen Entdeckungen austauschen. Vielfältige Einblicke ermöglicht ein kleines Museum, das unter anderem mit modernster Technik zur Sternen- und Sonnenbeobachtung ausgestattet ist und von einigen leidenschaftlichen Sternenguckern mit viel Erfahrung geleitet wird.

Dazu gibt es ein vielfältiges Angebot, sich dem Firmament zu nähern: Fotoworkshops, Sonnenbeobachtungen oder Weinverkostungen im Dunkeln. Besonders eindrucksvoll sind Kajaktouren unterm Sternenhimmel (www.darkskyalqueva.com).

Frisches Grün unter der heißen Sonne Portugals in den Straßen von Moura

AUSFLÜGE IN DER NÄHE auf einen Blick

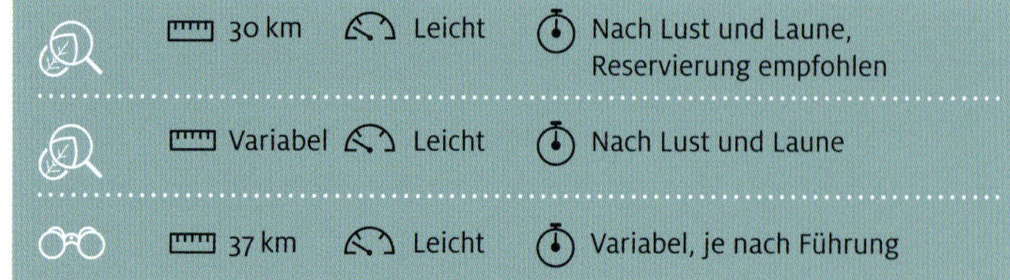

	Strecke	Schwierigkeit	Dauer
	30 km	Leicht	Nach Lust und Laune, Reservierung empfohlen
	Variabel	Leicht	Nach Lust und Laune
	37 km	Leicht	Variabel, je nach Führung

MIT LANGOHREN AUF ERKUNDUNGSTOUR

Viele beginnen zurückhaltend. Sind die Esel gar nicht störrisch? Die Langohren, einige davon regionale Miranda-Esel, stehen indes recht stoisch beisammen und betrachten, wer sich ihnen da nähert. Mit bunten Tüchern um den Hals können auch Fremde sie einigermaßen unterscheiden und haben gleich noch einen Griff, um sie bei der Runde über das 12,5 Hektar große Anwesen zu führen. Ausgangspunkt ist bei der Rezeption und am Badeteich, wo man sich an der Bar noch mit Getränken für unterwegs eindecken kann. Dann beginnt die Tour in Richtung Osten mit dem Aussichtspunkt Miradouro do Grão-Mestre als erstem Ziel. Man hört das Miauen der Pfauen, die in schnellen Trippelschritten das Weite suchen, während sich die kleine Eselkarawane nähert. Nicht weit, und man hat einen herrlichen Blick über den Pedrógão do Alentejo-See. Der Beschilderung in Richtung Pinienwald und Korkeichen folgt man ein Stück und beobachtet die schnatternden Enten auf dem Teich. Weiß blühender Oleander und Oliven

Auch die Esel genießen die herrliche Ruhe am Platz und gehen mit den Gästen gerne auf Tour.

Im Naturpark Vale do Guadiana sind neben Naturführungen auch Wanderungen, Rad- und Kajaktouren möglich.

säumen den Weg, auf den man ganz anders achtet, wenn man einen Esel führt. So gibt es kleine Pausen, wenn einem eigentlich gar nicht nach einer Rast wäre, oder einen kleinen Abstecher ins Grüne, wenn dort schmackhafte Kräuter locken. Schlusspunkt ist die Sie-und-Er-Brücke, deren »magische Fontäne« die tierischen Begleiter völlig kalt lässt.

SPURENSUCHE

Vom Luchs, der im Tal des Guadiana heimisch ist, wird man trotz orts- und sachkundiger Führer bestenfalls Spuren sehen. Besser stehen die Chancen bei Vögeln, von denen es zwischen dem Fluss und der Steppe von Castro Verde eine ganze Menge gibt. Der Naturpark Vale do Guadiana ist einen Besuch wert, und mit Führung hat man nicht nur deutlich bessere Chancen, Tiere zu sehen. Man erfährt auch viel über die Besonderheiten der Region. Möglichkeiten, ihnen zu begegnen, gibt es einige. Von der klassischen Wanderung über Rad- und Kajaktouren bis zu Fotosafaris. Schwarzstörche und große Greifvögel wie Goldadler, Spanische Kaiseradler oder die Eurasische Adler-Eule sowie unzählige kleinere Vögel und Lebewesen lassen sich leichter entdecken (www.natural.pt, www.birds.pt, www.lynxlands.com).

»Man ist mitten auf dem Land, hört Hühner gackern, Enten quaken, Ziegen meckern und auch mal einen der Esel.«

ENDLOSE WEITE UND BLAUER HIMMEL
KURZ NACH DEM SONNENAUFGANG AM PELOPONNES

ZENTRAL-, OST-

CAMPINGPLÄTZE IN ZENTRAL-, OST- UND SÜDOST-EUROPA

WEITERE TOLLE PLÄTZE AUF PINCAMP.DE!

ZENTRALEUROPA

Historische Streifzüge und weite Sichten

BALKAN

Traumhafte Wege in umwerfender Natur

GRIECHENLAND

Strandvergnügen und Touren für die ganze Familie

20

24

25

Zeichenerklärungen
für die Ausflüge → S. 256

ZENTRALEUROPA

Polen, Tschechien und die Slowakei zählen derzeit noch zu den unbekannteren Urlaubsregionen. Dabei gibt es hier so vieles zu entdecken auf Wanderungen, Kajaktouren, Fahrradausflügen, ...

Ausgedehnte Wälder und Seen in den Masuren, die Hügel der Region Kłodzko, weite Wiesen zwischen Böhmerwald, dem Hochland von Bezdružice und Südböhmen sowie beschauliches Landleben im Umland von Cerovo haben einen besonderen Reiz.

DIE SEELE EINFACH MAL SO RICHTIG BAUMELN LASSEN

Im Schatten der Bäume sucht sich jeder Gast seinen persönlichen Wohlfühlplatz aus.

CAMP PARK SONATA 

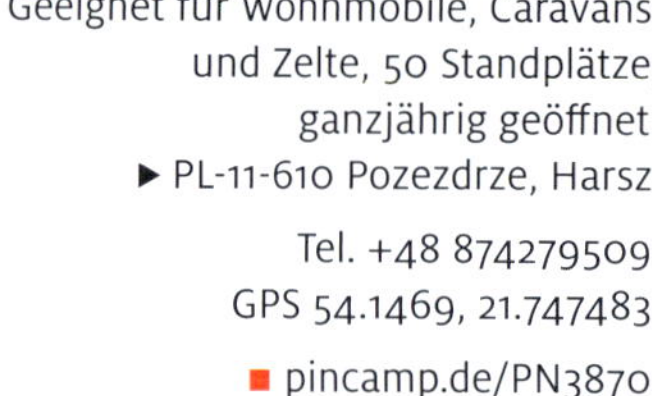

Geeignet für Wohnmobile, Caravans und Zelte, 50 Standplätze, ganzjährig geöffnet.
▶ PL-11-610 Pozezdrze, Harsz

Tel. +48 874279509
GPS 54.1469, 21.747483

▪ pincamp.de/PN3870

Zwischen zwei Seen: Was erwartet man in den Masuren? Weite Blicke, tiefe Wälder, große Seen, ein Paradies für Radfahrer und Kanuten. Sucht man Camp Park Sonata auf der Landkarte, werden die Erwartungen nicht niedriger: Gelegen auf einer Halbinsel, erstreckt sich südlich des Platzes der Dargin-See, nördlich der Mauersee. In alle Richtungen überspannt ein unendlicher Himmel die Landschaft. Schon am Eingang an der Rezeption ahnt man: Nachts ertönt der Ruf einer Eule, und morgens stehen Störche auf den Wiesen.

Die Größe des 24 Hektar großen Geländes wird einem erst bewusst, wenn man hinter der Rezeption auf die Wiese fährt und sich zwischen den Bäumen einen schönen Platz mit Seeblick sucht. Die Standplätze können frei gewählt werden, dabei hilft ein langes Stromkabel. Zum nördlichen Ende des Platzes, wo die meisten der sehr gepflegten sanitären Anlagen stehen, ist es ein kleiner Spaziergang. Dafür erwartet dort die Camper im gemütlichen Restaurant Hausmannskost und ein frisch gezapftes Bier. Unbedingt die Pelmeni probieren!

In der letzten großen Eiszeit türmten sich im Norden Polens Berge aus Eis, die in der Landschaft Masurens Furchen eingegraben haben, die heute

AUSFLÜGE IN DER NÄHE auf einen Blick

Rad	56 km	Mittel	6 Std., Rundtour ab Campingplatz
Wandern	6–8 km	Leicht	2–3 Std., Start: Eingang Wolfsschanze

die Masurische Seenplatte bilden. Mehr als 2000 Seen sind untereinander durch Flüsse und Kanäle verbunden, was für Wassersportler natürlich ein Traum ist. Große Teile sind als Naturparks und Naturschutzgebiete geschützt, sodass trotz des nicht unerheblichen Tourismus Flora und Fauna gedeihen.

Selbst der Bestand der Elche, der größten noch lebenden Hirschart, hat sich in Masuren erholt. Einige der mächtigen Tiere haben sich auch schon auf dem Camp Park Sonata blicken lassen, um im seichten Uferbereich Wasserpflanzen zu fressen. Die Elche lieben die Seenlandschaft – so wie auch die Angler, die hier auf Hechtjagd gehen. Für das Angeln lohnt es sich, eines der Boote auszuleihen, die Camp Park Sonata mit und ohne Motor (bis 10 PS führerscheinfrei) anbietet, denn Schilf und das flach auslaufende Ufer machen oft das Angeln von Land unmöglich. Der Betreiber des Platzes steht bei allen Fragen mit Rat und Tat zur Seite, gerne auch in fließendem Deutsch.

Was des Anglers Problem, ist der Eltern Freude. Das seichte Ufer bedeutet, dass Kinder gefahrlos vor dem kleinen Sandstrand im flachen Wasser spielen und toben können. Und Boote können natürlich auch von Nichtanglern ausgeliehen werden. Eine Kühlbox mit Getränken und geschmierten Broten einladen und dann raus aufs Wasser – die Sonne glitzert und der Nachmittag zieht im Nu vorüber.

RUND UM DEN MAUERSEE

Als »Mauersee« wird sowohl eine Ansammlung aus sechs einzelnen untereinander verbundenen Seen bezeichnet als auch der eigentliche Mauersee (poln.: Mamry), der nördlich des Campingplatzes liegt. Eine Umrundung mit dem Fahrrad ergibt eine Wegstrecke von knapp 60 Kilometern. Fährt man gegen den Uhrzeigersinn, so liegen die Sehenswürdigkeiten entlang der Strecke im zweiten Teil des Tages, wenn die Beine ohnehin schon müde sind und nach Pausen verlangen.

Der Start erfolgt auf einem grün markierten Radweg, den man aber ein Stück hinter dem Ort Harsz verlässt, um weiter zum Dorf Ogonki zu fahren. Nach Ogonki wird ein kleines Stück ent-

Die letzten Sonnenstrahlen werfen weiches Licht auf die Seen von Masuren.

lang der etwas größeren Straße gefahren, bis es nach etwa drei Kilometern die Möglichkeit gibt, nach links wieder auf kleine Wege abzubiegen und so Węgorzewo zu erreichen. Jetzt ist etwa die Hälfte der Wegstrecke erreicht, und es ist Zeit für eine Stärkung oder sogar einen Besuch im Freilichtmuseum samt Schmiede und traditionellen Bauernhäusern.

Anschließend entfernt sich die Route ein Stück weiter vom See, um am Masurischen Kanal entlangzuführen. Einst sollte diese Wasserstraße die Masurische Seenplatte mit Kaliningrad an der Ostsee verbinden, doch die Teilung Ostpreußens nach dem Zweiten Weltkrieg verhinderte die Fertigstellung des Kanals. Kurz nachdem man mit dem Fahrrad wieder den See erreicht hat, stößt man auf den Mauerwald. Hier wurde während der NS-Zeit eine riesige

»Weite Blicke, tiefe Wälder, große Seen: ein Paradies für Radfahrer und Kanuten«

In Węgorzewo steht direkt am Kanal das Schloss Angerburg.

Das ehemalige militärische Hauptquartier kann heute besichtigt werden.

Bunkeranlage errichtet, in der zeitweise das Oberkommando des deutschen Heeres untergebracht war. Ein Museum und Teile des betongewordenen Wahnsinns können besichtigt werden. Außerdem bekommt man vom 38 Meter hohen Aussichtsturm einen schönen Überblick über die Landschaft.

Die letzte Besichtigungsstation befindet sich in Sztynort, wo sich die etwas verwilderte Anlage des Schlosses Steinort befindet sowie ein Jachthafen. Dann erreicht man auch schon wieder das traute Heim auf dem Camp Park Sonata.

WOLFSSCHANZE

Mitten im Masurischen Wald ließ Hitler ab 1940 sein militärisches Hauptquartier errichten. Unter dem Namen »Wolfsschanze« baute man ihm eine Anlage, die man unter feuerfesten Tarnnetzen im Wald versteckte. Unter sechs Meter dicken Decken wollte sich der Führer sicher fühlen und die Angriffe gen Osten koordinieren. Für den Bau der Bunker wurde ein spezieller Beton verwendet, auf dem schnell Moose wachsen konnten, um die Tarnung perfekt zu machen. Heute zeugen hübsche grüne Flächen im feuchten Wald von den unterirdischen Bauten. Nach der deutschen Kriegsniederlage blieben neben dem Beton, den man nicht zu sprengen geschafft hatte, auch 50 000 Landminen zurück, die noch Jahre nach Kriegsende Menschen töteten.

Die Anlage kann heute bei einem ausgedehnten Waldspaziergang besichtigt werden. Ein kleines Museum erinnert unter anderem an Stauffenbergs Attentat, das hier stattgefunden hat. Aber die wirkliche Attraktion sind die Betonanlagen zwischen den Bäumen. Noch immer warnen Schilder, dass man aus Sicherheitsgründen die Wege nicht verlassen soll. Doch auch ohne querfeldein zu laufen, erhält man einen guten Eindruck und kann sehen, wie die Natur langsam die Kriegsschrecken überwuchert.

Der Szczeliniec Wielki zählt zu den Tafelbergen Zentraleuropas.

CAMPING LEŚNY DWÓR – WALDGUT 19

★★½

Geeignet für Wohnmobile, Caravans und Zelte, 38 Standplätze

▶ Wolibórz 12-B, PL-57-431 Nowa Ruda, Wolibórz

Tel. +48 571244842

GPS 50.59215, 16.581316

■ pincamp.de/PN7350

Wälder, Felsen, Wanderungen: Der Süden Polens an der Grenze zu Tschechien ist sicher kein Hotspot des europäischen Tourismus – was nur ein weiteres gutes Argument ist, das eigene Gefährt dorthin zu lenken. 80 Kilometer südlich von Breslau erheben sich in der Region Kłodzko aus der schlesischen Tiefebene verschiedene Hügelketten, an den höchsten Stellen rund 1000 Meter hoch. Rehe, Raubvögel und andere Tiere haben hier genügend Ruhe, um sich in den Mischwäldern auszubreiten, und selbst Mufflons, Wildschafe, bei denen die Männchen prächtige Hörner tragen, werden immer öfter gesehen.

Mitten in dieser friedlichen Landschaft steht am Rande des Eulengebirges das Gutshaus des Campingplatzes Leśny Dwór. Der Gebäudekomplex stammt aus dem 18. Jahrhundert und hat seitdem sicher viele verschiedene Gesellschaften beherbergt. Heute übernachten die meisten Gäste jedoch nicht mehr im Haus (wo es auch Zimmer zu mieten gibt), sondern in der dazugehörenden Parklandschaft. Dort sucht man sich neben alten Buchen einen Ort, um das Mobil abzustellen oder das Zelt aufzubauen. Man muss keine Sorgen ha-

AUSFLÜGE IN DER NÄHE auf einen Blick

	7 km	Leicht	3 Std., Rundgang im Steinkohlebergwerk Nowa Ruda
	3 km	Leicht	1 Std. 30 Min., Start/Ziel: Parkplatz Błędnych Skałach

ben, dicht an dicht zu stehen, denn hier ist ausreichend Platz für jeden.

Ein kleiner Pool, eine Schaukel und andere Spielmöglichkeiten sorgen für Unterhaltung für Kinder. Im Haupthaus gibt es einen Aufenthaltsraum mit Billard und Tischtennisplatte, sodass auch an Regentagen die Zeit angenehm vergeht. Hier drinnen stammt alles aus der Bauzeit des historischen Gebäudes – hohe Decken, Holzboden, große Fenster. In dieser Umgebung haben die Betreiber ein Café untergebracht. Dort sitzt man stilvoll und gönnt sich das leckere Frühstück, während draußen der Regen auf das Zelt prasselt. Serviert wird ausschließlich Vegetarisches – eine Entscheidung der zweiten Generation der Betreiberfamilie Herha, die übrigens auch Deutsch spricht. Tochter Karolina ist vor einigen Jahren gemeinsam mit ihrem Partner in den Familienbetrieb eingestiegen und bringt neuen Schwung und Ideen mit. Dennoch hat sich Camping Leśny Dwór nicht zu einem Hipster-Gutshaus entwickelt, sondern ist ein Ort geblieben, an den Menschen kommen, um die Ruhe zu genießen und durchzuatmen. Der großzügige Campingbereich und der direkt hinter dem Platz beginnende Wald mit Wegen für ausgedehnte Spaziergänge sind wie geschaffen dafür.

Das Schwimmbecken auf dem Platz bietet an heißen Tagen eine angenehme Abkühlung.

UNTER DIE ERDE

Das Gestein der Region scheint sich gut für das Graben von Tunneln, Stollen und Höhlen zu eignen. In der nahen Stadt Kłodzko haben die Bewohner zwischen dem 13. und 17. Jahrhundert ein riesiges Keller- und Tunnelsystem errichtet, um ihren Wohnraum zu erweitern, Lebensmittel zu lagern und Nachbarn zu besuchen. Im 60 Kilometer vom Campingplatz entfernten Schneegebirge hat man vor 50 Jahren die Bärenhöhle entdeckt, die auf einer Länge von dreieinhalb Kilometern ganze Säle voller Stalaktiten und Stalagmiten beherbergt. Und im Norden des Eulengebirges wurde von den Nationalsozialisten unter dem Namen »Projekt Riese« eine gigantische unterirdische Nazi-Stadt geschaffen, in der noch immer nach angeblich eingelagerten Superwaffen und Goldschätzen gesucht wird.

Doch die Grabungen, die diese Region am meisten geprägt haben, fanden auf der Suche

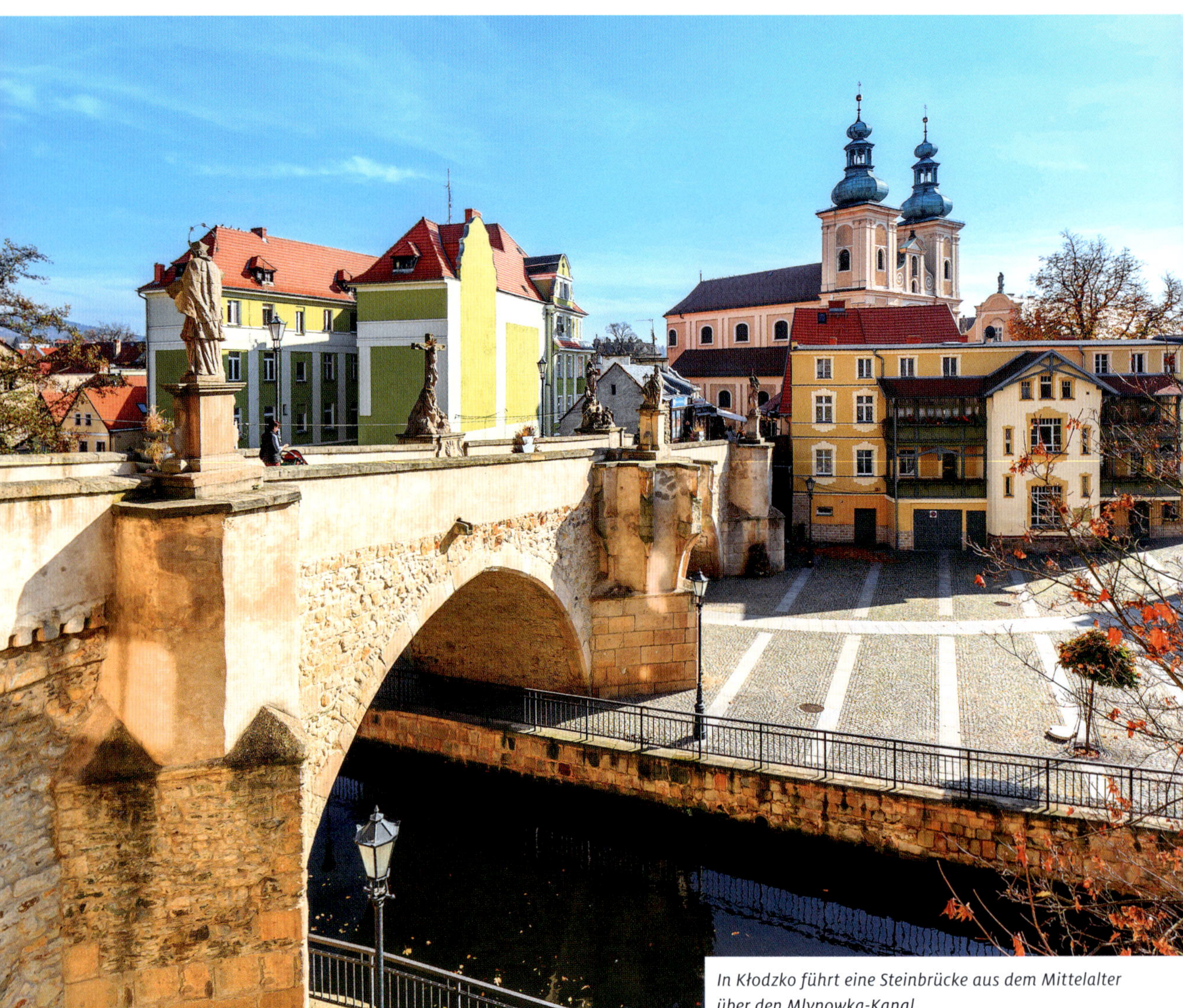

In Kłodzko führt eine Steinbrücke aus dem Mittelalter über den Mlynowka-Kanal.

Im Nationalpark Góry Stołowe gibt es so manchen Aussichtspunkt.

nach Rohstoffen statt. Um des Bergbaus zu gedenken, Geschichte zu vermitteln und das spannende Erdreich sichtbar zu machen, wurde das ehemalige Steinkohlebergwerk Nowa Ruda in ein Museum verwandelt. Fördertürme, Maschinen, Öfen und andere Gerätschaften zeigen, wie hier bis 1989 Kohle abgebaut wurde. Highlight einer Besichtigung ist der Weg in den Stollen und die (vertikale) Fahrt mit der Grubenbahn durch die Mine (www.kopalnia-muzeum.pl).

»Der direkt hinter dem Platz beginnende Wald mit Wegen für ausgedehnte Spaziergänge ist wie geschaffen dafür, die Ruhe zu genießen und tief durchzuatmen.«

DURCH DAS FELSENLABYRINTH

Gut 30 Kilometer südwestlich des Campingplatzes befindet sich auf der polnischen Seite der Grenze der Nationalpark Góry Stołowe, auf der tschechischen der Nationalpark Broumovska Vrchovina. Sie schützen eine Landschaft, die aus deutscher Sicht mit dem Elbsandsteingebirge vergleichbar ist: Freistehende Felssäulen bilden bizarre Gestalten, und manchmal führt ein Wanderweg zu Aussichtspunkten oberhalb von senkrechten Felswänden, sodass man den Blick weit über Berge und Wälder schweifen lassen kann.

Wanderfreunde finden ein vielfältiges Angebot von leichten bis herausfordernden Wegen. Bestens ausgebaut und markiert sind die Wege im polnischen Teil rund um Karłów. Hier führt eine schöne Runde durch das Felslabyrinth der Błędne Skały. Das Labyrinth besteht aus zum Teil zehn Meter hohen Felsblöcken, die so eng zusammenstehen, dass den Wanderern nur schmale Spalten zum Durchschlüpfen bleiben.

Der Parkplatz bei Błędne Skały ist kostenpflichtig und für den Eintritt in den Nationalpark ist ein kleiner Obolus zu entrichten. Dafür sind aber auch viele der Wege befestigt und mit Geländern gesichert. Nichtsdestotrotz bleibt es ein felsiges Terrain, das eine gewisse Trittsicherheit und Grundkondition erfordert. Die klassische Runde zu den interessantesten Felsformationen nennt sich Hennenfuß-Runde und dauert vom Parkplatz rund anderthalb Stunden. Durch Markierungen und Übersichtsschilder findet man sich gut zurecht.

Da die Wanderwege gut beschildert sind, ist Verlaufen kaum möglich.

Bäume und Sträucher geben Sichtschutz auf dem Platz und sorgen für Privatsphäre.

20 CAMPING KAROLINA

★★★☆☆

Geeignet für Wohnmobile, Caravans und Zelte, 50 Standplätze, Anf. Mai–Ende Sept.
▶ Brod nad Tichou, CZ-34815 Planá

Tel. +420 777296990
GPS 49.820383, 12.752883

■ pincamp.de/CZ210

Zwischen Wäldern und Wiesen: Eine Handvoll Hütten unter spitzgiebeligen Dächern schmiegt sich an den bewaldeten Hang. Davor eine von Sträuchern und Bäumen gegliederte Wiese für Stellplätze, die bis an den Hamerský potok, den Hammerbach, reichen. Es ist ein idyllisches Fleckchen zwischen Böhmerwald, Slawkow-Wald und dem Hochland von Bezdružice, in dem Camping Karolina liegt – und damit einen ausgezeichneten Ausgangspunkt für abwechslungsreiche Wanderungen und Radtouren abgibt. Ob Radfernweg Euregio Egrensis oder lokale Schleifen, hier finden Fahrradbegeisterte ebenso viel Abwechslung wie Wanderer. Bikes gibt es am Platz, jede Menge Tipps für Touren dazu, und sollte man etwas zu reparieren haben, steht eine entsprechende Werkstatt am Platz zur Verfügung. Wanderwege beginnen direkt am Campingplatz und sind gut beschildert. Angler müssen Camping Karolina nicht einmal verlassen, wenn ihnen der Hamerský potok genügt. Die nächstgelegenen Alternativen gibt es fußläufig in Mže oder im 16 Kilometer entfernten Broumov. Ausrüstung dafür ist vorhanden.

Zur Abkühlung danach geht es in den Pool am Platz, direkt in den Fluss oder im fünf Kilometer entfernten Hůrkan in den gefluteten Basaltsteinbruch. Und danach kann man sich im urigen Res-

AUSFLÜGE IN DER NÄHE auf einen Blick

Rad	9,5 km	Leicht	45 Min., Streckentour zum Bierbad oder zur Einkehr
Besichtigung	21 km	Leicht	Nach Lust und Laune
Wasser	60 km	Leicht	Nach Lust und Laune

taurant Stravování mit seiner großen Terrasse mit böhmischen Spezialitäten stärken. Hungrig wird man danach sicher nicht mehr sein.

Eine gute Aussicht über die waldreiche Region hat man von dem an eine überdimensionale Sanduhr erinnernden Aussichtsturm im 15 Kilometer entfernten Vysoká, der tagsüber frei zugänglich ist und aus 25 Metern Höhe den Blick ins bayerisch-böhmische Grenzgebiet ermöglicht. Er liegt, wie auch Camping Karolina, auf der Zlatá cesta, der Goldenen Straße (www.bayern-boehmen-goldenestrasse.eu), die seit dem 14. Jahrhundert Luxemburg mit Prag verband, um Handel zu treiben, aber auch ein vereintes Europa zu begünstigen. Seit dem Fall des Eisernen Vorhangs wurde die historische Handelsstraße mit Rad- und Wanderwegen belebt, die nicht nur durch vielfach unberührte Natur verlaufen, sondern auch zahlreiche historische Stätten zum Ziel haben.

Ebenfalls in nächster Nähe liegt das westböhmische Bädergebiet. 20 Kilometer sind es nach Mariánské Lázně (Marienbad) mit seinen imposanten Altstadthäusern und Kolonnaden, 50 Kilometer ins ruhige Františkovy Lázně (Franzensbad) und 70 Kilometer ins mondäne Karlovy Vary (Karlsbad).

Die barocken Kolonnaden in Marienbad (Mariánské Lázně) beeindrucken die Kurgäste noch heute.

ENTSPANNTE AUSSICHTEN

Am Ende einer Radtour einkehren und ein Bier trinken ist nichts Außergewöhnliches. Bei dieser Ausfahrt lockt zwar auch der Gerstensaft, doch nicht unbedingt als Getränk. Auch wenn die traditionsreiche Brauerei Chodovar, deren Wurzeln bis ins Jahr 1674 zurückreichen, mit ihrem imposanten Felsenkeller gemütlich für eine Einkehr ist. In Chodová Planá wird auch in Bier oder Hopfen gebadet. Wie das schon die Römer gemacht haben sollen. Wenn das keine verlockenden Aussichten sind, um in die Pedale zu treten. Der Weg dorthin verläuft überwiegend auf Radwegen und Nebenstraßen und ist nicht anstrengend. Zunächst geht es parallel zum Hamerský potok, dem Hammerbach, ehe sich bei Svatý Jakub Bachlauf und Strecke trennen. Die sehr ländliche Region ist von Bächen und kleinen Seen durchzogen. Selbst in Planá passiert man einige Weiher. Am westlichen Ortsrand von Chodová Planá geht es in das urige Backsteingewölbe – wahlweise zum entspannten Bad oder einem genussvollen Essen (www.chodovar.cz/id1037de-prava-pivni-lazen.htm).

VERWUNSCHENE SCHÖNHEIT

Südlich von Lesná liegt mit Podkovák ein besonderer, zauberhafter Ort. Das kleine, nicht einmal fünf Hektar große Naturschutzgebiet erstreckt sich über ein Torfmoor. Tiefschwarze Wasserflächen liegen eingebettet in moosiges Grün. Flechten überziehen die raue Rinde von Nadelbäumen. Ein breiter Brettersteg führt in einer abwechslungsreichen Runde durch die wilde Natur, in der umgestürzte Bäume liegen und Grundlage für neues Leben sein dürfen und die Natur sich selbst überlassen ist. An Infotafeln unterwegs werden Besonderheiten erklärt und der Blick auf Sehenswertes gelenkt. Es ist aber auch schön, sich unterwegs auf eine der Bänke zu setzen und in aller Ruhe zu schauen. Zarte Blüten zu entdecken, den Sonnentau mit seinen haarfeinen Tentakeln oder flauschiges Wollgras. Um Flora und Fauna zu schützen, aber auch zur Sicherheit der Besucher ist der Zugang ausschließlich auf dem vorgegebenen Weg möglich.

Nicht weit von Podkovák liegt mit dem Naturschutzgebiet der Sümpfe von Farské bažiny das größte Torfmoor im Böhmerwald. Zugänglich sind sie wegen ihrer besonders gefährdeten Pflanzenarten aber auch aus Sicherheitsgründen im

»Es ist ein idyllisches Fleckchen zwischen Böhmerwald, Slawkow-Wald und dem Hochland von Bezdružice.«

Im Spacenter von Františkovy Lázně (Franzensbad) kann man es sich gutgehen lassen.

Umfeld der tückischen und gefährlichen Torfseen jedoch nur mit Führung (de.regionchodsko.cz/cesky-les-uzemi-i).

DEN FISCHEN IN DIE AUGEN SCHAUEN

Normalerweise muss man tauchen, um in die Unterwasserwelt eines Gewässers einzutauchen. In Lomeček, nahe des Dorfs Mrákov-Starý Klíčov, gibt es dieses Erlebnis trockenen Fußes, ohne Taucherbrille und Schnorchel oder Pressluftflasche. Vorausgesetzt, man leidet nicht unter Platzangst, denn man muss einfach nur die Leiter in einem Stahlschacht hinunter in die Aussichtskabine am Seegrund klettern. Dann befindet man sich inmitten von Hechten, Karpfen und Forellen. Bevor sie vor vielen Jahren einen ehemaligen Steinbruch fluteten, richteten die Steinbruchbetreiber am Grund eine Unterwasserkabine ein. Ein paar Späßchen, wie ein Schiffswrack oder eine Meerjungfrau, konnten sie sich dabei nicht verkneifen, und so kann es gut sein, dass hinter den mittlerweile eingewachsenen Objekten auch mal ein Wels auftaucht. Die entsprechenden Erklärungen zu Tier- und Pflanzenwelt gibt es dazu.

Ein Badeausflug zum idyllisch im Wald gelegenen Starý Klíčov lohnt sich aber auch dann, wenn man sich nicht in die Tiefe begibt. Zwischen Skulpturen aus Schwemmholz und einem coolen Spiel-Piratenschiff aus einem hohlen Baumstamm samt Seeungeheuer und Ausguck gibt es gemütliche Plätze, die nicht nur an heißen Tagen begehrt sind (www.turisturaj.cz/clanky-de/lomecek-in-der-nahe-des-dorfes-mrakov).

In der Moorlandschaft leben zahlreiche Amphibien und Vögel.

Schön, wenn man das entspannte Camperleben mit anderen teilen kann.

21 CAMPING JINDŘIŠ

Geeignet für Wohnmobile, Caravans und Zelte, 50 Standplätze, Anf. April–Ende Sept.
▶ Jindřiš 15, CZ-37701 Jindřichův Hradec
Tel. +420 607251911
GPS 49.14888, 15.065430
▪ pincamp.de/CZ_229592

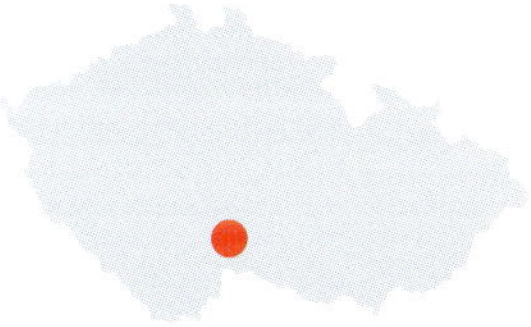

Zur Ruhe kommen: Wenn der Tag mit einem morgendlichen Bad im schönen großen Weiher zwischen Wald und Wiesen beginnt, kann er eigentlich nur gut werden. Hier kann er auch einen stimmungsvollen Abschluss finden, wenn man genüsslich noch ein paar Züge in die untergehende Abendsonne schwimmt. Ganz abgesehen von den entspannten Tagen am Wasser, die zwischen hohen Nadelbäumen oder am grasbewachsenen Ufer etwas Märchenhaftes haben und den Campinggästen allein vorbehalten sind, während es in nächster Nähe noch einige Alternativen für Wasserratten gibt. Angler können an einem nahe gelegenen Fischteich ihr Glück versuchen und den eigenen Speisezettel erweitern.

Wo Böhmen, Mähren und Österreich aufeinander treffen, liegt Südböhmen mit seiner schmucken Bezirksstadt Jindřichův Hradec (Neuhaus) und dem benachbarten Jindřiš, an dessen Rand sich idyllisch zwischen Wald und Wiesen der Campingplatz schmiegt. Hohe Büsche und Sträucher sorgen für Privatsphäre auf der großen Wiese. Wer nur mit Zelt reist, findet zwei modern ausgestattete Küchen, in denen den Gästen auch Kühlschränke zur Verfügung stehen.

Jindřiš ist ein gemütlicher Platz, an dem man zur Ruhe kommt. Eine Partie Pétanque auf dem dafür angelegten Platz. Ein kühles Getränk

AUSFLÜGE IN DER NÄHE auf einen Blick

	Strecke	Schwierigkeit	Dauer
Enten	7,5 km	Leicht	Nach Lust und Laune
Ort	3,5 km	Leicht	45 Min.
Wandern	4,5 km	Leicht	2 Std., Start: Parkplatz Nový Dvůr

zwischen üppigen Blumen auf der schattigen Terrasse. Oder direkt von der Anlage losgehen und ein herrliches Wandergebiet entdecken. Auch Radfahrer haben hier einen idealen Ausgangspunkt und sind schnell auf einem der gut ausgebauten Wege. Egal, ob es eine kurze, gemütliche Runde sein soll oder eine anspruchsvollere Etappe, für die sich Teilstücke von Fernradwegen anbieten.

Schlösser, Ruinen und denkmalgeschützte Orte sind Ausflugsziele in nächster Nähe, an denen immer auch die lange Geschichte der Region lebendig wird.

ENTEN OHNE ENDE

Zur Zeit der Vogelzüge sind die Teiche von Krvavý und Kačležský in der Nähe von Člunek voller Enten. Dabei machen besonders im Herbst ganze Schwärme verschiedenster Entenarten auf dem Weg in den Süden hier Station. Mehr als irgendwo anders. Die fühlen sich vor allem im Schilf und in

Mariensäule, Renaissance- und Barockhäuser am Zacharias in Jindřichův Hradec (Neuhaus)

Das Schloss Jindřichův Hradec wirkt wie aus dem Märchen und zählt zu den größten Denkmalobjekten Tschechiens.

den angrenzenden Feuchtzonen des Naturschutzgebiets wohl, in dessen Zentrum die Teiche liegen. Besonders ist hier der Übergang von Wiesen- und Küstenvegetation in Wälder mit Bergahorn, Buchen, Eichen und Lärchen. Den Namen Blutteich verdankt der nördlich gelegene Krvavý dem Farbenspiel, das durch die Torfmoore an seinem Westufer entsteht. Die freigesetzte Huminsäure färbt das Wasser Dunkelrot (www.toulejse.cz).

ITALIENISCHES FLAIR

Jindřichův Hradec (Neuhaus) ist die italienischste unter den südböhmischen Städten, die mit ihren pastellbunten Renaissancegebäuden malerisch auf einer Landzunge von Nežárka und Hamerský potok liegt. Im 10. Jahrhundert sollen sich erstmals Siedler oberhalb der Nežárka niedergelassen haben. Aus dem Burgwall, den sie errichteten, entstand im Lauf der Jahrhunderte die drittgrößte tschechische Burganlage. Die Stadt am Handelsweg zwischen Prag und Wien war vor allem im 15. Jahrhundert bedeutend. Im Zweiten Weltkrieg stark zerstört, wurde die schmucke Altstadt mit den hübschen Gassen und den denkmalgeschützten Häusern nach der Samtenen Revolution 1989 behutsam restauriert.

Ein anderer Ort mit südlichem Flair ist das 20 Kilometer entfernte Wasserschloss Červená

Lhota (Rothlhotta), auf dessen Teichanlagen man sich in venezianischen Gondeln durch die Gärten fahren lassen kann. Wem das bekannt vorkommt: Červená Lhota war der Drehort für das Märchen »Prinzessin Goldhaar« (www.hrad-landstejn.eu).

ÜBERBLICK BEHALTEN

Nach seinem Erbauer Fürst Joseph von Schwarzenberg ist der massive, steinerne Aussichtsturm auf dem 1084 Meter hohen Klet' (Schöninger) benannt. Auf einfachen, befestigten Waldwegen geht es hinauf zur höchsten Erhebung des Gebirgszugs Blanský les (Blansky Wald). Bei klarer Sicht hat man von oben sogar die Alpengipfel im Blick. Eine coole Alternative für den Weg ins Tal sind die geländegängigen Roller, die am Berg verliehen werden und nach einer kurzen Eingewöhnung richtig Spaß machen. Vorher kann man sich aber noch in der »Tereziina chata« stärken, die vor allem für ihre traditionelle Knoblauchsuppe bekannt ist, und einen Blick in die Sternwarte mit dem größten Linsenfernglas der Tschechischen Republik werfen. Von Juni bis August gibt es täglich mehrere Führungen, bei denen die Forscher von ihren Beobachtungen von Asteroiden und Kometen erzählen und bei guten Sichtverhältnissen auch Sonnenflecken projizieren (www.klet.com, www.ckrumlov.info).

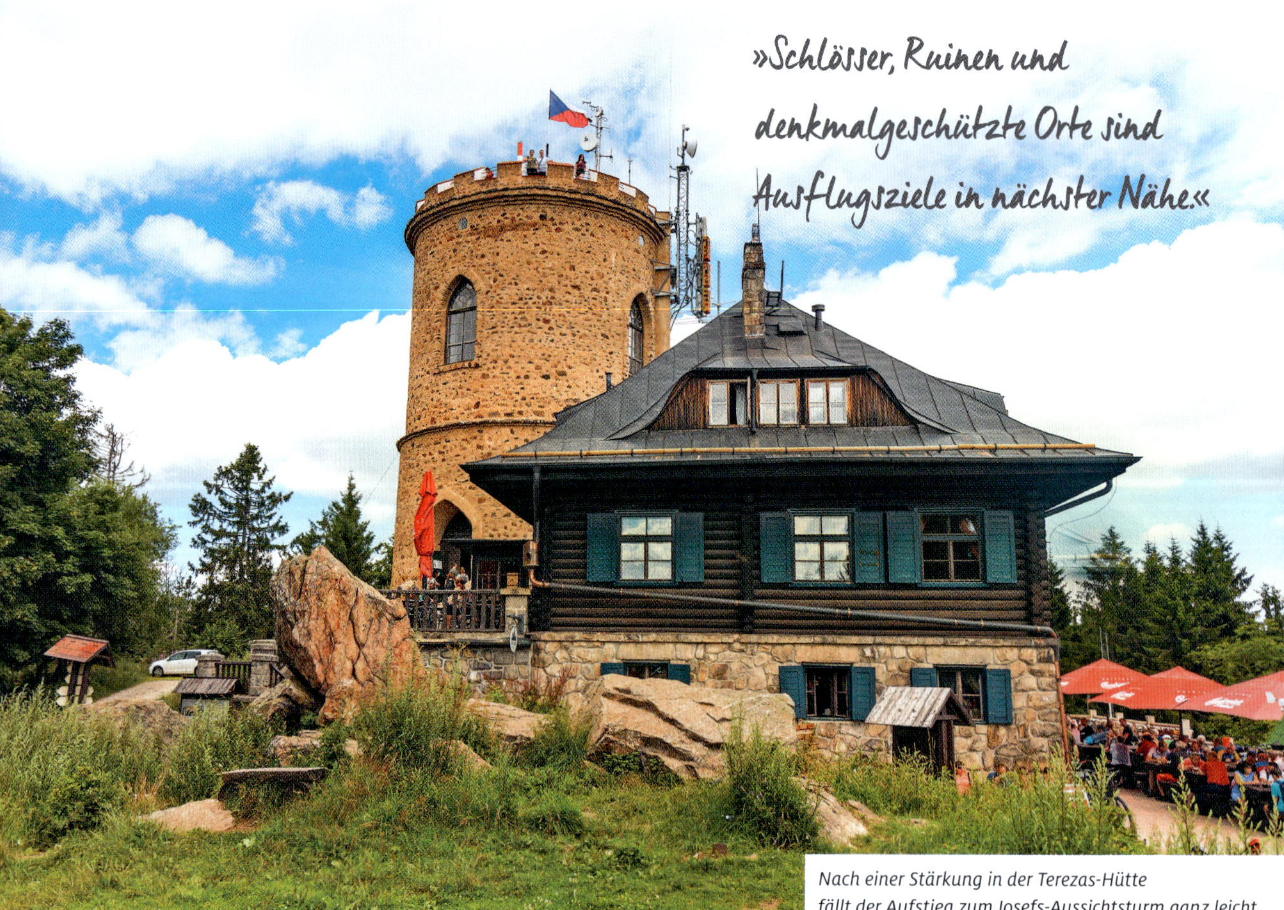

Nach einer Stärkung in der Terezas-Hütte fällt der Aufstieg zum Josefs-Aussichtsturm ganz leicht.

Die leuchtend rote Staatsburg Červená Lhota ist nicht so leicht zu übersehen.

Neugierig beäugen die jungen Ziegen die Neuankömmlinge der letzten Tage.

FARM & CAMPING LAZY 22

Geeignet für Wohnmobile,
Caravans und Zelte,
20 Standplätze

▸ Cerovo Lazy 163, SK-96252 Cerovo

Tel. +421 915155309
GPS 48.251781, 19.217159

▪ pincamp.de/SK_84133

Urlaub auf dem Bauernhof: Auf dem Campingplatz und Bauernhof der holländischen Betreiber ließe sich hervorragend eine Ode an die Faulheit komponieren. Die Schafe blöken, die Ziegen meckern, der Traktor brummt. Nichts entspannt mehr, als wenn andere Menschen arbeiten, einen selbst aber in Ruhe lassen. Denn obwohl Bernadette Kuijpers und Arnold Sikking ihren Platz »Lazy« genannt haben, steckt doch eine Menge ihrer Arbeit darin. Weshalb sie beim englischen Wort für Faulheit auch nicht unbedingt an unendliche Entspanntheit denken, sondern vielmehr an die slowakische Bezeichnung für Außenbezirk. Der Platz liegt nicht im Dorf Cerovo (590 Einwohner), sondern in Cerovo Lazy, dem noch ländlicheren Außenbezirk von Cerovo.

Nach zehn Jahren in der Entwicklungshilfe in landwirtschaftlichen Projekten in Westafrika beschloss das Betreiberpaar, ihre eigene Landwirtschaft zu starten, und wurde auf der Suche nach Land in der südslowakischen Region Hont fündig. Cerovo ist acht Kilometer entfernt, und die umliegenden Höfe können an einer Hand abgezählt werden.

Was als Farm begann, wurde schnell beides: Bauernhof und Campingplatz in einem. Ziegen,

Schafe, Seidenhühner und zwei Schweine wollen gepflegt werden, geben aber auch etwas zurück. Kinder helfen beim Eier sammeln und lernen so etwas über den Ursprung unserer Lebensmittel, denn zum Frühstück gibt es dann genau diese Eier, weichgekocht und mit einer Prise Salz. Oder sie gehen beim Melken der Ziegen zur Hand, damit danach aus der Milch der hofeigene Ziegenkäse hergestellt werden kann. Dafür gibt's dann das Melkdiplom, das stolz mit nach Hause genommen wird. Tiere werden hier nicht als Spielzeug gesehen, aber ein bisschen Streicheln geht trotzdem – mindestens bei den zwei Ponys, mit denen morgens Reitrunden angeboten werden.

Es gibt viel freien Platz rund um das Areal von Farm & Camping Lazy, und so haben alle Stellplätze eine eigene Bank-Tisch-Kombination und eine Feuerstelle, an der abends die Zucchini aus dem Gemüsegarten gegrillt werden. So viel Platz, dass bequem Pavillons oder Liegestühle aufgebaut werden können, in denen man die Füße hochlegen und über die Ode an die Faulheit sinnieren kann. Wer noch immer keinen Reim gefunden hat, dem hilft vielleicht eine Abkühlung im kleinen Pool. Oder ein Blick ins Zitatelexikon, wo man auf Gotthold Ephraim Lessing stößt: »… Ja, der Bauer selber spricht, Fleiß und Arbeit wird ihm sauer. Faul zu sein, sei meine Pflicht.«

ZUM TROMPETEN-STEIN

Der Platz liegt in einem der wildreichsten Gebiete der Slowakei. Wer in der Morgendämmerung aus dem Zelt oder Camper schaut, kann vor allem im Frühsommer Großwild wie Hirsche und Mufflons beobachten, die auf den umliegenden Wiesen äsen. Kein Zaun trennt sie vom Campinggelände, sodass man das Gefühl hat, mit dem eigenen Mobil mitten in der Natur zu stehen.

»Hier baumelt die Seele, während rundherum die Schafe blöken, die Ziegen meckern und der Traktor brummt.«

Herrlich, wenn man beim Melken nicht nur zusehen, sondern mitmachen darf.

AUSFLÜGE IN DER NÄHE auf einen Blick

Wandern	17 km	Leicht	5 Std., Rundtour ab Campingplatz
Ausflug	13 km	Leicht	Nach Lust und Laune

Noch naturnäher fühlt man sich nur auf einer Wanderung durch die umliegenden Wälder. Besonders am Ende des Sommers lohnt es sich, neben den Augen beim Wandern auch die Ohren aufzusperren, denn dann ist Paarungszeit und die Brunftrufe der Hirsche klingen durch die Bäume.

Tipps für schöne Routen haben die beiden Platzbetreiber genug an der Hand – in persona und online in Wander-Apps (inkl. Geocaching!). Zum Beispiel für die große Runde, die 17 Kilometer lang ist und zum Trúbiaci kameň – Trompetenstein – führt. Ein Fels mit zwei Löchern, die so verbunden sind, dass beim Hineinblasen starke Wangen dem Felsen einen Ton entlocken können – laut wie eine Trompete. Sogar die brunftwilligen Hirsche werden dann kurz schweigen! Man kann direkt vom Campingplatz aus loslaufen. Der Weg ist in Wander-Apps eingezeichnet.

Gar nicht so selten trifft man bei Wanderungen auf Rehe und Hirsche.

Was haben die kleinen Wasserratten an heißen Tagen doch für einen Spaß im Pool.

HAIFISCHZÄHNE AUS DEM PALÄOZOIKUM

Schon immer von einer Haifischzahnkette geträumt? Dann ist die ehemalige Sandgrube von Príbelce der richtige Ort, Schaufel und Sieb auszupacken. Die Zähne von Haien sind in Reihen angeordnet. Sie wachsen hinter der ersten Zahnreihe kontinuierlich nach, und so haben Haie in einem Leben hunderte, manche sogar tausende Zähne zur Verfügung. Entsprechend viele Zähne verlieren sie auch. Ausgebrochen beispielsweise an einem harten Robbenknochen, sinken sie hinab und verschwinden im Sand des Meeresbodens, wo sie als Fossil die Zeit überdauern. Solange, bis sich das Meer zurückzieht und der Boden nach und nach seine Schätze freigibt. In der ehemaligen Sandmine in Príbelce sind an einer senkrechten Wand die verschiedenen Schichten und geologischen Zeitalter gut zu erkennen. In einer großen Grube können nicht nur Kinder nach den Haifischzähnen und anderen Fossilien suchen. Die Chancen für einen Fund stehen nach einem ordentlichen Regenguss am besten, aber auch dann braucht es eine Portion Glück. Schaufel und Sieb können auf dem Platz geliehen werden. Príbelce liegt 13 Kilometer vom Campingplatz entfernt. Von der Grube aus führt ein Pfad durch den umliegenden Wald auf den Hügel, von wo man einen schönen Ausblick auf das Tal hat.

BALKAN

Die kristallklaren Flüsse, duftenden Nadelwälder und schroff gezackten Felsriesen von Slowenien. Türkisblaues Meer, die feinsandigen Strände und das waldige Hinterland von Kroatien. Urwüchsige Natur und stilles Anglerglück in Bosnien und Herzegowina. Tiefe Schluchten und weite Hügellandschaften in Bulgarien. Eine spektakuläre Nationalparkregion in Montenegro. Serpentinen zum berühmtesten Bergdorf Albaniens. So abwechslungsreich ist der Balkan.

DAS REISEN MIT DEM CAMPER MACHT AUF KLEINEN STRASSEN BESONDERS VIEL SPASS.

Wo könnte die Seele besser baumeln als in einer Hängematte am Fluss?

CAMPING NATURPLATZ NA SKALI 23

Geeignet für Wohnmobile, Caravans und Zelte, 30 Standplätze, Ende April–Anf. Okt.
▸ Primož pri Ljubnem 23, SI-3333 Ljubno
Tel. +386 41886934
GPS 46.353221, 14.816119
▪ pincamp.de/Pin_234201

Digital Detox: Der klare Fluss – die Savinja –, der am Naturcampingplatz Na Skali vorbeifließt, entstammt mehreren kleineren Quellen oberhalb des Rinka-Wasserfalls im nahen Tal Logarska dolina. Das auf Deutsch Logartal genannte Tal gilt den meisten Slowenen als das schönste ihres Landes. Von Gletschern geformt, bedeckt dichtes Gras seinen Grund, die Hänge sind von duftendem Nadelwald bewachsen, und es ist bekränzt von zackigen Felsriesen, die bis auf mehr als 2300 Meter aufragen. Es gibt Menschen, die davon überzeugt sind, dass Wasser von seiner Umgebung geprägt wird. Dieser angebliche Gedächtniseffekt besteht aus einer Veränderung der Molekülstruktur – Wasser aus einer großstädtischen Kläranlage sieht diesem Glauben zufolge unter einem Mikroskop fotografiert hässlich und verzerrt aus, während eine schöne und positive Umgebung symmetrische Wasserkristalle produziert. Sollte dieser Glaube stimmen, müssten die Mikroskopbilder der Savinja von beeindruckender Harmonie sein.

Während die Savinja den Campingplatz in einer Schleife passiert, hinterlässt sie ein Rauschen und Gluckern, das nachts bis zu den Zelten dringt und die Urlauber in den Schlaf wiegt. Es ist still hier, denn es wird darum gebeten, Boomboxen und andere elektronische Musikabspielgeräte zu Hause zu lassen. Man möchte der Natur möglichst nahe sein, sie nicht stören und in ihr wenig Spuren hinterlassen. Nachhaltigkeit steht für die Betreibergruppe im Zentrum. Bei der Errichtung der Anlage zum Beispiel wurde bewusst auf Fundamente verzichtet – alles könnte somit schnell abgebaut und an anderer Stelle wiederaufgebaut werden. Nichts würde auf dem Areal zurückbleiben. Die sauberen Duschen und Toiletten sind mit viel Liebe und Holz gestaltet, und auch für die gut ausgestattete Gemeinschaftsküche im Freien wurden primär nachwachsende Rohstoffe verwendet. Stromanschlüsse gibt es nur an der Rezeption, sodass viele Gäste gleich ihr Handy ausschalten: Digital Detox.

Wer hierherkommt, lässt sich auch ein Stück weit auf den naturnahen Lebensstil ein. Um diesen Weg des Naturcampings weiterzuverbreiten, bieten die Betreiber gezielt Workshops an, zum Beispiel für Naturfotografie. Aber auch bei so ziemlich allen anderen draußen stattfindenden Aktivitäten unterstützen sie gerne: Vom Reiten über Kletterkurse bis zur Slackline gibt es eine Fülle von Angeboten für Aktivurlauber. Direkt hinter dem Campingplatz erstreckt sich ein großes Waldgebiet mit vielen kleinen Wegen für Spaziergänger und Mountainbiker und die Savinja lädt zum Baden ein. Alle Nicht-Aktivurlauber legen sich in eine der Hängematten und hören dem Fluss beim Plätschern zu.

PANORAMA PER PEDALE

Zahlreiche Seitentäler, die sich auf Radtouren erkunden lassen, münden in das Flusstal der Savinja. Es geht zum Teil über Radwege, zum Teil über wenig befahrene Land- und Dorfstraßen, und für die Mountainbike-Fans gibt es genug steile Waldwege. Die Rennradenthusiasten mit dünnen und empfindlichen Reifen sollten sich vorab über die Wegbeschaffenheit erkunden, da es immer wieder einige unasphaltierte Abschnitte gibt. Eine interessante und wenig befahrene Strecke, die direkt beim Campinglatz startet, führt den Ljubnica-Bach entlang zu einer kleinen Kirche, deren Geschichte bis ins 16. Jahrhundert reicht. Wer noch Kraft in den Beinen hat, kann von der St. Miklavža-Kirche den Ausflug über verschiedene Wege zu einem anspruchsvolleren Rundweg ausweiten.

Die offene Gemeinschaftsküche kann von allen Gästen genutzt werden.

AUSFLÜGE IN DER NÄHE auf einen Blick

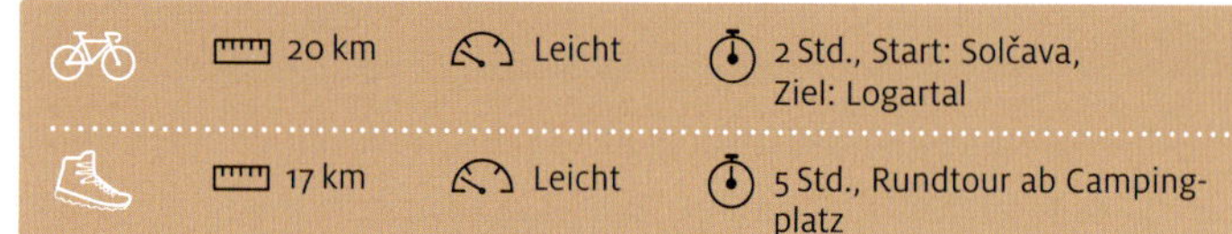

Rad	20 km	Leicht	2 Std., Start: Solčava, Ziel: Logartal
Wandern	17 km	Leicht	5 Std., Rundtour ab Campingplatz

Auf der Suche nach den ultimativen Ausblicken lenken Radler jedoch ihre Drahtesel zur Solčava-Panoramastraße. Die beliebte Strecke ist benannt nach ihrem Startpunkt, der kleinen Gemeinde Solčava (vom Platz rund 20 Kilometer entfernt) und ist je nach Ausgestaltung zwischen 20 und 37 Kilometer lang. Von Solčava verläuft eine Straße auf einer Höhe von 1200 Metern durch die Kamnik-Savinja-Alpen, die immer wieder Panoramablicke ermöglicht. Bauernhöfe und Gaststätten haben sich auf die Touristen eingestellt und bieten Käse, Salami, Wein und andere regionale Spezialitäten an, sodass die Fahrt zum Endpunkt, dem Eingang des Logartals, ein wenig länger dauern kann.

PANORAMA PER PEDES

Die Solčava-Panoramastraße ist mit 20 Kilometern Länge auch zu Fuß machbar. Aber die spektakulärsten Wege führen hier weiter in die

Die kleinen Stromschnellen auf der Savinja lassen die Flussfahrt zu einem kleinen Abenteuer werden.

In der Nähe des Campingplatzes führen zahlreiche Wanderwege durch das Tal.

Höhe, denn das Logartal ist ein guter Startpunkt für richtige Bergtouren. Die Gipfel rund um das Tal sind mehr als 2000 Meter hoch und die verfügbaren Touren reichen von gut ausgebauten Wegen bis zu alpinen Besteigungen, bei denen Unerfahrene besser einen Bergführer engagieren. Ein schöner, gut markierter und nicht zu anspruchsvoller Weg startet am Bauernhof Knez und führt am Palenk-Wasserfall vorbei auf den Gipfel des Strelovec. Zu Beginn werden einige Gehöfte passiert, dann folgen bis zu einer kleinen Almhütte nur noch Schafweiden und Lärchenwälder. Die Grillen zirpen und über den Köpfen kreist gelegentlich ein Raubvogel. Der Gipfel belohnt nach etwa zweistündigem Aufstieg mit einem tollen Ausblick auf die schroffe Felskuppe des höheren Bergs Ojstrica und hinein in die tief eingeschnittenen Täler.

»Nachhaltigkeit wird hier großgeschrieben: Man möchte der Natur möglichst nahe sein, sie nicht stören und in ihr wenig Spuren hinterlassen.«

Mitten im Weinberg sein Lager aufzuschlagen, ist einfach mal etwas anderes.

SAKSIDA WINE & CAMPING RESORT

★★★★

Geeignet für Wohnmobile, Caravans und Zelte, 45 Standplätze, Mitte März–Mitte Okt.
▸ Zalošče 12a, SI-5294 Dornberk

Tel. +386 53017853
GPS 45.890044, 13.748318

▪ pincamp.de/SV5350

Camping im Weinberg: Jožko erbte von Jožef und Jožef erbte von Jožef, und schon befinden wir uns in der Mitte des 19. Jahrhunderts, denn damals wurde das Weingut der Familie Saksida gegründet. Mit dieser langen Tradition sind sie jedoch im Vipava-Tal nicht die einzigen. Bereits in der Antike wurde hier Wein angebaut. Die klimatischen Bedingungen sind günstig: Tief im Tal sammelt sich die Wärme des Mittelmeers und sorgt für lange Sommer, milde Winter und frühes Erblühen im Frühjahr. Und wie hier erblüht wird! Neben dem Wein werden auch Aprikosen und Pflaumen angebaut, sodass im März und April zart rosa und pink blühende Landschaften entstehen.

Familie Saksida befindet sich längst im Übergang in die nächste Generation, um die Familientradition fortzuführen. Seit einigen Jahren führt Tochter Ingrid einen Teil der Geschäfte. Was der Generationenwechsel mitgebracht hat, sind ein Restaurant mit Spitzenküche und der 2007 eröffnete Campingplatz. Oberhalb des Wohnhauses der Familie wurde Platz geschaffen für einige Wohnmobile und Zelte,

Ob Zelt oder Wohnmobil – hier ist Platz für alle.

die wirklich mitten im Weinberg stehen. Vorsicht, enge Zufahrtsstraße!

Die Anlage, zu der auch ein kleiner Pool gehört, kommt in der Hochsaison an ihre Kapazitätsgrenzen und eine Reservierung lohnt sich in jedem Fall. Auch für einen Restaurantbesuch sollte reserviert werden, denn was Ingrids Mann Marko auf die Teller zaubert, hat sich herumgesprochen. Die sieben oder acht Gänge umfassenden Menüs bedienen sich regionaler Produkte und traditioneller Rezepte des Vipava-Tals. Sie werden natürlich begleitet von einer Weinauswahl, die genau wie das Essen von Spitzenqualität ist.

Wer fürchtet, gebügelte Hemden und Abendkleid ins Gepäck aufnehmen zu müssen, sei beruhigt: Auch Gästen in Badesandalen und mit Radlerkleidung werden Weinproben gereicht – mit oder ohne Restaurantbesuch, denn Familie Saksida erzählt gerne vom Wein. Und dann nimmt man sich vielleicht eine Flasche mit und setzt sich damit vor das Zelt, um der Sonne beim Verschwinden zuzuschauen. Man spürt ihre Restwärme aus dem Boden strahlen, von dem man jetzt weiß, dass es eine Schichtung aus Sandstein und einem Sedimentgestein namens Mergel ist. Es empfehlen sich Stahlheringe für den harten Untergrund.

»Neben Wein werden Aprikosen und Pflaumen angebaut, sodass im März und April zart rosa und pink blühende Landschaften entstehen.«

Auch für Familien mit Kindern bietet der Platz Angebote. Zum einen ist da der kleine Pool neben dem Haupthaus, der Jung und Alt schnelle Abkühlung verschafft. Zum anderen fließt der Fluss Vipava nur rund zehn Minuten entfernt vorbei und ist tief und ruhig genug zum Baden und Toben.

MIT DEM (E-)RAD IN DEN KARST

Die meisten Gäste des Platzes sind radfahrende Camper mit Vorliebe für guten Wein. Vom Platz startend führt eine schöne Radtour ins Karstgebirge, wo der Terrano wächst. Eine fruchtige Weinsorte, deren dunkelrote Farbe an Brombeeren erinnert. Ihren vollmundigen Geschmack entwickeln die Weine der Region durch die vielen Sonnenstunden an den steilen Hängen. Das bedeutet leider für die Radfahrer ordentlich Steigung. Auch die Rundtour durch das Karstgebirge beginnt mit einem langen Anstieg. Aber zu Beginn einer Tour ist man ja noch frisch und ausgeruht!

Trotzdem kann auf den fast 400 Höhenmetern das berühmte Brennen der Oberschenkel-

AUSFLÜGE IN DER NÄHE auf einen Blick

Fahrrad	40 km	Leicht	3 Std., mit dem E-Bike, - Start am Campingplatz
Wandern	13 km	Leicht	4 Std., Rundtour von/bis Branik

muskulatur einsetzen, das jeder Tourenradfahrer aus den Bergen kennt. Um das zu vermeiden, leihen sich Besucher gerne auf dem Campingplatz eines der E-Bikes aus, die zwar ihren Preis haben, aber dafür die Strapazen ersparen.

Wird darauf verzichtet, erreicht man verschwitzt, aber stolz den Pass und wird mit tollen Ausblicken hinab in das Vipava-Tal und in die Ferne zu den Alpengipfeln belohnt. Weiter geht es einigermaßen entspannt und in der Tendenz bergab durch verschiedene Dörfer. Traditionelle Häuser stehen entlang der Strecke. In Sveto lohnt ein Blick in die mehr als 500 Jahre alte St.-Ägidius-Kirche. Verschiedene Gasthöfe locken mit Speis und Trank – zum Beispiel mit der regionalen Spezialität, dem Karstschinken. Aber Höhepunkt der Tour ist unbestritten das Dorf Štanjel. Enge kleine Gassen führen zum hübschen Schloss, und klug angelegte Gärten zeigen, wie die Landschaft erblüht, wenn das Wasser aus den Tiefen des

Bei der herrlichen Sonne kann es nur ein guter Jahrgang werden.

Die imposante Burg Rihemberk in Branik kann man besichtigen.

Karstes an die Oberfläche dringt. Anschließend geht es über einige Serpentinen bergab ins Tal der Branica, einem Zufluss der Vipava, und den Bach entlang zurück zum Camp. Die Betreiber können mit Kartenmaterial bei der Planung helfen und haben zudem diese Route digital markiert.

WANDERN DURCH WEINBERGE ODER HINAUF AUF DEN GIPFEL

Wem das Radfahren nicht liegt, dem empfehlen die Saksidas, die Wanderschuhe zu schnüren. In direkter Umgebung des Campingplatzes spaziert es sich entspannt durch die Weinberge und Pfirsichplantagen, die das Tal im Frühjahr in intensivem Rosa färben.

Etwas sportlicher ist der Weg auf den Gipfel des Šumka, der jedoch eigentlich auch eher in die Kategorie der Hügel fällt. Im Ort Branik beginnt ein schöner Rundweg, für den eine digitale Routenmarkierung angelegt wurde. 13 Kilometer ist die Strecke lang und führt über Feldwege und durch kleine Dörfer. Unterwegs und vom gut 500 Meter hohen Gipfel hat man immer wieder schöne Ausblicke auf das Tal und die umliegenden Berge. Auf dem Hin- oder Rückweg lohnt ein Besuch der imposanten aus dem 13. Jahrhundert stammenden Burg Rihemberk in Branik. Beeindruckend, wie Menschen am felsigen und steilen Hang solche Bauwerke errichten konnten. In den Gewölben wohnt eine große Kolonie Fledermäuse und die Ausblicke vom Burgturm sind fast so gut wie vom Gipfel des Šumka.

Kilometerlange Strände am glasklaren Wasser – das ist Kroatien.

Zum Strand sind es vom Stellplatz aus nur wenige Meter.

25 CAMPSITE PICCOLO

Geeignet für Wohnmobile, Caravans und Zelte, 13 Standplätze
▶ Vinkuran Centar, HR-52203 Medulin
Tel. +385 915219215
GPS 44.8227, 13.8493
■ pincamp.de/Pin_237534

Im Olivenhain: Der Unterschied zu anderen Plätzen in dieser an Campingplätzen nicht armen Gegend Kroatiens steckt bereits im Namen. Alles ist ein wenig kleiner, gemütlicher, familiärer. Das mag an der räumlichen Beschränkung des Grundstücks liegen, das der Betreiber Alen von seiner Familie geerbt und auf dem sein Großvater bereits Olivenbäume angebaut hat. Aber das liegt auch an der bewussten Entscheidung von Alen, einem studierten Ökonomen, alles ein wenig zu begrenzen.

Die Zahl der möglichen Touristen ist für die vorhandene Infrastruktur angenehm klein. So steht man morgens nicht vor den Duschen und wartet in der Schlange. Und man verhandelt auch nicht mit einer anonymen Rezeption, sondern kommt mit dem freundlichen Alen in ein Gespräch, das schnell auf die persönliche Ebene wechseln kann. Zum Beispiel über die Band, in der Alen spielt. Oder Musik im Allgemeinen. Und vielleicht setzt man sich gemeinsam hin und hört zusammen eine Platte, die man sich als Mieter einer Mietunterkunft sogar samt Plattenspieler ausleihen kann. Dann spielt Jimmy Hendrix Gitarre, während die Wellen des Mittelmeers gegen die felsige Küste plätschern. Durch die Olivenbäume, die Alen und seine Frau Daniela stehen gelassen haben, streicht ein leichter Wind, der zusammen mit dem Schatten für eine angenehme Abkühlung sorgt. Tiefe Entspannung macht sich

AUSFLÜGE IN DER NÄHE auf einen Blick

(SUP)	200 m	Leicht	2 Std., Rundtour ab Campingplatz
(Wandern)	13 km	Leicht	3 Std., Rundtour ab Premantura

breit. Willkommen an der südlichen Spitze Istriens.

Ein guter Bäcker in direkter Nähe des Platzes versorgt Camper mit dem Nötigsten, und sollte man Lust auf mehr Zivilisation verspüren, lohnt der Weg ins gut fünf Kilometer entfernte Pula. Am besten am späten Nachmittag, wenn die Sonne sich dem Horizont nähert und das Leben in den Straßen erwacht. Vielleicht hat man Glück, und just an diesem Tag stimmt im 2000 Jahre alten Amphitheater eine lohnenswerte Band ihre Instrumente, und man verbringt den Abend mit Livemusik in einer Umgebung, die genau wie der Augustustempel und vielzählige andere antike Überreste von der römischen Geschichte Istriens zeugt. Aber es ist auch vollkommen okay, wenn keine Lust auf Zivilisation aufgekommen ist und man lieber seine Hängematte zwischen zwei Olivenbäumen aufgespannt hat. Und man von dort der Sonne beim Untergehen zuschaut.

Rund um die Hafenstadt Pula gibt es einiges zu sehen.

MIT DEM SUP UM DIE INSELN

Das Ufer des Platzes ist eher eine felsige und spitze Angelegenheit, aber sobald man das überwunden hat, umschließt einen das kühlende türkisfarbene Mittelmeernass. Wenige Steinwürfe vom Ufer liegen drei kleine Inseln. Wer unterwegs Schnorchel und Brille aufsetzt, kann auf den einen oder anderen bunten Fisch oder sogar einen Oktopus hoffen. Bequem und sicher lassen sich die Inseln mit einem Paddelboot oder SUP umrunden. Letzteres lässt sich direkt beim Platz ausleihen. Damit schauen die Entdecker in die kleinen Höhlen, die sich in der Gegend an verschiedenen Stellen unter den Felsen gebildet haben. Und mit viel Glück sieht man eine der Delfinschulen, die hier manchmal vorbeiziehen und aus dem Wasser springen. Wer zielgerichteter marines Leben erkunden will, geht zur nahe gelegenen Tauchschule, die in der Gegend an verschiedenen Spots geführte Tauchgänge anbietet.

Auf den Inseln selbst sind neben Geröll und Sträuchern die Reste eines alten Leuchtturms zu finden, und es lässt sich hervorragend herumklettern und das Terrain erkunden. Zurück ins Meer geht es dann mit einem beherzten Sprung von einem der Felsen. Natürlich nur nach sorgfältiger Prüfung, damit sich unter Wasser keine Hindernisse verstecken.

AUF ORCHIDEENSUCHE AM KAP KAMENJAK

Der Geruch von Piniennadeln, Salbei und dem verdorrenden Holz alter Olivenbäume liegt in der Luft. Kleine Buchten wechseln sich mit steilen Felsen ab. Blumenliebhaber suchen nach Orchideen, und allein dafür lohnt es sich, im Frühsommer anzureisen, wenn die Königin der Blumen ihre prächtigen Blüten öffnet. Im Mai und Juni erstrahlt die Halbinsel des Naturschutzgebiets Kap Kamenjak noch in sattem Grün, und

»Der Name ist hier Programm: Alles ist ein wenig kleiner, gemütlicher, familiärer.«

Einige Radstrecken führen direkt am Ufer entlang.

der Staub der unbefestigten Wege hat sich noch nicht auf die Blätter gelegt. Ein 13 Kilometer langer Orchideenpfad lädt ein, einige der 30 Orchideenarten zu entdecken, die hier wachsen. Unterwegs kann man in die eine oder andere Bucht abbiegen und in das eventuell noch recht kühle Wasser springen. Die Mutigen wandern dafür bis zur Südspitze, zur Bucht Kolumbarica, denn hier tummeln sich die Klippenspringer auf Felsen mit Höhen über zehn Metern. Doch Achtung: Unbedingt vor einem Sprung die Wassertiefe abklären und ob es unter Wasser Felsen gibt. Neben den Orchideen lässt sich eine Vielzahl an Vogelarten beobachten, unter Wasser eine reiche Fischwelt entdecken und gelegentlich sogar Exemplare der beinahe ausgestorbenen Mittelmeer-Mönchsrobbe sichten. Diese bitte weder belästigen noch füttern.

Am Eingang des Naturparks müssen Autofahrer einen kleinen Obolus entrichten. Sie erhalten dafür einen Müllbeutel und eine Karte, aber sinnvoller ist ohnehin, das Auto am Eingang stehen zu lassen und die Halbinsel auf den kleinen Pfaden zu erkunden. Oder gleich mit dem Fahrrad anzureisen. Wer kein eigenes Fahrrad im Gepäck hat, findet in Banjole Mietfahrräder.

Der Himmel und das Wasser strahlen um die Wette, wenn die ganz Mutigen die Klippen hinabspringen.

Wer mag, springt zur Abkühlung in den See in der Nähe des Campingplatzes.

26 CAMPING LIKA

★★★★

Geeignet für Wohnmobile, Caravans und Zelte, 30 Standplätze, Anf. Mai–Ende Sept.
▶ Zagrebačka 32, HR-23440 Gračac

Tel. +385 98339600
GPS 44.304919, 15.862724
▪ pincamp.de/HR5025

Es muss nicht immer Meer sein: Denkt man an Kroatien, denkt man an das Mittelmeer, an Schnorcheln, an Dubrovnik und Split. Dabei sind mehr als ein Drittel des Landes von Wäldern bedeckt, die meisten davon Mischwälder ohne viel Forstwirtschaft. Hinter dem Kamm der Gebirgskette namens Velebit beginnt dieses Kroatien. Das sieht man auch an der sich verändernden Vegetation, und das merkt man am Klima – vor allem nachts ist es hier meist einige Grad kühler als an der Küste.

Fährt man von der Küstenstadt Zadar ins Landesinnere Richtung Camping Lika, geht es bald bergauf. Das blaue Meer verschwindet im Rückspiegel, und die Straße führt durch eine steile Landschaft, die zuerst noch trocken und steinig ist. Aber wenn der höchste Punkt passiert wurde, nehmen die Bäume zu, und schon bald bedeckt Wald die Flächen. Auf der rechten Seite liegt der Crnopac, mit 1402 Metern der höchste Gipfel im südlichen Ausläufer des Velebit. Eine schöne und dünn besiedelte Wandergegend, die neben einfachen Wanderwegen oft auch anspruchsvolle Routen mit steilen Abschnitten und

AUSFLÜGE IN DER NÄHE auf einen Blick

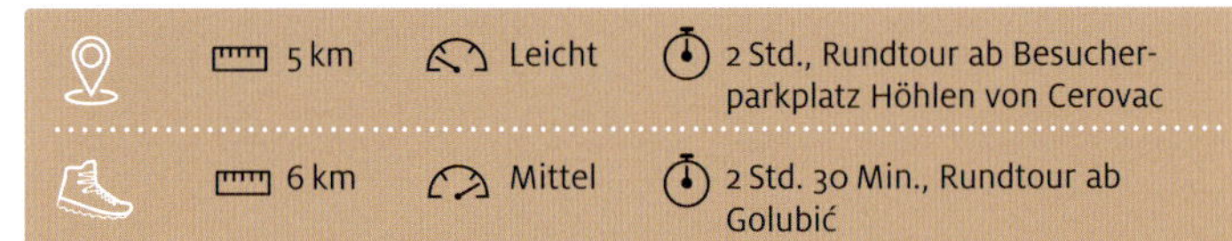

kleineren Kraxelpartien bietet. Dann geht es ein Stück bergab in die Ebene, in der es sich die kleine Stadt Gračac mitsamt dem Campingplatz Lika bequem gemacht hat.

Camping Lika ist ein hervorragender Ausgangspunkt zur Erkundung des südlichen Landesinneren von Kroatien. Sollte einem doch einmal das Meer zu sehr fehlen, ist das weniger als eine Stunde Fahrt entfernt. Aber vor allem ermöglicht die gute Straßenanbindung viele Ausflüge zu lohnenswerten Zielen: sei es die Zrmanja-Schlucht, die paradiesischen (und sehr touristischen) Seen im Nationalpark Plitvicer Seen, die Wanderrouten im Nationalpark Paklenica oder eine der zahlreichen Höhlen der Gegend.

Zurück auf dem Campingplatz springt man nach einem langen Tagesausflug in den Pool und schwimmt einige kurze Bahnen. Der noch junge Platz wird von einer in der Tourismusbranche erfahrenen Betreiberfamilie gemanagt. Es werden mehrere Sprachen gesprochen, darunter auch Deutsch, und man steht stets freundlich

Die Zrmanja schlängelt sich im Velebit durch einen tiefen Canyon.

Im Sommer sind die Plitvicer Seen ein gut besuchtes Ausflugsziel.

mit Rat und Tat zur Seite. Die Duschen sind heiß, das WLAN funktioniert, die Sanitäranlagen sind sauber, die Parzellen groß, Strom und Wasser sind verlegt, morgens gibt es Brötchen, im nahen Supermarkt stimmt die Versorgungslage und die Grillecke liegt im Schatten. Camperherz, was willst du mehr?

»Die gute Straßenanbindung ermöglicht viele Ausflüge zu lohnenswerten Zielen.«

DIE HÖHLEN VON CEROVAC

Der größte Höhlenkomplex Kroatiens liegt nur einige Kilometer von Camping Lika entfernt. Hier kann man im Licht schimmernde Tropfsteine sehen, große Hallen bestaunen und eine Ahnung davon bekommen, wie weit sich dieses unterirdische Reich ausdehnt. Nur ein Teil ist bisher erkundet und die Forschungen dauern an.

Bei einem Besuch sieht man Spuren von Menschen und Tieren, die hier vor vielen Tausenden Jahren gelebt haben: Feuersteinschaber, Keramikbruchstücke und Knochen unterschiedlichster Tierarten. Darunter

der Höhlenbär, eine ausgestorbene Bärenart, die sich zur Orientierung in der Dunkelheit der Höhle an den Wänden gerieben hat, um Duftmarken zu setzen. Solche Reibestellen sind bis heute gut sichtbar!

Das touristische Besucherkonzept wurde kürzlich überarbeitet und die Infrastruktur auf modernen Stand gebracht. Zum Glück wurde dabei auf psychedelische Musik und Animation verzichtet, sodass man einen echten Eindruck der Höhlenwelt bekommt. Vom Parkplatz führt ein zehn- bis zwanzigminütiger Fußweg zu den zwei für Touristen freigegebenen Höhlen. Da es im Inneren der Höhlen mit 7 °C eiskalt ist, sollte man am besten nach dem bergauf führenden Fußweg eine zweite Hose und einen dicken Pullover überstreifen. Führungen dauern pro Höhle 50 Minuten (www.cerovacke-spilje.hr).

Keine nassen Füße: Über den Fluss Krupa führt eine alte Steinbrücke.

ZU DEN WASSERFÄLLEN DER KRUPA

Im südlichen Velebit entspringen mehrere Flüsse und fließen in Richtung Adria. Sie werden vom porösen Gestein gefiltert und haben sich über die Jahrtausende tief in die Berge gegraben. Wer hier wandern geht, kann sich auf glasklares Wasser, grüne Wiesen und tolle Ausblicke freuen.

Unterhalb des Dorfes Golubić liegt der Fluss Krupa, in den nicht weit entfernt die Zrmanja mündet. Um dorthin zu kommen, muss man tief in die Schlucht hinabsteigen. Wenn man sich an der ersten Abzweigung links hält, entsteht ein Rundweg. Der Pfad ist stellenweise steinig, schmal und nicht immer einfach zu begehen, doch mit festem Schuhwerk ausgerüstet gut zu meistern. Immer wieder sieht man am Grund des Canyons das blaue Band der Krupa, die mit Abkühlung lockt.

Unten angekommen, lohnt es, sich ein wenig zu gedulden und dem Fluss bis zur Mündung der Zrmanja zu folgen. Sehenswert ist Kudin Most, eine Steinbrücke aus dem 18. Jahrhundert. Grüne Wiesen wechseln sich mit steinigen Abschnitten ab, und schließlich erreicht man kleine kaskadenartige Wasserfälle, unter denen sich tiefe Gumpen bilden. Spätestens hier sollte man reinspringen und den Schweiß abwaschen.

Gelegentlich kommen Kanufahrer vorbei. Sie nehmen an einer der geführten Touren teil, die ihren Ausgangspunkt am Oberlauf der Zrmanja haben. Sonst ist trotz der beeindruckenden Landschaftsschönheit oft nicht viel los. Den meisten Touristen ist der Auf- und Abstieg zu anstrengend, denn einige Kilometer weiter südlich kann man auch bequem mit dem Auto an den Fluss fahren.

Besser geht's nicht: Raus aus dem Camper und rein ins Wasser.

27 CAMP KARGITA

Geeignet für Wohnmobile, Caravans und Zelte, 75 Standplätze, Mitte Mai–Ende Sept.

▶ Veli Klanac 105, HR-23287 Veli Rat

Tel. +385 98532333
GPS 44.154201, 14.822451

■ pincamp.de/HR5340

Mitten drin in der Natur: Was unbedingt ins Reisegepäck sollte, ist eine Hängematte. Am Camp Kargita gibt es so viele schöne Plätze, um sie aufzuspannen und richtig abzuhängen. Am Kap von Dugi Otok liegt der Platz, der mehr an die Karibik als an die Adria erinnert, und an dem es allein schon eine Freude ist, auf das glasklare und türkisblaue Meer zu schauen, die Gedanken schweifen zu lassen und das Nichtstun zu genießen. Hier ist man weit weg von Action und Trubel und mittendrin in der Natur. Und wäre das allein nicht schon kitschig-schön genug, reckt sich am anderen Ende der Bucht an der Punta Hjanca auch noch der Leuchtturm Veli Rat in den stahlblauen Sommerhimmel. Tausende Eier habe man beim Bau 1849 in den Beton gemischt, um ihm seine schöne gelbe Farbe zu geben. Hier ist der Hotspot für stimmungsvolle Sonnenuntergänge, wobei allein schon der Weg zum Leuchtturm reizvoll ist. Es geht durch einen imposanten, 250 Meter langen Pinientunnel unter den weit ausladenden Kronen der alten Bäume.

Wer auch mal gerne einen anderen Strand besucht als den direkt vor dem Platz, der findet allein in Radfahrentfernung – Fahrräder gibt es am Platz – zwei besonders schöne Alternativen. Fünf

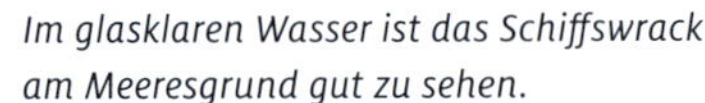

Im glasklaren Wasser ist das Schiffswrack am Meeresgrund gut zu sehen.

»Es ist allein schon eine Freude, auf das glasklare und türkisblaue Meer zu schauen, die Gedanken schweifen zu lassen und das Nichtstun zu genießen.«

Kilometer sind es zum Sakurun-Strand, wo das Meer ganz sanft abfällt und der feine helle Sand das Wasser karibisch strahlen lässt. Gut doppelt so weit, aber immer noch gut für eine Radtour, ist es zum Veli Žal gegenüber der Insel Mežanj.

Mehrmals am Tag verbindet eine Fähre Zadar und das 25 Kilometer vom Platz entfernte Brbinj auf Dugi Otok am äußersten Rand des Archipels vor Zadar. Fast 50 Kilometer lang und an der breitesten Stelle nicht einmal fünf Kilometer breit zeichnet sich Dugi Otok – die lange Insel – mit ihren elf Dörfern (das größte davon der Verwaltungssitz Sali) durch eine imposante, bis zu 200 Meter hohe Steilküste im Westen, den Salzsee Mir (Frieden), viel Grün und zahlreiche schöne Buchten aus.

Am Platz gibt es geräumige Parzellen und einen großen Zeltbereich rund um die Bucht und im lichten Wald dazu moderne, einladende Sanitärgebäude sowie Bar und Restaurant in bester Lage, um mit Blick auf Meer und Leuchtturm einen Tag zu beginnen oder viel später ausklingen zu lassen.

AUSFLUG FÜR ABENTEURER

Es war in den 1980er-Jahren, als in der Nähe von Veli Rat – vor den kleinen Inselchen Mali und Veli Lagan – ein italienischer Frachter auf Grund lief und versank. Dort liegt er bis heute etwa vier Meter tief und hat längst Rost angesetzt. Er ist ein beliebtes Ziel für Touren mit dem Kajak, weil man im klaren Wasser jedes einzelne Detail des Schiffsrumpfs sehen kann. Spannend ist dieser auch für Schnorchler und Taucher und ein beliebtes Ziel von geführten Touren. Ohne ortskundigen Guide sollte man hier sehr vorsichtig sein, weil sich das Wrack auf dem sandigen Meeresboden mit den Wellen bewegt. Mit entsprechendem Sicherheitsabstand entdeckt man allerhand Pflanzen und Tiere, die sich das alte Schiff im Lauf der Jahre als Lebensraum erobert haben.

AUSFLÜGE IN DER NÄHE auf einen Blick

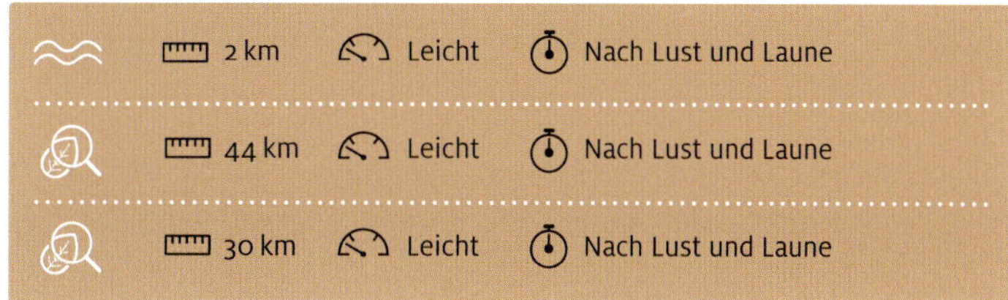

KONTRASTREICHER SÜDEN

Ganz im Südosten hat Dugi Otok ein spektakuläres Ende. Hier erstreckt sich der hügelige, grüne Naturpark Telašćica. 13 Inseln und Inselchen, natürliche Häfen, 25 Bilderbuchstrände und die atemberaubenden, bis zu 161 Meter hohen Steilklippen »Stene« wechseln sich ab. Die Karstlandschaft geht über in duftende Kiefernwälder. Ein Erlebnis ist eine Wanderung entlang der Klippen in der wilden, urwüchsigen Landschaft, die immer wieder mit neuen, eindrucksvollen Ausblicken lohnt.

Die Telašćica-Bucht gilt als der sicherste und schönste Naturhafen an der Adriaküste und sowohl an Land wie unter Wasser beeindruckt eine besonders vielfältige Tier- und Pflanzenwelt. Speziell die endemischen Arten sind interessant. Aale sind nur eine davon. Wer keine Lust auf Pflanzen-App oder Bestimmungsbuch hat, der schließt sich lieber einer der Führungen an, die vom Nationalpark zu den verschiedensten Themen angeboten werden – von der Fotosafari über Tauchausflüge bis zu kulinarischen Touren, die sich meist um traditionelle Gerichte aus Meeresfrüchten drehen.

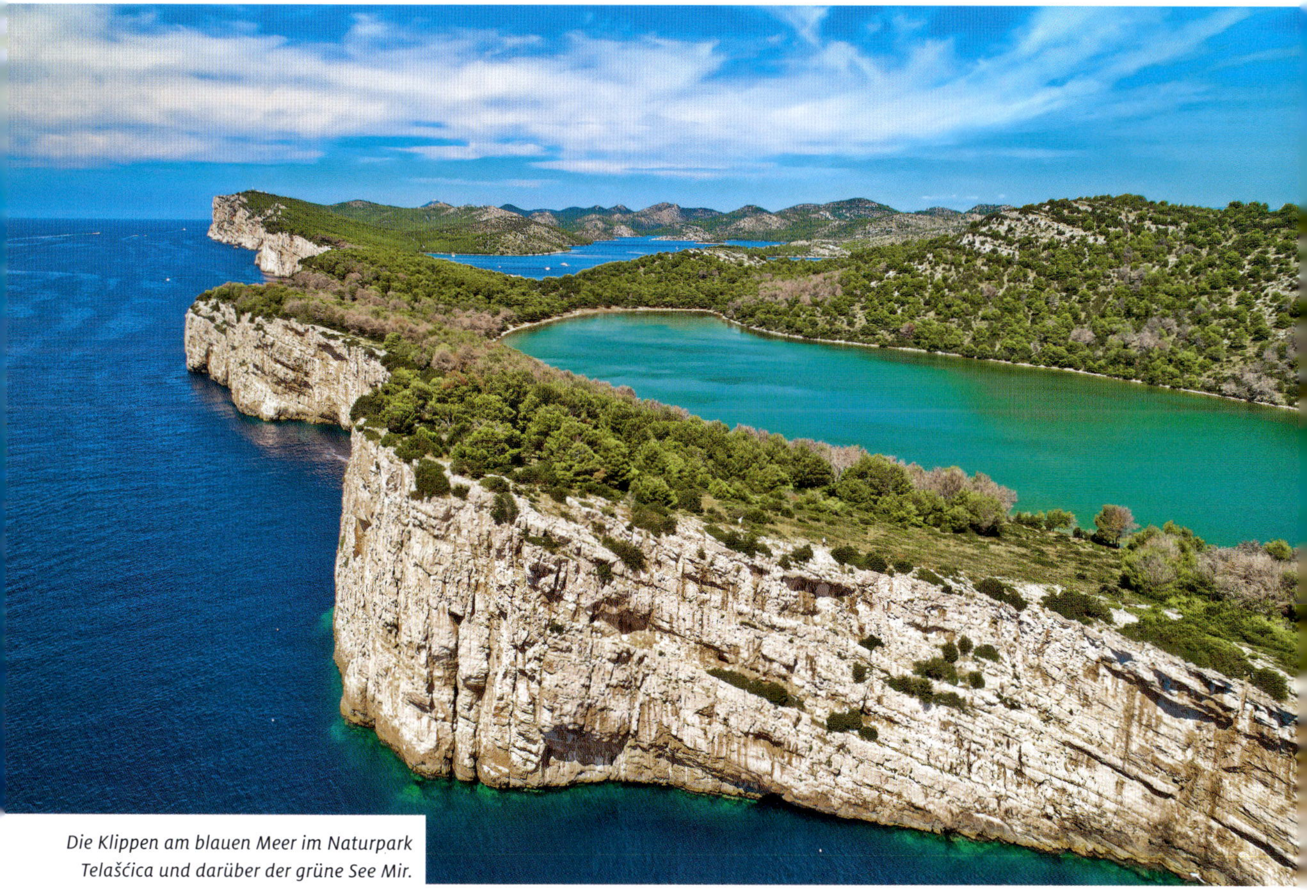

Die Klippen am blauen Meer im Naturpark Telašćica und darüber der grüne See Mir.

So ist der Naturpark für Wanderungen sowie auch für Tauchgänge ein lohnendes Ziel. Und bloß nicht erschrecken, wenn plötzlich ein Esel auf dem Weg steht. Davon gibt es im Naturpark einige wild lebende Exemplare (www.pp-telascica.hr).

HÖHLENZAUBER

Schon Kaiser Franz Josef war fasziniert vom »schrecklichen Ofen« – Strašna Peć, als er 1904 die damals gerade erst erforschte und bereits für touristische Zwecke geöffnete Tropfsteinhöhle bei Savar besuchte. Hinter einem gewaltigen Eingang – zehn Meter breit und sieben Meter hoch – eröffnet sich ein eindrucksvolles Bild, das Stalaktiten und Stalagmiten formten. Über eine Treppe geht es hinein und hinunter in den ersten großen Raum, der manch einen an eine gotische Basilika erinnert. Durch das Schattenspiel des einfallenden Tageslichts wirkt sie fast magisch. Ähnlich eine zweite Halle, etwas tiefer im Fels. Wie Funde aus den nahe gelegenen Höhlen von Vlakno, Kozja und Badanj bereits vermuten lassen, könnten in der Steinzeit hier Menschen gelebt haben. Die Höhle ist berühmt.

Dass Savar aber auch in der ganzen Welt Spuren hinterlassen hat, ist weniger bekannt. Mit Stein von der Insel wurden neben dem Forum in Zadar auch Kirchen und Paläste in Rom und Venedig sowie Teile des UN-Gebäudes in New York erbaut (www.strasnapec.com).

Die Esel auf Dugi Otok im Naturpark Telašćica haben eine schöne Aussicht.

Ein Tisch und ein paar Stühle dazu – und schon kann der Urlaub losgehen.

28 AUTO CAMP RIVER

Campen im Grenzgebiet: Vor rund 30 Jahren tobte in der Grenzregion zwischen Bosnien-Herzegowina und Serbien noch der Krieg. Srebrenica und einige andere Schauplätze des Schreckens sind nicht weit, immer noch stehen Ruinen an manchen Straßen. Dennoch hat sich die Lage heute beruhigt, die Zeit hat viele Wunden geheilt oder zumindest bei der Verdrängung geholfen.

Das Dorf Donje Vardište, in dem Auto Camp River liegt, blieb auch damals weitestgehend vom Krieg verschont. Es vermittelt eine Gemütlichkeit, von der der man sich bei gutem Wetter nur schwer wieder lösen kann. Auf dem erst 2017 eröffneten Campingplatz stranden vor allem Reisende, die sich auf dem Weg von Serbien zur Mittelmeerküste oder umgekehrt befinden. Doch schon so mancher Besucher wollte nur eine Nacht Zwischenstation machen und ist eine Woche auf dem gut gepflegten Platz geblieben.

Geeignet für Wohnmobile, Caravans und Zelte, 25 Standplätze, Anf. Jan.–Ende Dez.
▸ BA-73249 Donje Vardište

Tel. +381 669287493
GPS 43.7525,19.446389

▪ pincamp.de/HZ_229208

Die Grenze ist nur zwei Kilometer entfernt, und man hat ein wenig das Gefühl, im Niemandsland zu sein. In der Regel stehen nur einige wenige Wohnmobile auf der großen Wiesenfläche, an deren Rand alte Bäume Schatten spenden. Es gibt eine offene Küche mit Steinofen. Gleich zwei Bäche fließen direkt am Platz vorbei und gelegentlich versuchen Angler hier ihr Glück. Sind es Fliegenangler, waten sie durch das Wasser und schwingen die Rute, bis die Schnur genug Schwung hat, um dort zu landen, wo sie eine der

AUSFLÜGE IN DER NÄHE auf einen Blick

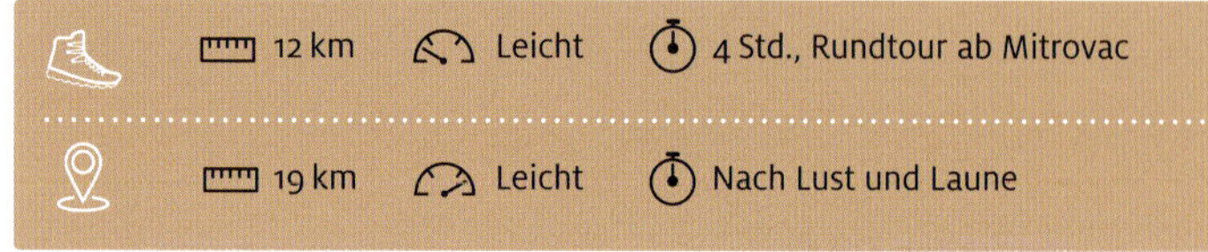

Forellen vermuten. Dieser Takt des Schwungs und die Ruhe in ihren Handbewegungen passt perfekt in die Umgebung des Auto Camp River: Es geht gemächlich zu.

Sollte das Anglerglück auf ihrer Seite sein, kommt der Fisch in die gusseiserne Pfanne, und zur Verdauung nach der Mahlzeit gibt es vielleicht einen kleinen Rakia. Rund um den Campingplatz wurden vor Jahrzehnten Pflaumenbäume gepflanzt, die die Betreiberfamilie Masal zur Herstellung des traditionellen Schnapses nutzt. Sie ernten die Pflaumen im September, dann gehen die süßen Früchte in die Fermentation. Gebrannt wird Anfang November, aber dann ruht der erst 2017 eröffnete Platz bereits im Winterschlaf. Die nächste Generation Rakia wartet dann im Keller auf die Camper der kommenden Saison.

Geangelt und geschwommen wird in den zwei Bächen Beli-Rzav und Crni-Rzav, die sich direkt beim Camp vereinen. Der größere der beiden kommt aus den Bergen und ist selbst im Hochsommer noch eiskalt. Stevan, Teil der Betreiberfamilie, sagt: »Das lieben vor allem die deutschen Gäste. Reinspringen, die Kälte aushalten und wieder raus in die Sonne.«

Auf den kleinen umliegenden Straßen lässt es sich gut durch die Hügellandschaft wandern, wo man auf ein aus dem Mittelalter stammendes orthodoxes Kloster stößt. Im Dorf gibt es einen Minimarkt für das Nötigste. Längere Ausflüge führen zum Beispiel nach Višegrad, eine rund 10 000 Einwohner große Stadt, was hier schon fast als Großstadt gilt. Oder nach Serbien in die wilde Natur des Nationalparks.

Ist der gegrillte Fisch selbst geangelt, schmeckt er nochmal so gut.

WILDER WALD

Auf der anderen Seite der Grenze beginnt der serbische Nationalpark Tara, der sich im nördlichen Teil auf der bosnischen Seite mit dem Nationalpark Drina fortsetzt. Eine herrlich vielfältige Landschaft voll mit tiefen Schluchten, die von Bächen und Flüssen in den weichen Kalkstein gegraben wurden. Der Großteil der steilen Hänge ist mit dichtem Nadelwald bewachsen, in den sich Abschnitte aus Eichen, Birken und Buchen mischen. Einige Straßen führen in den Park und zu bekannten Aussichtspunkten, aber für das wirkliche Naturerlebnis sollte man den Wanderrucksack schnüren.

Rund 30 Wanderrouten sind im Nationalpark Tara markiert und beschildert, wenngleich nicht alle gleich gut zu finden sind. Darunter ist auch der Europäische Fernwanderweg E7, der eine Kurve durch Tara dreht und zu einigen der schönsten Punkte führt. Große Teile des Nationalparks sind wild und einsam, sodass auch mal ein Baum auf dem Weg liegt, das Gestrüpp schneller wächst, als es beschnitten werden kann, oder Bäche einzelne Wegabschnitte übernehmen.

Eine stärker besuchte und sehr gut ausgeschilderte Route ist der Wanderweg Nr. 9, der zum Aussichtspunkt Banjska Stena führt. Von hier hat man fantastische Ausblicke auf den Fluss Drina und die Berge! Im Infozentrum in Mitrovac gibt es weitere Informationen und Karten.

Neben Hirschen und einer Reihe anderer Säugetiere leben rund 40 Braunbären in der Region. In der Regel bekommt man die scheuen Tiere nicht zu Gesicht, aber wer auf Nummer sicher gehen will, bindet sich auf einsamen Pfaden eine

»Gleich zwei Bäche fließen direkt am Platz vorbei und gelegentlich versuchen Angler ihr Glück«

Am Aussichtspunkt Banjska Stena: weit unten im Tal der Fluss Drina und am Horizont die Berge

Glocke an den Rucksack oder bemüht sich um andere laute Geräusche beim Wandern – das vertreibt die Pelzträger. Sollte man zelten, empfiehlt sich in jedem Fall, kein verlockend duftendes Essen im Zelt zu lagern.

DIE BRÜCKE ÜBER DIE DRINA

Die Drina bildet über weite Teile die natürliche Grenze zwischen den beiden benachbarten Ländern Serbien und Bosnien-Herzegowina. Steile Berge und schroffe Ufer führen dazu, dass es hier nicht viele Siedlungen entlang des Flusses gibt. Nur manchmal öffnet sich die Landschaft wie zum Beispiel bei Višegrad, wo der Fluss aus einer Schlucht hervorbricht und die Berge Platz machen wie die Tribünen eines Amphitheaters. Mit der Beschreibung von Višegrad und der Brücke, die hier den Fluss Drina überspannt, beginnt der Schriftsteller und Literaturnobelpreisträger Ivo Andrić seinen Roman »Die Brücke über die Drina«. In dem 1945 erschienenen Roman erzählt Andrić die Geschichte der Brücke und schreibt damit gleichzeitig über vier Jahrhunderte aus der Geschichte dieser Region. Er skizziert Menschen, die unter verschiedenen Besatzungen leben – osmanisch, österreichisch-ungarisch – und von der Begegnung unterschiedlicher Religionen in dieser Vielvölkerregion.

Die 1577 gebaute Brücke steht bis heute. Elf Bögen tragen die Straße, die mittlerweile für den Autoverkehr gesperrt ist, und verströmen den Geist der Geschichte. Wer außergewöhnliche Perspektiven auf sie gewinnen will, bucht eine Bootstour auf der Drina, mietet ein Kanu oder steigt in die Zipline – ein gespanntes Drahtseil, mit dem Besucher über den Fluss rutschen.

Beeindruckend: Die Steinbrücke über die Drina stammt aus dem 16. Jahrhundert.

Ein Platz zum Innehalten und sich ganz der Natur widmen.

29 CAMPING KOUKERY

Geeignet für Wohnmobile, Caravans und Zelte, 25 Standplätze, Anf. April–Ende Okt.
▶ BG-7087 Russe, Koshov

Tel. +359 888960934
GPS 43.661455,25.986205

■ pincamp.de/Pin_235073

Im Adlerhorst: Unweit der Donau und der bulgarisch-rumänischen Grenze führt aus dem kleinen Dorf Koshov eine einsame Straße auf ein Felsplateau und zum Campingplatz Koukery. Die Betreiber des Platzes unterhalten in der nahen Grenzstadt Russe eine Schule für traditionelle bulgarische Tänze und bieten diverse geführte Touren an. Sie sind Tourismusprofis – das merkt man dem Platz an. Es gibt saubere Sanitäranlagen, einen kleinen Pool zur Abkühlung und einen Zaun gegen streunende Hunde sowie andere unerwünschte Besucher. Alle Gäste erhalten eine freundliche Begrüßung, auch wenn sie sich verspäten und erst spät abends eintreffen.

Koukery ist eigentlich eine antike bulgarische Tradition. So wurde ein Fest bezeichnet, das Anlass war, um zum Ende des Winters zu tanzen und die Fruchtbarkeit des Frühlings zu feiern. Die Bühne, die mit dem Campingplatz dem Koukery geschaffen wurde, übertrifft selbst das schönste Theater. Der Platz liegt direkt am Rand des Felsplateaus oberhalb einer Schlucht, in deren Sohle der Bach Cherni Lom fließt und die anderen Häuser des Dorfs Koshov stehen. Dadurch, dass man das Campingmobil oder Zelt kurz vor der fast senkrecht abfallenden Felswand aufbaut, schaut man aus dem eigenen Bett über die Schlucht hinweg, blickt auf die Felsen der gegenüberliegenden

Der Steinadler hat sein Revier fest im Blick.

Schluchtseite und dahinter auf die weite Hügellandschaft.

Aus dem Tal steigt oft ein Wind die Felsen herauf und zieht kühlend über das Campingplatzgelände. Die Thermik wird von den vielen Vögeln genutzt, die in den Löchern der Felsen nisten. Selbst Adler haben sich ganz in der Nähe ihr Zuhause gesucht. Morgens beim Kaffee kann man mit ein bisschen Glück zusehen, wie die Könige der Lüfte ihre zwei Meter großen Schwingen ausbreiten und sich mühelos in die Höhe tragen lassen.

Die majestätischen Vögel stehen unter Schutz, so wie die gesamte Region als Naturpark Rusenski Lom unter Schutz gestellt wurde. In der sonst eigentlich flachen Tiefebene der Donau (sie fließt 20 Kilometer entfernt) haben sich die drei Bäche Cherni-, Beli- und Rusenski-Lom in das hier vorherrschende weiche Kalkgestein gegraben und Nischen für eine vielfältige Flora und Fauna geschaffen. Die Spezies, die jedoch die spektakulärsten Bauten in die Felsen gegraben hat, ist der Mensch. Eremiten nutzten natürliche Höhlen und erweiterten diese. Nach und nach fanden Gläubige hier Zuflucht, und es entstanden ein ganzes Kloster und mehrere Kapellen.

Umgeben von jahrhundertealter Kultur und einer interessanten Landschaft zieht Camping Koukery Kultur- und Abenteuerinteressierte gleichermaßen an. Die Betreiber stehen mit Rat und Tat zur Seite (auf Englisch und Deutsch) und organisieren geführte Touren.

DIE FELSKIRCHEN VON IWANOWO

Die in der Gegend zahlreich existierenden Höhlen wurden ab dem 12. Jahrhundert von Mönchen erweitert und miteinander verbunden, sodass hoch über dem Boden ein kleiner Komplex aus Klosterräumen und Kapellen entstanden ist. Die Mönche, die hier einst lebten, kletterten mit einer Trittleiter zu den Eingängen. Heute gibt es Treppen und Geländer, aber es bleibt eine schmale und steile Angelegenheit.

Im 13. und 14. Jahrhundert wurden viele der Wände und Decken mit religiösen Malereien bedeckt, was die UNESCO veranlasst hat, die Anlage 1979 als Weltkulturerbe zu klassifizieren. Die mittlerweile renovierten und geschützten Gemälde auf dem unebenen und rauen Höhlenstein vermitteln einem einen schlichten Glauben, der ganz ohne Kathedralen und Prunk die Jahrhunderte überdauert hat. Die Kirchen sind so klein, dass bereits einzelne Besuchergruppen sie komplett füllen.

Unterhalb der Klippe können Touristen bequem parken und von dort die Treppen zum Kloster hinaufsteigen. Wer es abenteuerlicher mag, macht sich vom Campingplatz Koukery zu Fuß

AUSFLÜGE IN DER NÄHE auf einen Blick

Wandern	Variabel	Mittel	1 Std. 30 Min., ab Parkplatz Felskirchen von Iwanowo
Rad	60 km	Mittel	6 Std., ab Parkplatz Felskirchen von Iwanowo

auf den Weg. Vom unterhalb des Campingplatzes gelegenen Dorf Koshov führt ein ausgeschilderter Weg zunächst zu den Höhlen von Gramovets und dann weiter zu den Felskirchen von Iwanowo. Die Höhlen von Gramovets sind jedoch wenig besucht und nicht gut gepflegt. Ebenso gibt es Berichte, dass die Verwaltung des Naturparks Rusenski Lom den Pfad vernachlässigt und Gestrüpp den Weg überwuchert. Also vorab beim Campingplatz Erkundigungen einholen.

IN DIE PEDALE TRETEN

Die Nähe zum Donauradweg, dem längsten Flussradweg Europas, macht die Gegend auch bei Fahrradtouristen beliebt. Schon so einige Besucher des Naturparks Rusenski Lom sind von Donaueschingen hierher geradelt. Start für eine

»Man schaut über die Schlucht hinweg auf die Felsen der gegenüberliegenden Schluchtseite und dahinter auf die weite Hügellandschaft.«

In den Felskirchen von Iwanowo sind neben den Wandbildern auch auf Leinwand gemalte Heiligenbilder zu sehen.

hübsche, aber auch herausfordernde Radrunde durch den Naturpark ist der Parkplatz der Felskirchen von Iwanowo. Zunächst folgt man dem Flusslauf auf seinem Weg in Richtung Donau bis zum Kloster Basarbowski. Das Kloster ist in einer ähnlichen Zeit erbaut worden wie die Felsenkirchen, wird jedoch mittlerweile wieder von Mönchen bewirtschaftet. Trotzdem kann man die Kapelle und einige Räumlichkeiten besichtigen. In Basarbowski verlässt man den Bach, und es geht weiter über geschotterte Feldwege und wenig befahrene Straßen. Zunächst gen Osten und dann gen Süden über das Dorf Shtraklevo bis Nisovo. Von hier führen kleine malerische Wege die Schlucht des Belo Lom entlang zurück zu den Felskirchen von Iwanowo. Steile Wände links und rechts, kreisende Raubvögel, wilde Natur – wunderschön. Allerdings ist die Natur auch ein Problem, denn die Parkverwaltung kommt wohl oft mit dem Bändigen nicht hinterher, und die ohnehin schon mittelmäßig ausgebauten Wege werden überwuchert. Also vorab den Zustand erfragen!

Alternativ nimmt man von Nisovo die Straße in einem Bogen nach Cherven, wo die Mauerreste einer ausgedehnten mittelalterlichen Festung besichtigt werden können, und schließlich zurück zum Camping Koukery.

Im Naturpark Rusenski Lom liegen verstreut einzelne Dörfer.

Das Kloster Basarbowski ist in den Fels gebaut.

Die herrliche Landschaft von Montenegro ist eine Campingreise wert.

CAMPING EKO OAZA TEAR OF EUROPE 30

Geeignet für Wohnmobile, Caravans und Zelte, 60 Standplätze

▶ Dobrilovina bb, ME-84205 Mojkovac, Dobrilovina

Tel. +382 69103112

GPS 43.017218, 19.409712

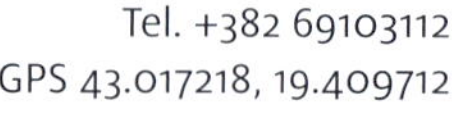

■ pincamp.de/MN2130

Oase am Fluss: Vom Campingplatz läuft man einen waldigen Pfad hinunter zum Fluss Tara und dann rauscht sie an einem vorüber, die Träne Europas. Schöpft man ihr Wasser und probiert, wird man feststellen, dass es gar nicht salzig, aber spektakulär kristallklar ist. Sauber wie Tränenflüssigkeit – das ist die Erklärung, warum die Tara als »Tear of Europe« bezeichnet wird.

Die Eko Oaza will diesen Zustand bewahren und bemüht sich, eine kleine Öko-Welt zu erschaffen, in der Gäste empfangen werden wie müde Reisende in einer Oase. Camper können sich selbst ihren Stellplatz auf großen Wiesen aussuchen, an deren Rändern Bäume Schatten spenden. Schon bald entdeckt man die zwei Kühe und die Schweine, die dazu beitragen, dass auch die zum Frühstück angebotenen Lebensmittel öko sind. Butter und Schinken stammen aus eigener Produktion, und auch das duftende Brot wird selbst gebacken.

Anders als bei einer Oase in der Sahara, besteht die Umgebung des Campingplatzes jedoch nicht aus einer lebensfeindlichen Wüste. Die üppige Vegetation des Taratals zeigt, wie wichtig Wasser für die Natur ist. Der Platz liegt zwischen dem kleinen Nationalpark Biogradska Gora und dem großen und bekannten Nationalpark Durmitor. Beide schützen prächtige Wälder, die im Bereich des Durmitor sogar als UNESCO-Weltkulturerbe ausgezeichnet wurden. In ihnen leben Hirsche, Gämsen, Wildschweine, ja sogar Wölfe und Bären. Doch gerade aufgrund der dichten Wälder sind die Tiere selten zu sehen.

Das größte Highlight im Durmitor-Nationalpark ist die Taraschlucht (21 Kilometer vom Campingplatz entfernt). Mit stellenweise über 1300 Metern Tiefe und insgesamt 82 Kilometern Länge zählt sie zu den längsten und tiefsten Canyons der Welt. Adrenalinfans sausen mit einer Zipline über ihren Abgrund.

Der Campingplatz eignet sich gut für sportliche Ausflüge. Die Betreiberfamilie unterstützt gerne und bietet verschiedene geführte Aktivitäten an – von Wanderungen über das Fliegenfischen bis zum Rafting. Aber auch auf dem Platz und in direkter Umgebung warten einige Vergnügungen. Unten an der Tara gibt es einen kleinen Kiesstrand, über den man gut zum Schwimmen in den Fluss kommt, mit einem Spaziergang erreicht man das aus dem 13. Jahrhundert stammende Kloster Dobrilovina und acht Kilometer entfernt liegt der Zabojsko-See in den Bergen, dessen Szenerie an Kanada erinnert.

RAFTING AUF DER TARA

Mit einem aufblasbaren Gummiboot durch die Stromschnellen der Tara – warum genau sollte man sich das nochmal antun? Nun, zunächst ist ein Boot die einzige Möglichkeit, große Teile des Flusses zu erkunden. Im Unterlauf gibt es wenig Zivilisation und außer der spektakulären Đurđevića-Brücke auch keine Brücken oder Straßen. Aus dem Boot hingegen kann man einmalige Perspektiven auf die steilen Felswände links und rechts gewinnen. Über sie fließen immer wieder kleine Bäche als Wasserfälle in die Tara. Gerade im Sommer ist das auch nötig, denn dann fällt der Wasserstand, die Stromschnellen schrumpfen und das abenteuerliche Raftingerlebnis verliert an Fahrt.

»Das Wasser der Tara ist spektakulär klar und lädt zu einer Bootsfahrt ein.«

Bei der Raftingtour auf der Tara sind erfahrene Guides mit an Bord.

Durch die schwankenden Wasserstände existiert keine festgelegte Strecke, die von den Campingplatzbetreibern zum Raften angesteuert wird. In jedem Fall werden unterwegs ausreichend Pausen zum Fotografieren und Schwimmen eingelegt. Wie man das Handy für Fotos trocken transportiert? Die Boote haben eine wasserdichte Tasche für Wertsachen. Außerdem muss man sich auch keine Sorgen machen, unterzugehen: Die Schlauchboote bestehen aus speziellem stabilem Gummi, und sollte doch einmal ein Riss entstehen, sichern verschiedene Luftkammern den Auftrieb. Spezielle Kenntnisse sind nicht nötig, denn der Guide lenkt vom Heck aus sicher durch die Turbulenzen und dirigiert den Paddeleinsatz seiner Crew. Also keine Angst und Ahoi!

IM URWALD VON BIOGRADSKA GORA

Dank der Superlative der Taraschlucht und des Siegels des UNESCO-Weltkulturerbes ist Durmitor der Magnet unter Montenegros Nationalparks. Biogradska Gora ist hingegen weniger bekannt, hat aber seinen ganz eigenen Reiz.

Rund 30 Kilometer östlich vom Campingplatz beginnt das Gebiet, das vor allem aus einem

Herrliche Wanderwege führen durch den urwüchsigen Nationalpark Biogradska Gora.

Himmel und Bäume spiegeln sich in den Seen des Nationalparks.

AUSFLÜGE IN DER NÄHE auf einen Blick

(Rad)	25 km	Leicht	2 Std., Start/Ziel: Campingplatz
(Wandern)	3,5 km	Leicht	1 Std., Rundtour ab Parkplatz Biogradsko Jezero

langen Tal besteht. Wer es bis in die Hochlagen schafft, die auf über 2000 Meter führen, findet sonnenbeschienene Wiesen und Plateaus. Im unteren Bereich ist es jedoch vor allem dunkler Wald, der einen sofort in seinen Bann zieht. Mächtige Buchen, manche mehr als 500 Jahre alt, dazwischen Eschen, die versuchen, zum Licht zu kommen, und moosbewachsenes Totholz, aus dem Pilze sprießen. Sofort steigt der erdigmodrige Geruch des nährstoffreichen Bodens in die Nase. Der Wald des Biogradska Gora zählt zu den wenigen noch intakten Urwäldern Europas, weil hier der Mensch nie viel eingegriffen hat. Insgesamt gibt es sechs Seen im Nationalpark, von denen sich fünf auf den Hochplateaus befinden, der größte liegt jedoch in der Talsohle. Rund um den Biogradsko Jezero führt ein gut ausgebauter Spazierweg, von dem man bequem den Urwald betrachten kann. Schilder erklären Besonderheiten des Waldes auf Englisch und Serbisch. Am Parkplatz gibt es ein kleines Café.

Das Boga Alpine Resort ist ein perfekter Ausgangspunkt für Touren in die Umgebung.

BOGA ALPINE RESORT 31

Geeignet für Wohnmobile, Caravans und Zelte
▸ AL-4305 Shkodër
Tel. +355 673706462
GPS 42.40069, 19.647308
▪ pincamp.de/Pin_233038

Auf dem wilden Balkan: Die Küste Albaniens ist voll der Heiterkeit des Mittelmeers: Olivenhaine, kleine Buchten und Sonnenschirme. Doch je weiter man ins Hinterland kommt, desto höher werden die Berge, steiler die Pässe und rauer die Witterungen. Obwohl keine 100 Kilometer von der Küste entfernt, sind die Winter hier eisig und die Bedingungen hart. Viele der bewirtschafteten Höfe, an denen man als Wanderer vorbeikommt oder in deren Hütten man übernachtet, sind in den kalten Monaten nicht bewohnt. Die Menschen steigen ab in niedrigere Gefilde und fliehen vor teils meterhohen Schneemassen.

All das ist spürbar, wenn man vom Boga Alpine Resort auf die umliegenden Berge schaut. Rundherum formt die Natur eine grandiose Kulisse mit je nach Jahreszeit grün bewachsenen Hängen. Die Gipfel sind nur etwas über 2000 Meter hoch, aber man sieht ihnen an, dass sie seit Jahrtausenden dem Wetter trotzen.

Von Shkodra, dem idyllisch am See gelegenen Tor zu den albanischen Alpen, ist es zum Campingplatz eine Stunde Autofahrt auf verhältnismäßig gut ausgebauter Straße. Nach Theth, Albaniens berühmtestem Bergdorf, sind es vom Platz nur 30 Kilometer. Das sind allerdings anspruchsvolle 30 Kilometer, die bis vor Kurzem

AUSFLÜGE IN DER NÄHE auf einen Blick

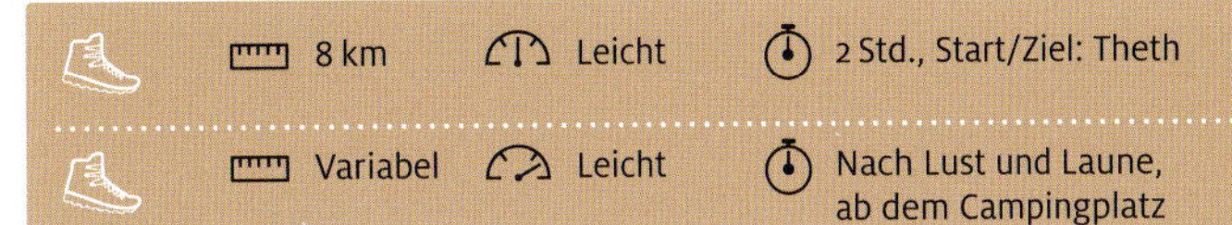

	Distanz	Schwierigkeit	Dauer
	8 km	Leicht	2 Std., Start/Ziel: Theth
	Variabel	Leicht	Nach Lust und Laune, ab dem Campingplatz

ohne Vierradantrieb kaum zu bewältigen waren. Wer sich das eigene Steuern über die Serpentinen sparen möchte, nimmt einen vom Campingplatz organisierten Fahrdienst oder steigt in den Minibus, der in Boga hält.

Die englischsprachigen Betreiber des Campingplatzes sind bemüht, das in der Hochsaison sehr trubelige Dorf Theth zu entlasten und einen Teil der Touristen nach Boga zu lenken. Für heiße Tage gibt es einen Pool zur Abkühlung, einige der Stellplätze liegen im Schatten und Wasser und Strom sind umsichtig verlegt worden. Im Platzrestaurant wird morgens frisches Brot gebacken und mittags und abends werden eine Reihe Gerichte angeboten, die weitestgehend aus regionalen Zutaten zubereitet werden. Die Essensauswahl reicht von traditionellem Schmortopf mit Lammfleisch bis Pasta mit Tomatensauce. Es wird explizit Vegetarisches angeboten – in Albanien nicht unbedingt eine Selbstverständlichkeit.

So lockt der Campingplatz Wanderer, Mountainbiker und Motoradfahrer, die nach einer geruhsamen Alternative zu Theth suchen. Im Dorf Boga und in den kleinen Bauernhöfen im Tal rundherum lebt nur eine Handvoll Menschen. Diese Abwesenheit von Bebauung und damit auch von Licht merkt man, wenn man in einer wolkenlosen Nacht vor das Zelt, den Camper oder die Mietunterkunft tritt und über sich den sternenübersäten Himmel des wilden Balkans entdeckt.

UNTERWEGS IM NATIONALPARK THETH

Bereits die Fahrt vom Campingplatz nach Theth ist ein Erlebnis. In steilen Serpentinen windet sich die Straße den Hang hinunter. Es lohnt, zu Beginn am Aussichtspunkt anzuhalten und das Bergpanorama zu genießen, denn anschließend muss mindestens die Fahrerin oder der Fahrer den Blick konzentriert geradeaus halten. Von Theth können Wanderungen aller Art begonnen werden. Der wohl mittlerweile bekannteste Wanderweg der Region, Peaks of the Balkans, wurde unter Mitarbeit der deutschen Gesellschaft für Internationale Zusammenarbeit (GIZ) angelegt. Er ist allerdings nur bedingt für Tagesausflüge geeignet: In einer 192 Kilometer großen Runde führt der Weg von Theth nicht nur durch die Berge Albaniens,

Schafe und Kühe haben auf der Straße nach Boga »Vorfahrt«.

sondern kreuzt auch die Grenzen zum Kosovo und nach Montenegro. Unterwegs liegen Hochweiden, einsame Seen, Wälder und steile Anstiege.

Um ohne allzu große Anstrengung einen Eindruck von der Landschaft zu erhalten, empfiehlt sich von Theth aus der Spaziergang zum Grunas-Wasserfall. Am sogenannten Blutrache-Turm geht es raus aus dem Dorf, vorbei an einigen abseits gelegenen Höfen und den Bach entlang bis zum eiskalten Wasserfall. Unterwegs muss eine sehr schmale alte Brücke überquert werden – Trittsicherkeit ist nötig, und sehr anfällig für Höhenschwindel sollte man auch nicht sein. Der Weg dauert pro Strecke nur eine knappe Stunde und so bleibt Zeit für das hübsche Dorf Theth und die vielfotografierte historische Kirche.

WANDERN VOM CAMPINGPLATZ

Der Campingplatz Boga Alpine Resort liegt in einem gebogenen Tal, das eingeschlossen ist von zwei lang gezogenen Bergrücken. Im unteren Bereich bedecken Weiden und Wälder die Hänge, weiter oben bleiben an den meisten Stellen nur noch nackte Felsen und vereinzelte Kiefern. Durch

Zum Grunas-Wasserfall bei Theth führt ein etwas abenteuerlicher Spaziergang.

Die alte Kirche von Theth ist ein beliebtes Fotomotiv vor den schroff aufsteigenden Bergen.

die Landschaft führen verschiedene Wanderwege, die für unterschiedlich lange Routen kombiniert werden können. Auch Mehrtageswanderungen in die einsamen Hochlagen sind möglich, allerdings gibt es dort keine Hüttenstruktur. Die Betreiber des Campingplatzes sind in die Markierung von Wanderwegen involviert, und so werden die Markierungen zunehmend professioneller. Am besten erkundigt man sich auf dem Campingplatz nach einer Route, die aktuell markiert ist und dem eigenen Können entspricht. Unterwegs kann man weidenden Schafen und Ziegen begegnen, um die man besser einen Bogen macht. Die auf die Tiere aufpassenden Hirtenhunde sind nicht immer freundlich gesinnt und kräftig obendrein: Wer hier als Hirtenhund taugt, muss in der Lage sein, zur Not auch einen Wolf oder Bären zu vertreiben.

»Rundherum formt die Natur eine grandiose Kulisse mit üppig bewachsenen Hängen.«

LEUCHTEND PINK SÄUMT DER OLEANDER DIE STRASSE ZUM PELOPONNES

GRIECHENLAND

In kaum einem anderen Land liegen Antike und Moderne so nah beieinander wie in Griechenland. Wer sich für Geschichte begeistert, besucht die altertümlichen Sportstätten von Olympia, das Kotsanas-Museum für antike griechische Technologie, die Umgebung von Mykene oder das Theater von Epidauros. Wer Ruhe, Entspannung und beschauliches Strandleben sucht, der bleibt am besten auf den kleinen, feinen Campingplätzen.

Der Hafen von Igoumenitsa ist für viele Urlauber das Tor nach Griechenland.

CAMPING SOFAS 32

Geeignet für Wohnmobile, Caravans und Zelte, 40 Standplätze
▸ GR-46100 Perdika

Tel. +30 2665091478
GPS 39.37859, 20.28326

▪ pincamp.de/GM4900

Griechische Gastfreundschaft: Wenn die Wagen in Igoumenitsa über die Metallbrücke der Fähre auf das griechische Festland rollen, stellen sich die meisten Fahrer auf eine lange letzte Etappe ein. Dabei sind sie doch schon fast am Ziel! Nur 40 Kilometer südlich des Fähranlegers liegt Camping Sofas, ein kleiner Platz mit Charakter. Unaufgeregt, herzlich, schlicht werden hier alle wichtigen Zutaten geboten, um die Seele baumeln zu lassen. Camping Sofas ist der perfekte Beginn und der perfekte Abschluss einer Griechenlandreise. Nur aufpassen, dass es noch ein Dazwischen gibt!

Am Ende einer schmalen, zuletzt sehr steil bergab führenden Zufahrtsstraße besitzt der Platz seine eigene kleine Bucht. Ihn trennt vom Meer nur der Kiesstrand, wo genügend Raum für Liegen und Handtücher ist. Den Standort für das Zelt oder Mobil sucht man sich selbst, und unter den üppigen Bäumen ist eine große Zahl an Schattenplätzen zu finden. Blühende Bougainvilleas erfreuen das Auge, an der Tischtennisplatte vergnügen sich alle Altersgruppen und auf dem Trampolin hüpfen Kinder.

Die Erinnerungen an Urlaube sind ja immer mit einzelnen Sinneswahrnehmungen verknüpft. Der Anblick farbintensiver Wälder, die Geräusche eines rauschenden Bachs, das Gefühl des rie-

Stiller Moment am Abend: Morgen ertönt hier wieder fröhliches Kinderlachen.

selnden Sands zwischen den Fingern. Wonach schmeckt ein Griechenlandurlaub? Vielleicht nach Meerwasser oder griechischem Kaffee? Wer im Restaurant Camping Sofas gegessen hat, wird den Urlaub auch mit gefüllten Paprika, Moussaka oder geschmortem Lammfleisch verbinden. Wie von Sirenen betört, setzen sich die Gäste erwartungsvoll in das kleine Restaurant und bekommen authentische Hausmannskost serviert.

Es mag in allen Belangen in Griechenland extremere Plätze geben: größer, einsamer, besonderer. Aber wenn nicht der Superlativ gesucht wird, sondern die richtige Mischung, ist Camping Sofas eine hervorragende Adresse. Die Sanitäranlagen sind klein, aber sauber. Die Umgebung bietet Ziele für Ausflüge, darunter eine Reihe anderer Strände. Der Platz ist, wie beinahe alle Campingplätze an der europäischen Mittelmeerküste, in der Hauptsaison recht voll und der Abstand zwischen den Campern schrumpft dann. Doch mit netten Nachbarn kommt man so schnell ins Gespräch.

Die Betreiberfamilie ist Motor, Herz und Lenker der reibungslosen Abläufe, die Urlaubern das Abschalten ermöglichen. Sie schafft eine Atmosphäre, die einem vor allem in der Vor- und Nachsaison das Gefühl gibt, in einem Garten von Freunden zu stehen und nicht auf einem kommerziellen Campingplatz.

»Es sind nur ein paar Schritte bis zum Kiesstrand, wo genügend Raum für Liegen und Handtücher ist.«

FLUSSWANDERUNG DURCH DEN ACHERON

Einst galt in der griechischen Mythologie der Acheron als der Fluss, in den die anderen Flüsse der Unterwelt münden. An seinem Ufer stand der Fährmann, der diejenigen ins Reich der Toten übersetzte, die ihm eine Münze mitgebracht hatten. Ohne Münze musste man 100 Jahre warten. Während dieser Zeit wanderte die Seele rastlos den Fluss entlang.

An einem sonnigen Vormittag ist von dieser düsteren Vorstellung nichts zu spüren. Da ist der Acheron nur ein glasklarer flacher Fluss, den fröhliche Touristen durchwaten. Aber es ist vorstellbar, dass die Situation im Dunkeln anders aussieht, wenn die Felswände links und rechts näherrücken und die Kälte des Wassers zur Bedrohung wird.

AUSFLÜGE IN DER NÄHE auf einen Blick

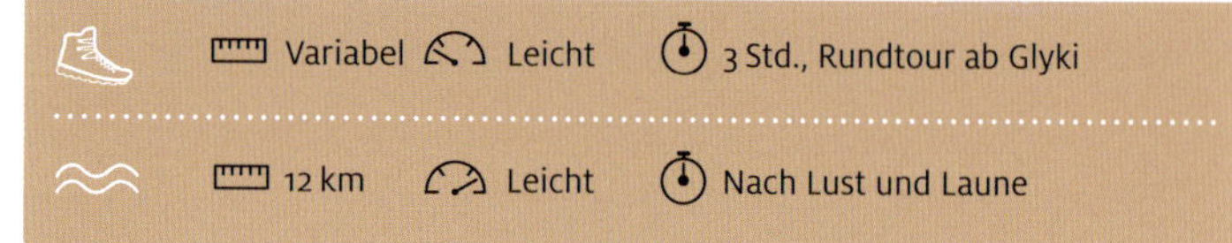

Denn kalt ist der Acheron: Ungefähr mit 10 °C umspült der Bach die Beine der Wanderer.

Startpunkt der Wanderung ist das Dorf Glyki. Der Weg beginnt als normaler Pfad, doch irgendwann endet dieser, und man muss ins Flussbett wechseln, um dort weiterzugehen. In der Hochsaison verkaufen Händler hier Wasserschuhe, denn die sollte man besser anhaben, um auf teils spitzen Steinen nicht auszurutschen (oder stabile Turnschuhe, die nass werden dürfen). Und so wandert man dann durch den Fluss auf der Suche nach den Seelen oder einfach nur, um die wunderschöne Landschaft zu erleben. Umgedreht wird, wenn die Zehen zu kalt werden. Gerade für Kinder ist der Ausflug ein echtes Abenteuer.

STRANDAUSFLUG

Nördlich von Camping Sofas gibt es gleich mehrere kleine Buchten in Fußdistanz. Will man einen etwas größeren Ausflug machen, ist jedoch auch der zehn Kilometer entfernte Strand Karavostasi ein schönes Ziel. Dort hat man viel Platz, grüne Hügel, tiefes, türkisfarbenes Wasser und drei Cafés, sodass man ganz bequem die Füße hochlegen kann.

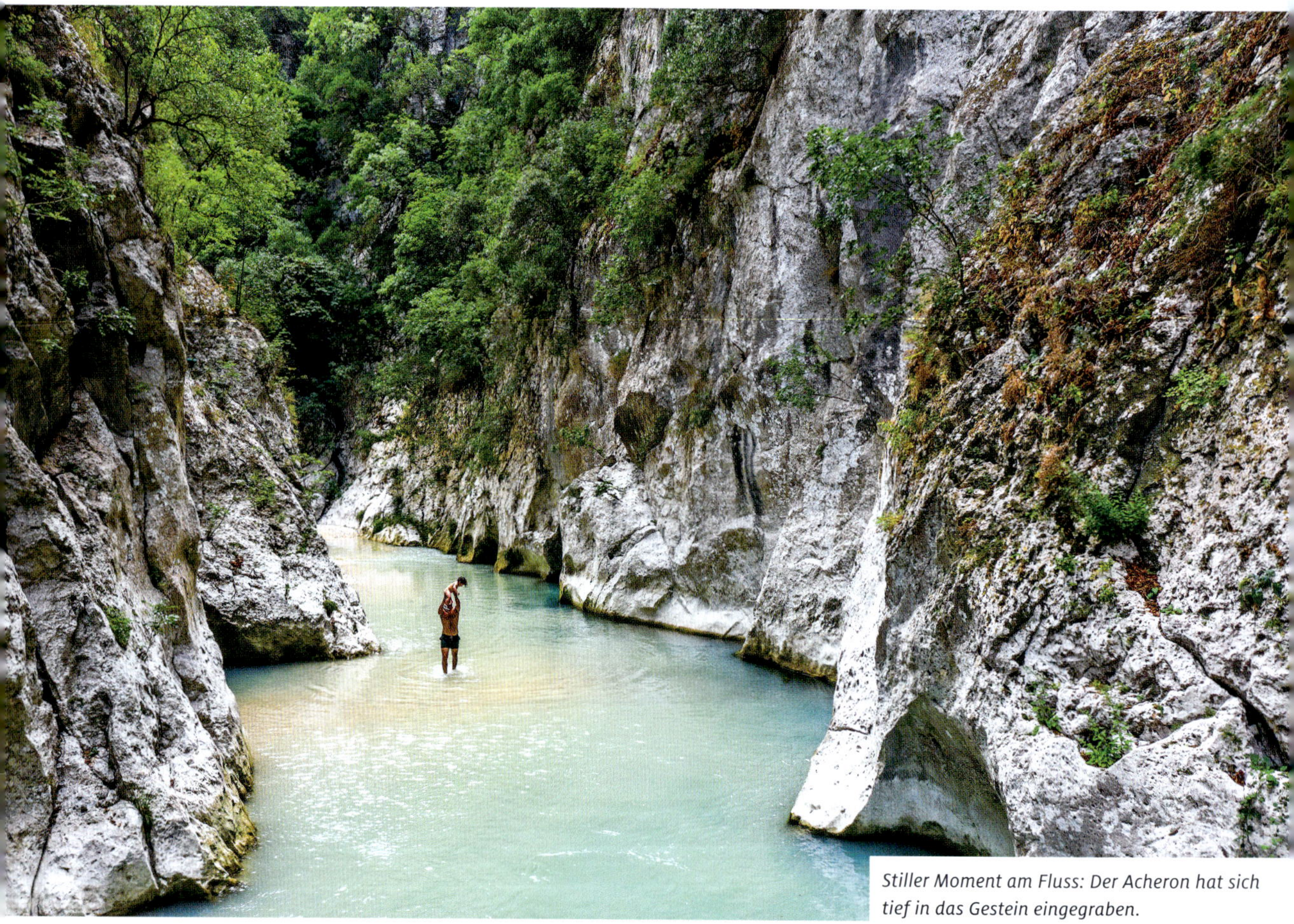

Stiller Moment am Fluss: Der Acheron hat sich tief in das Gestein eingegraben.

'ack' die Badehose ein ... und dann ab zum nächsten Strand.

Wer aber das wirklich einsame Stranderlebnis sucht, muss die Beine in die Hand nehmen und zum Strand Prapa Mali laufen. Der liegt knapp fünf Kilometer Marsch südlich von Karavostasi, allerdings führt der Weg erst steil hinauf und dann wieder steil hinab. Unterwegs befindet sich eine kleine archäologische Stätte, in der die Überreste einer Siedlung aus dem 4. Jahrhundert vor Christus freigelegt wurden. Es gibt einige wenige Erklärungsschilder auf Griechisch und Englisch.

Wer sich den steilen Anstieg von Karavostasi sparen will, fährt direkt mit dem Auto zum Parkplatz der Ausgrabungsstätte, lässt dort aber den Wagen stehen, denn danach wird die Straße sehr schlecht. Nach dem Parken geht es noch etwa 20 Minuten steil zu Fuß bergab – und am Ende des Strandtags wieder bergauf.

Unten angekommen, heißt es nur noch: rein ins Wasser! Prapa Mali besteht aus feinem Sandstrand, meist dümpeln zwei, drei Boote im blauen Wasser, und an vielen Tagen hat nur eine Handvoll Menschen hierhergefunden. Eine fehlende Autozufahrt und der steile Weg haben halt auch so ihre Vorteile. Schattenplätze sind Mangelware, also entweder eine kreative Lösung mitbringen (z. B. Segeltuch) oder nicht zur heißesten Tageszeit herkommen. Schließlich will man sich nach dem Schwimmen gemütlich in den Sand legen, das mitgebrachte Buch anlesen, dann auf dem Gesicht ausbreiten und glücklich eindösen.

Das Wasser und die Stille genießen – Urlaubsstimmung mit allem Drum und Dran

CAMPING PALOUKI 

★★★★

Geeignet für Wohnmobile, Caravans und Zelte, 72 Standplätze

▶ Palouki-Amaliados, GR-27200 Amaliás

Tel. +30 2622024942

GPS 37.753933, 21.305916

■ pincamp.de/GP4800

Entspannung pur: Es war eine vorausschauende Entscheidung des deutsch-griechischen Ehepaars Andriopoulos, als es zuerst auf seinem neuen Campingplatz jede Menge Büsche und Bäume pflanzte. Sowohl die eigenen kleinen Töchter als auch Gästekinder sollten unter südlicher Sonne unbeschwert im Schatten spielen können. Das war 1996 und längst sind die Bäume so groß, dass sie ein schützendes grünes und vielfach auch blühendes Dach über die Anlage am Meer spannen. Auch hohe Fahrzeuge haben keine Probleme, einen Platz zu finden, ohne an Ästen und Strauchwerk zu schrammen. Die Glücklichsten sind natürlich die in erster Reihe zum Meer – wobei hier an den einzigen räumlich etwas knapper bemessenen Stellplätzen vorzugsweise Vans und kleine Fahrzeuge stehen.

Nur ein flacher Holzzaun trennt die Stellplätze vom breiten Sandstrand. Allein hier sitzen und schauen ist schön. Oder zum morgendlichen Bad ins Meer laufen, das vor Palouki so flach abfällt, dass es ideal für Familien mit Kindern ist. Noch ein Vorzug der stattlichen Bäume, den viele schätzen: Es gibt hier überall Möglichkeiten, eine Hängematte zu spannen – zum Chillen, Lesen oder vielleicht auch, um in einer warmen Sommernacht hier zu schlafen, nachdem man der Sonne zugesehen hat, wie sie hinter der gegenüberliegenden Insel Zákynthos verschwunden ist.

Die Plätze – alle mit Strom, Wasser, WLAN – sind allein so lauschig, dass man sich hier wohlfühlen kann. Wer ohne eigene Ausrüstung anreist, der kann in eines der wenigen Glamping-Zelte schlüpfen, die unter hohen Bäumen stehen und eine coole Mischung aus Campinggefühl und Komfort bieten. Hier hat man ein ordentliches Bett, Tisch und Stuhl und vor der Zelttür eine Terrasse mit Sitzgarnitur.

Viel mehr noch ist es aber die Atmosphäre auf der Anlage, die heute die Andriopoulos-Töchter Natalia und Elisabeth mit der gleichen Herzlichkeit führen wie die Eltern. Hier kann man den Tag schon mit Yoga beginnen, denn Yoga-Lehrerin Elisabeth hat einen schönen Platz dafür eingerichtet, an dem regelmäßig Kurse in Yoga und Pilates stattfinden. Auch wenn die beste Zeit zum Wellenreiten vor Palouki die Wintermonate sind, lohnt es sich auch für Sommerurlauber, das Surfbrett aufs Dach zu packen. Man kann zwar nicht mit regelmäßigen Surftagen rechnen, doch wenn der Wind aus Osten oder Nordosten kommt, kann es durchaus gute Bedingungen geben.

Am Platz kann man sich auch eine entspannende Massage buchen, hausgemachtes Eis aus biologischen Zutaten schlecken, sich im Beachvolleyball üben oder sich unter der strohgedeckten Terrasse durch das köstliche Angebot an Mezzedes wie Tzatziki, Taramosaláta oder fingerdicke Feta-Scheiben und unterschiedlichste Oliven essen. Zum selber Kochen bekommt man alles dafür im kleinen Laden am Platz, wo Natalia und Elisabeth vorzugsweise Produkte aus der Region anbieten.

Man müsste Palouki also gar nicht verlassen. Sollte man aber doch. Schließlich gibt es auf dem Peloponnes unter anderem eine Vielzahl historischer Orte, die das antike Griechenland heute noch lebendig werden lassen – Olympia, die Orakelstätte Delphi, das Theater von Epidauros mit seiner grandiosen Akustik, Mykene, Sparta ...

AUSFLÜGE IN DER NÄHE auf einen Blick

	Strecke	Schwierigkeit	Dauer
	30 km	Leicht	Nach Lust und Laune
	20 km	Leicht	Nach Lust und Laune

»Es gibt überall Möglichkeiten, eine Hängematte zu spannen: zum Chillen, Lesen oder Schlafen.«

Romantik pur: Abendessen mit Blick in den Sonnenuntergang

VON GÖTTERN UND ATHLETEN

Inmitten von Kiefern, Zypressen, Öl- und Eukalyptusbäumen liegen die Überreste der antiken Stätten, an denen die Olympischen Spiele ihren Anfang nahmen. Um Zeus für seinen Sieg über den Kinder fressenden Vater Kronos zu ehren, hatte man 776 v. Chr. hier die »Olympischen Spiele für alle Griechen« veranstaltet. Ob das Ereignis direkt an diesem Ort stattfand, an dem man lange schon sportlichen Wettstreit pflegte, ist ungewiss. Auf jeden Fall wird im weitläufigen Areal Geschichte hautnah erlebbar. Die letzten Olympischen Spiele wurden hier 393 n. Chr. ausgetragen. Danach verbot sie Kaiser Theosius als heidnischen Kult. Götterstatuen und Tempel wurden eingerissen. Erdbeben und Erdrutsche machten die Zerstörung komplett, und so suchen Archäologen bis heute wie Puzzlesteine historische Relikte. Mit ein wenig Fantasie hat man dennoch angesichts der Überreste eine Idee von den einstigen Dimensionen. Vor allem das Tor, durch das die Athleten einliefen, setzt direkt das Kopfkino in Gang, und man hat vor seinem inneren Auge, wie die jungen Männer – mit und ohne Waffen – laufen, Speer und Diskus werfen, ihre Kräfte im Ringen oder Faustkampf üben und wie am Ende der Beste seiner Disziplin mit einem Kranz aus Zweigen vom wilden Ölbaum gekrönt

Ort der Entscheidung: Eingang in das Stadion von Olympia

Selbst die Ruinen lassen noch die Pracht der Bauten in Olympia erahnen.

wurde (www.griechenland.de/olympia). Dass antike Ausgrabungsstätten auch spannend für Kinder sein können, zeigt z. B. die Perthy-Jackson-Tour (www.kidslovegreece.com).

DIE TECHNISCHE SEITE DER ALTEN GRIECHEN

Berühmt sind Philosophie, Wissenschaft und bildende Künste des antiken Griechenlands, und seine Mythologie wird gerade auf dem Peloponnes überall erlebbar. Dass es durchaus auch besondere technologische Errungenschaften gab, gerät meist in Vergessenheit. Im Kotsanas-Museum für antike griechische Technologie wird das zurechtgerückt. Schrauben und Schraubenmuttern, Zahn- und Kettenräder, Flaschenzüge, Kolben und Zylinder oder hydraulische Regler und Ventile sind nur einige ihrer Erfindungen. Eine spannende Sammlung mit anschaulichen Exponaten und interessanten Erklärungen, was sich in der Neuzeit daraus entwickelt hat. Vom automatischen fahrenden Theater samt Musik über die »Automatische Dienerin des Phion«, die nach individueller Vorliebe Wein und Wasser mischte, bis zum Weihwasserautomaten mit Münzeinwurf. Dazu beeindruckende Kriegstechnologie und astronomische Instrumente. Nicht nur Technikfreaks haben hier ihren Spaß (www.kotsanas.com).

Herzlich willkommen: Hier können Sie entspannen.

CAMPING NEW TRITON 

★★★

Geeignet für Wohnmobile, Caravans und Zelte, 43 Standplätze, ganzjährig geöffnet
▸ Pláka Drépanou, GR-21060 Náfplio, Drépanon

Tel. +30 2752092128
GPS 37.532266, 22.891433

▪ pincamp.de/GP2320

Antike und Moderne: Griechen kennen New Triton. Auch wenn sie selbst noch nie dort waren. Der kleine, familiäre Campingplatz im Argolischen Golf war 1989 Mittelpunkt der Fernsehserie »The Camping«, und bis heute gibt es immer wieder Gäste, die genau deshalb hier ihre Zelte aufschlagen. Das tun aber auch alle anderen gern, die das Flair kleiner Plätze mögen.

Seit Jahrzehnten schon empfängt Familie George Christopoulos Urlauber auf der ruhigen Anlage in erster Reihe zum Meer. Hier steht man auf geräumigen Plätzen, und wo Maulbeerbäume, Palmen und Oleanderbüsche keinen Schatten spenden, werden in den heißen Sommermonaten schützende Sonnenmatten aufgespannt. Hoch genug, dass auch große Fahrzeuge gut darunter Platz haben. Abkühlung gibt es nur ein paar Schritte entfernt im Meer. Einmal über die von Palmen gesäumte, wenig frequentierte Uferstraße, und schon ist man am Drépanou-Strand mit feinem Kies und viel Platz für Tage am Meer.

Während es auf dem nach dem fischschwänzigen Meeresgott Triton, einem Sohn von Poseidon und Amphitrite, benannten Platz nur einen Minimarkt mit allem Notwendigen gibt, können Gäste Bar und Restaurant am Nachbarplatz nutzen. Dort betreibt Familie Christopoulos mit Triton II einen zweiten, größeren Platz, dessen Restaurant durchaus einen Abstecher lohnt, um auf einer luftigen, loungeartigen Terrasse mit Meerblick griechische Köstlichkeiten zu genießen.

Es ist aber nicht nur die ungezwungene, freundliche Atmosphäre, die New Triton zu einem attraktiven Ziel macht. Am sogenannten Daumen des Peloponnes gelegen, dessen lang gestreckte Landzungen mit Fingern verglichen werden, ist der Platz ein idealer Ausgangspunkt für Ausflüge in viele der wichtigsten Orte aus der griechischen Vergangenheit. Delphi, Olympia, Sparta sind nur drei davon. Selbst nach Athen sind es nicht einmal zwei Fahrstunden mit dem Auto. Unbedingt sehenswert ist der Kanal von Korinth. Ein türkisblaues Wasserband mitten ins Land geschnitten. So konnte man sich den weiten Weg um die südliche Halbinsel ersparen. Schon Nero versuchte sich an so einem Kanal. Realisiert wurde er schließlich von 1881 bis 1893. Und wenngleich er heute nicht mehr so bedeutend ist wie einst, ist es immer noch ein spektakulärer Anblick, in 80 Metern Tiefe Schiffe zu sehen.

ANTIKE WEGE

Es ist nicht schwer, auf dem Peloponnes einen Zugang zur Antike zu bekommen. Auf diesem Weg ist man noch ein bisschen näher dran, wenn man sich von Prosymna in Richtung Mykene aufmacht, das als eine der ersten Hochkulturen Europas gilt. Schritt für Schritt nähert man sich dem Ort, den Heinrich Schliemann entdeckte, weil er sich auf die Spuren der Geschichten von Homer begab. Vielleicht ist der Altertumsforscher auch hier entlanggegangen, denn der einfache Weg ohne große Höhenunterschiede war schon ein antiker Verbindungsweg. Begleitet vom Duft nach Salbei, Majoran und Thymian geht es auf angenehm zu gehenden Pfaden. Die Ruinen der römischen Bäder, die im Frühling von Teppichen aus blühendem Mohn und zarten Blüten in Weiß und Gelb umgeben sind, liegen direkt am Weg. So wie später ein hübsch renoviertes Kirchlein inmitten von Olivenbäumen oder die Überreste einer historischen Wassermühle. Immer wieder erinnern Entwässerungssysteme, Brücken oder Brunnen an die technischen Errungenschaften von damals. Vor allem die unterirdische Zisterne, einen

Die vielen Bäume sorgen für angenehme Temperaturen im Sommer.

Steinwurf vor der Akropolis von Mykene. Hinter einem mächtigen Felsenportal geht es hinein in das einstige, von einer Quelle gespeiste Wasserreservoir, das 99 Steinstufen und 15 Meter tief unter der Erde lag.

AUSFLÜGE IN DER NÄHE auf einen Blick

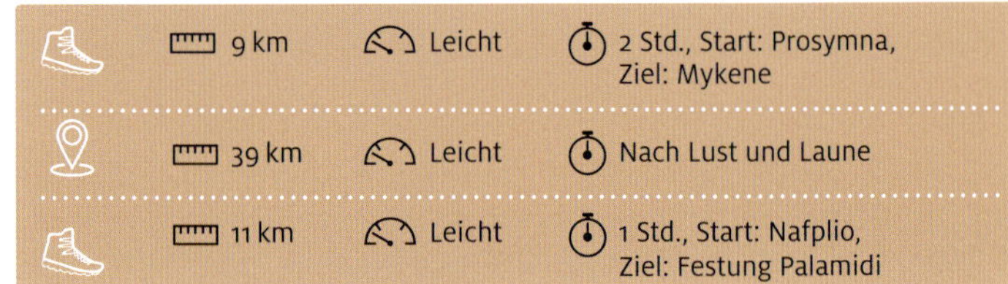

	9 km	Leicht	2 Std., Start: Prosymna, Ziel: Mykene
	39 km	Leicht	Nach Lust und Laune
	11 km	Leicht	1 Std., Start: Nafplio, Ziel: Festung Palamidi

WAS FÜR EIN THEATER!

Und mag es noch so abgegriffen sein, man muss es einfach versuchen, wie phänomenal die Akustik im berühmten Theater von Epidauros ist. Egal, wo man auf den antiken Rängen Platz nimmt, man wird es gut verstehen, wenn drunten im Bühnenrund jemand spricht. Und weil es immer wieder Besucher gibt, die das nicht nur mit einem »Hallo« ausprobieren, stehen die Chancen nicht schlecht, hier in den Genuss eines Gedichts oder einer kleinen Darbietung zu kommen. Aber auch ohne so ein Extra ist Epidauros, das seit 1954 Schauplatz eines Sommerfestivals ist, mehr als beeindruckend. Wenn man ganz oben auf den Rängen sitzt und über das historische Theater schaut, das wie eine Insel inmitten weitläufiger Wälder liegt, fällt eine gedankliche Zeitreise sehr leicht. Auch wenn das Theater mit

Die archäologische Ausgrabungsstätte von Mykene im Osten des Peloponnes

Auftritt im Theater von Epidauros

»Es ist nicht schwer, auf dem Peloponnes einen Zugang zur Antike zu bekommen.«

seinen 14 000 Sitzplätzen in 54 Reihen der Star ist. Nicht minder interessant sind die zumindest in ihren Grundrissen weitgehend erhaltenen Apollon- und Artemis-Tempel, Gymnasion, Bäder und nicht zuletzt das Stadion, das die Bedeutung sportlicher Wettkämpfe deutlich macht. Geweiht Der Wallfahrtsort war die bedeutendste Kultstätte, die für Asklepios, den Gott der Heilkunst, erbaut wurde.

HOCH HINAUS

Sind es 999 Stufen hinauf, wie es die Legende besagt? Wer nachzählt – und sich angesichts der beachtlichen Zahl unterwegs nicht vertut – wird von Nafplio hinauf zur Festung Palamidi 875 Treppen zählen. Bis ganz nach oben werden es weit mehr als 1000. Egal. Die zu Beginn des 18. Jahrhunderts erbaute venezianische Festung ganz oben am steilen Hang war einst Bastion und Gefängnis. Heute schätzen Einheimische wie Besucher das imposante Bauwerk mit dem Blick auf den Argolischen Golf zu jeder Tageszeit als Ausflugsziel für eine schnelle Auszeit. Ob für eine anspruchsvolle Joggingrunde zum munter werden am Morgen oder auf einen – mitgebrachten – Sundowner mit Blick über die Stadt. Die ihr vorgelagerte Inselfestung Bourtzi ist nach einer wechselvollen Vergangenheit heute ein stimmungsvoller Ort für Kulturfestivals, zu denen man stilvoll mit dem Boot anreist (www.discovergreece.com/de/peloponnese/nafplio).

SCHIFFE KOMMEN, SCHIFFE GEHEN –
DER CAMPER BLEIBT UND GENIESST DIE LANDSCHAFT AM FJORD.

NORD-EUROPA

CAMPINGPLÄTZE IM NORDEN

WEITERE TOLLE PLÄTZE AUF PINCAMP.DE!

SKANDINAVIEN

Abwechslungsreiche Familienausflüge
und atemberaubende Aussichten

㉟ Brustranda Fjordcamping → S. 176

㊱ Camping Valsøya → S. 180

㊲ Geirangerfjorden Feriesenter → S. 184

㊳ Lindesnes Camping og Hytteutleie → S. 188

㊴ Österjörns Camping → S. 193

㊵ Camping, Stugor & Outdoor Storängens → S. 197

㊶ Ekna Naturcamping → S. 201

㊷ Gyvelborg Økocamping & Gårdbutik → S. 206

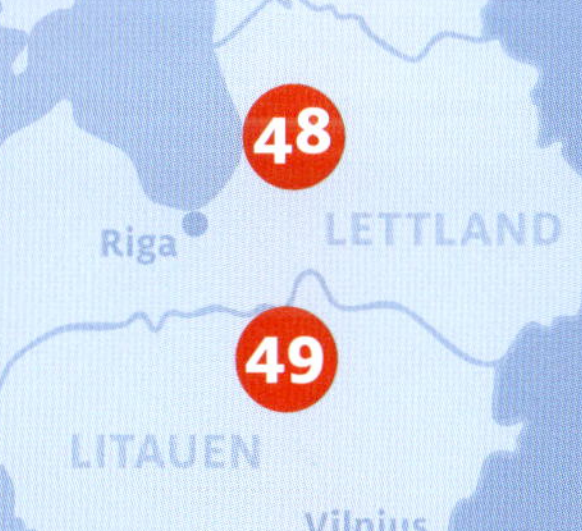

VEREINIGTES KÖNIGREICH

Außergewöhnliche Wanderwege

43 Invercoe Caravan and Camping Park → S. 212

44 Camping Walesby Woodlands → S. 216

45 Long Hazel Park → S. 220

BALTIKUM

Unvergessliche Naturerlebnisse und historische Streifzüge

46 Vetsi Tall Camping → S. 226

47 Kiviranna Holiday Home → S. 231

48 Camping Zagarkalns → S. 235

49 Mini Camping + Eco Farm Pajiesmeniai → S. 239

50 Camping Harmonie → S. 244

Zeichenerklärungen für die Ausflüge → S. 256

SKANDINAVIEN

Die atemberaubend schönen Küstenfjorde und ursprünglichen Landschaften von Norwegen faszinieren vom Nordkap bis zur Südspitze des Landes. In Schweden fühlen sich zwischen unendlichen Wäldern und zahllosen Seen nicht nur die Elche und Biber wohl. Und in Dänemark sorgen beschauliches Landleben sowie abwechslungsreiche Wander- und Fahrradwege für einen gekonnten Mix zwischen Entspannung pur und herrlichen Naturerlebnissen.

GLÜCKSMOMENT AM ROLVSFJORD

Hoch im Norden – was für ein Licht, was für eine Landschaft

BRUSTRANDA FJORDCAMPING 35

Geeignet für Wohnmobile, Caravans und Zelte, 50 Standplätze

▸ Valbergveien 851, NO-8357 Valberg

Tel. +47 96910407
GPS 68.2046, 13.8864

▪ pincamp.de/NG3550

Im Land der Sonne: Atemberaubende Landschaften mit hohen Bergen, tiefen Fjorden und weiten Stränden machen die Lofoten im Norden von Norwegen zu einem unvergleichlichen Urlaubsziel. Der kleine Campingplatz Brustranda Fjordcamping liegt in einer Bucht bei Valberg am Rolvsfjord im Südwesten der Insel Vestvågøya und damit ziemlich im Zentrum der Inselgruppe. So eignet er sich sehr gut als Ausgangspunkt für die Erkundung der Lofoten. Das außerordentlich schön gelegene und naturbelassene Gelände befindet sich auf einer Halbinsel am Fjord und ist an drei Seiten von hohen Bergen umgeben.

Hier ist man mitten in der einmaligen Stimmung des Nordens. Von den Stellplätzen für Wohnmobile, Wohnwagen und Zelte hat man eine unglaubliche Aussicht auf den Fjord und die mächtigen Berge im Rücken. Dabei hat die Lage noch einen weiteren Vorteil: Zwischen dem Meer und dem Gebirge ist es relativ windgeschützt. Und so sitzen Camper hier nördlich des Polarkreises bei gutem Wetter gerne vor ihren Fahrzeugen oder an den über das Gelände verteilten Tischen und Bänken. Und wer sich traut, springt vom Steg ins klare Wasser des Fjords.

AUSFLÜGE IN DER NÄHE auf einen Blick

Wanderung	13 km	Mittel	5–6 Std., hin und zurück ab Parkplatz Hagskardet
Ausflug	30 km	Leicht	Halber Tag, als Rundfahrt 1 Tag

Wenn es kalt und stürmisch ist, steht ein großer beheizter Aufenthaltsraum mit Küche zur Verfügung. Ein echtes Highlight ist das rustikale Café am Eingang zur Anlage mit Tischen auf einer Terrasse am Fjord. Die selbst gemachten Kuchen und Waffeln sind köstlich. Auch kleine Speisen werden serviert. Die neuen Besitzer bemühen sich sehr um das Wohlbefinden ihrer Gäste. Zu den großzügigen und gepflegten Stellplätzen mit Strom für Urlauber kommen Hütten in verschiedenen Größen. Es gibt Waschmaschinen und Trockner und sogar einen Kinderspielplatz. Hunde sind auf Anfrage willkommen.

Schon die Anfahrt durch unberührte Natur trägt zum Erlebnis bei. Fjorde und Buchten formen die Küste. Immer wieder passiert man traditionelle rote Holzhäuser. Fischfang und Landwirtschaft spielen eine wichtige Rolle. Und so weiden auf satten Wiesen Kühe, Ziegen, Schafe und Pferde. Abseits der Touristenziele ist man dennoch nicht weit weg. Verschiedene markierte Wanderwege in der Nähe der Stellplätze laden zur Erkundung der Landschaft ein. Ein Fahrradverleih bietet die Möglichkeit für Touren durch die wilde Küstenlandschaft auf zwei Rädern. Eine besondere Rolle spielt das Meer. Zum Campingplatz gehören ein Bootssteg mit Liegeplätzen und ein Bootsslip. Der Fjord und die Gewässer zwischen Lofoten und Festland sind ein beliebtes Meeresrevier für Angler, die hier Heilbutte, Köhler und Dorsche aus dem Wasser ziehen. Auch wenn es sonst zur Saison auf den Lofoten voll ist, hat man hier an der wenig befahrenen Küstenstraße Rv 815 eine gute Chance für einen schönen Platz am Wasser. Oft ist nur das Kreischen der Möwen zu hören und in der Ferne die Brandung des Meeres.

UNVERGLEICHLICHES PANORAMA

Bei gutem Wetter bietet die Gipfelwanderung zum Justadtinden eine Rundumsicht auf die spektakuläre Insellandschaft der Lofoten. Ausgangspunkt ist der Parkplatz bei Hagskardet etwa 15 Minuten Autofahrt vom Campingplatz entfernt. Dieser liegt auf einer Kuppe zwischen Storfjorden und Leknes. Auf der linken Seite des Parkplatzes erfolgt der Aufstieg durch die beeindruckende Berglandschaft über einen sehr gut markierten

Kabeljau wird auf den Lofoten auf Holzgestellen getrocknet.

geschotterten Pfad. Dabei geht es zuerst in Richtung Funkturm und danach auf dem gleichen Weg weiter. Mit jedem Höhenmeter wird der Ausblick in die Umgebung spektakulärer. Weiter oben wird der Weg schmaler. Die immer wieder auftretenden moorigen Stellen überbrücken Holzstege. Dennoch können einzelne Wegstücke äußerst matschig sein. Herrliche Blicke lenken von der Anstrengung ab. Kurz vor dem Gipfel gibt es einen nicht zu langen felsigen Abschnitt zum Klettern. Auf einer Höhe von 700 Metern bietet sich oben ein weiter Blick in alle Richtungen. Ein großer Teil der westlichen Lofoten und ihrer abwechslungsreichen Küsten ist zu sehen. Besonders die Aussicht nach Nordosten auf den Fjord und die direkt aufsteigenden schroffen Berge ist unvergleichlich. Auch der pittoreske Fischerort Honningsvåg ist zu sehen. Trittsicherheit und wasserdichte Wanderschuhe sind Voraussetzung für die Wanderung. Auch ein Picknick sollte in den Wanderrucksack. Die beste Zeit ist zwischen Mai und Oktober.

»Magische Lofoten – wo die Sonne im Sommer nicht untergeht«

Einfach atemberaubend sind die Berge der Lofoten.

Im Lofotr Wikingermuseum wird die Zeit der nordischen Seefahrer lebendig.

AUF DEN SPUREN MÄCHTIGER WIKINGER

Kaum zu glauben, aber nicht weit weg vom Campingplatz ist der prächtigste bekannte Fürstensitz der Wikinger zu besichtigen. Das Wikingermuseum in Borg zeigt im rekonstruierten Langhaus und auf einem weitläufigen Außengelände das Leben an einem reichen Häuptlingshof der berühmten Seeleute, Händler und Krieger. 1981 fand ein Bauer beim Pflügen erste Funde. Die Archäologen glaubten ihren Augen kaum, was danach der Boden preisgab. Um rund 500 n. Chr. kamen die Wikinger nach Borg. Fast 400 Jahre lang lebten sie hier hoch oben im Norden auf der Insel Vestvågøya. An exponierter Stelle oberhalb des Fjords zeigten Funde wie Keramik, Glaswaren oder prächtiger Schmuck, dass die hier lebenden Häuptlinge sehr reich waren. Zutage kam auch das größte bekannte Langhaus der Wikinger. Dieses wurde fast genau am Ursprungsort in den gleichen Maßen rekonstruiert, ist 83 Meter lang und wurde liebevoll eingerichtet. Die Dimensionen sind gewaltig. Darin befindet sich ein lebendiges Museum zum Anfassen und Mitmachen. Auch Schauspieler bringen den Besuchern das Leben der ursprünglichen Bewohner nahe. Festhalle, Stall und Privaträume der Herrscher sind zu sehen und über dem Feuer kocht traditioneller Eintopf. Im Sommer ist es möglich, auf dem Wikingerschiff auf dem Fjord mitzusegeln und die Fähigkeiten im Axtwerfen und Bogenschießen zu testen. Der Besuch bei den Wikingern kann ideal mit einer Rundfahrt und einem Besuch an den berühmten Stränden von Haukland und Uttakleiv kombiniert werden. Ein Erlebnis ist auch die Teilnahme an den abendlichen Wikingerfesten im Langhaus (Lofotr Wikingermuseum Borg, Vikingveien 539, 8360 Bøstad, www.lofotr.no/en).

Der Himmel spiegelt sich im glasklaren Valsøyfjord.

CAMPING VALSØYA

Geeignet für Wohnmobile, Caravans und Zelte
▸ Valsøyvegen 1, NO-6687 Valsøyfjord
Tel. +47 91555165
GPS 63.142281, 8.532949
▪ pincamp.de/Pin_239399

Direkt am Fjord: »Schon der Blick macht diesen Ort unwiderstehlich, aber auch sonst fühlen wir uns hier sehr wohl«, sagt Thomas, während über ihm Möwen am Himmel dahingleiten und das Lagerfeuer knistert. Gerade geht die Sonne im Westen über dem Meer unter. Der Himmel vor ihm verfärbt sich rot und lila. Und im klaren, stillen Wasser spiegeln sich Himmel und Berge. Nur ein kurzer Spaziergang ist es vom Camper zum Strand mit Grillplatz und Picknickbank.

Der kleine Campingplatz Valsøya in herrlicher Umgebung liegt direkt am Fjord auf einer Insel und ist von Wasser und Wald umgeben. Die Straße von Trondheim nach Kristiansund und zur magischen Atlantikstraße führt hier vorbei. Dennoch ist es sehr ruhig. Besitzerin Magny, ihre Familie und ein engagiertes Team heißen Urlauber an der Mündung des Valsøyfjords herzlich willkommen. Das Gelände ist behutsam gestaltet und wird immer weiterentwickelt. Zur ursprünglichen Atmosphäre tragen mehrere alte Holzhäuser mit Grasdach bei, die auf die Insel umgesetzt und restauriert wurden. Sie beherbergen Wohnungen und die Versorgungsgebäude des Campingplatzes. In einer historischen Scheune werden im ausgezeichneten Restaurant Valsøytunet mit viel Liebe einheimische Produkte verarbeitet. Und nebenan ist ein Kletterpark entstanden.

Stellplätze, Appartements und malerische Hütten haben eine herrliche Aussicht auf den Fjord und die umliegenden Berge. Eine sehr gut ausgestattete Ver- und Entsorgung, Waschmaschine, Trockner und eine Gemeinschaftsküche stehen für Camper zur Verfügung. Durch die einmalige Lage auf einer Insel ist man hier dem Wasser immer ganz nahe. Aber in der Bucht gibt es auch Schutz vor starken Winden und hohen Wellen und fast den ganzen Tag Sonne. Baden am schönen Badestrand, Seesterne und anderes Meeresgetier zwischen den Felsen beobachten und mit einem Köcher vom Ufer Krabben fangen, sind einmalige Urlaubserlebnisse. Am Bootssteg stehen Liegeplätze zur Verfügung. Auch Boote werden vermietet. Angler sind begeistert von den vielseitigen, nicht weit entfernten Fischgründen. Sie ziehen hier Dorsche, Schellfische, Plattfische, Köhler, Rotbarsche und sogar Steinbeißer aus dem Wasser. Aber auch wer auf der angrenzenden Brücke die Leine auswirft, ist erfolgreich. Ein Erlebnis ist es auch, mit dem Seekajak aufs Wasser zu gehen. Diese können gemietet werden, und an einigen Wochenenden gibt es Kurse, um die Feinheiten des Paddelns zu erlernen.

Bis zum Bau der Brücke, die die E 39 zur Insel und weiter auf die andere Seite des Fjordes führt, gab es hier Milch- und Schaffarmen. Das Leben der Familie war nicht einfach, zur Schule oder anderen Aktivitäten ging es nur mit dem Boot. Das änderte sich 1994, als die große Brücke entstand. Den Abraum nutzte die Eigentümerfamilie zur Befestigung des Geländes, auf dem sich heute der Campingplatz befindet. Und es gibt noch viele Ideen zur Weiterentwicklung.

Der Sonne beim Auf- und Untergehen zusehen. Urlaub von der schönsten Seite, losgelöst von allem.

AUSFLÜGE IN DER NÄHE auf einen Blick

Ort	Neben dem Platz	Leicht/ Mittel/Schwer	Je nach Lust und Laune
Wandern	16 km	Mittel	Tagestour, Parken im oberen Wohngebiet von Vinjeøra

GRENZEN TESTEN

Spaß und Miteinander stehen im Mittelpunkt. Direkt neben dem Campingplatz liegt der Kletterpark Høyt & Lavt Valsøya. In schönster Natur wurden liebevoll verschieden lange Kletterrouten mit unterschiedlichen Schwierigkeitsgraden eingerichtet. Hier können Besucher Seilbrücken entlanghangeln, Hängebrücken aus Seilen, Planken und Rundhölzern überqueren oder hängende Stufen, schwingende Stämme und Plattformen bezwingen. Strecken im Wald und Trails mit Aussicht wechseln sich ab. Seilrutschen bieten fantastische Aussichten auf die Berge in der Ferne und das Wasser der Bucht. Eine führt sogar über den Fjord. Der Quickflight mit mehreren Metern freiem Fall bewirkt einen ordentlichen Adrenalinkick, bevor die Fahrt sanft abgebremst wird. 91 Elemente, zwölf

»Durch die einmalige Lage auf einer Insel ist man hier dem Wasser immer ganz nahe.«

Es macht Spaß, seine Geschicklichkeit zwischen den Bäumen auszutesten.

Auf der Fjordruta begeistern die Ausblicke auf das Wasser und die Berge.

Ziplines (davon acht in die Routen integriert) und ein schneller Flug sorgen für Abenteuer und neue Erfahrungen. Darunter sind zwei Parcours für Kinder, vier für Familien und eine Route mit hohem Anspruch. Paare, Gruppen und Familien nutzen gerne die Gelegenheit, sich gemeinsam sportlich zu betätigen und die eigene Kondition und Ausdauer zu testen, inklusive sehr persönlicher Erfolgserlebnisse. Die Routen sind in verschiedene Schwierigkeitsgrade von Orange (einfach) bis Schwarz (schwierig) gegliedert. Die Voraussetzung ist nicht das Alter, sondern die Körpergröße. Orange startet mit 80 Zentimetern. Und schon die Kleinsten (und die sie begleitenden Erwachsenen) haben Spaß an den eigens für sie gestalteten Herausforderungen. Zu Beginn wird unter Aufsicht das Klettergeschirr angelegt. Und bevor es losgeht, erfolgt eine ausführliche Einweisung durch das Team, das jederzeit für Hilfe, Fragen und zum Anfeuern zur Verfügung steht. Während der Ferienzeiten empfiehlt es sich, zu reservieren (www.hoytlavt.no/valsoya).

LANDSCHAFT ERKUNDEN AUF DER FJORDRUTA

Nicht weit vom Campingplatz verläuft die Fjordruta. Dies ist ein von der Kristiansund og Nordmøre Turistforening (KNT) eingerichteter Wanderweg mit einer Länge von 190 Kilometern. Die sehr gut gekennzeichnete Route verläuft von Kvernberget nach Halsa und ist in weiten Abschnitten auch für Familien geeignet. Dabei geht es über mehrere Tage durch die verschiedenen Landschaftsformen der Region. Im Norden verzaubert die Wanderung mit herrlichen Ausblicken auf das Meer, im Süden sind spektakuläre Berge zu sehen. Übernachtet wird unterwegs in 13 Hütten, einige sind Selbstversorgerhütten, andere bewirtschaftet, oder im Zelt. In der Nähe des Campingplatzes gibt es mehrere Möglichkeiten, in die Fjordruta einzusteigen. Ein sehr schönes Stück für einen Tagesausflug ist die Wanderung von Vinjeøra am Fjordende zur Sollia-Hütte auf 310 Metern, die man in rund zweieinhalb bis drei Stunden erreicht. Dabei durchwandert man abwechslungsreiches und nicht zu schweres Gelände. Geparkt wird im oberen Wohngebiet von Vinjeøra. Dann folgen Wanderer steil dem gekennzeichneten Weg durch den Wald den Hügel hinauf. In westlicher Richtung geht es durch mooriges Gelände am Grytvatnet und an mehreren Bergseen vorbei und auf einem schönen Weg weiter bis Sollia. Kurz vor dem Ziel wird noch ein Bach durchwatet. Von der Selbstversorgerhütte, die auf den rekonstruierten Resten eines Bergbauernhofs aus dem 17. Jahrhundert entstanden ist, gibt es eine wunderbare Aussicht nach Süden, über den Vinjefjord und die umliegenden Berge. Zurück geht es auf dem gleichen Weg.

Noch näher am Fjord campen geht fast nicht mehr.

GEIRANGERFJORDEN FERIESENTER 37

Geeignet für Wohnmobile, Caravans und Zelte, 42 Standplätze, Ende April–Anf. Okt.
▸ Ørnevegen 180, NO-6216 Geiranger

Tel. +47 95107527
GPS 62.115383, 7.185283

▪ pincamp.de/FG8100

Atemberaubend: »Hier möchte ich einfach nur sein und staunend innehalten«, schwärmt Maria. Sie sitzt mit dem ersten Kaffee des Tages in der Sonne gemütlich vor ihrem Zelt, nur 50 Meter vom Ufer des Geirangerfjords entfernt. Nach der Anfahrt über die spektakuläre Adlerstraße mit ihren engen Haarnadelkurven und sagenhaften Aussichtsplätzen stehen Zelte, Busse und Wohnmobile hier direkt am Geirangerfjord inmitten einer majestätischen Kulisse. Tiefblaues, klares Wasser direkt vor dem Camper, eingeschlossen von steil aufragenden hohen Bergen, machen den kleinen sympathischen Campingplatz unwiderstehlich. Wer das Umfeld genau studiert, sieht kleine historische Bauernhäuser an den Hängen kleben. Nicht weit weg rauschen Wasserfälle den steilen Berghang hinab ins Wasser des Fjords, mystisch umgeben von einem Nebelschleier. Kein Riese, sondern Gletscher haben die einzigartige Landschaft geformt.

Früh ankommen lohnt sich, denn die Stellplätze auf der grünen Wiese vorne am Fjord sind begehrt, und um alle gleichzubehandeln, wird

AUSFLÜGE IN DER NÄHE auf einen Blick

Wandern	Variabel 8,5–11,5 km	Mittel	4–5 Std., Start ab Campingplatz
Ort	23 km	Leicht	Je nach Lust und Laune

nicht reserviert. Durch die auf Terrassen angelegten Flächen haben aber auch diejenigen, die weiter hinten ihr Lager aufschlagen, viel zu sehen. Der erste und der letzte Blick fallen dabei auf die grandiose Natur und den stillen Fjord. Nach einem erfrischenden Sprung ins klare Wasser schmeckt der Morgenkaffee noch besser. Auch der mächtige Dalsnibba, der hohe Berg mit dem grandiosen Aussichtspunkt am Ende des Tals, zieht den Blick immer wieder auf sich.

Am Steg legt das Ausflugsboot an und nimmt Wanderer mit. Mehrmals in der Woche schieben sich, begleitet vom Schwappen der Wellen ans Ufer, riesige Kreuzfahrtschiffe und die Postschiffe der Hurtigruten fast zum Greifen nahe am Platz vorbei. Dann ist es wieder still, und die Berge spiegeln sich im tiefen Wasser. Wer hierherkommt, bleibt gerne länger, zum Wandern, als Zwischenstopp während einer Norwegentour oder zum Ausspannen. Hier gibt es alles, was man braucht. Hinter grünen Türen finden Camper saubere Toiletten, Duschen, Waschmaschine und Trockner sowie eine kleine Küche. Mehrere Grillplätze laden zur Zubereitung des selbst gefangenen Fischs ein. Und zum Ort Geiranger mit Geschäften und Cafés sind es rund zwei Kilometer am Fjord entlang.

HINTER DEN WASSERFALL

Direkt vom Campingplatz startet die Wanderung zum Storsæterfossen. Dabei ist das Ziel nicht zu verfehlen: Vesterås, wo auch eine Einkehr mit herrlichem Blick möglich ist, und Storsæterfossen sind ausgeschildert. Rund 90 Minuten dauert der Anstieg, der auch an einigen Stellen steil nach oben geht. Der bekannte Wasserfall befindet sich auf etwa 530 Metern Höhe und stürzt rund 30 Meter in die Tiefe. Auf einem schmalen, mit einer Kette gesicherten Hohlweg können Wanderer dahinter entlanglaufen. Dabei tost das Wasser ohrenbetäubend über einen hinweg. Und der Blick in die Tiefe ist atemberaubend. Auch wenn die Norweger die Wanderung als leicht einstufen, ist sie eher mittelschwer. Festes Schuhwerk, Trittsicherheit und Konzentration sind nötig. Immer wieder geht der Weg über große Platten, die auch rutschig sein können.

Tosend stürzt der Storsæterfossen-Wasserfall in die Tiefe.

WIE AUF ADLERSCHWINGEN

Dalsnibba ist wahrscheinlich eine der spektakulärsten Aussichten der Welt. Dieser besondere Aussichtspunkt hoch über dem Geirangerfjord befindet sich nicht weit weg vom Campingplatz und ist mit dem eigenen Fahrzeug oder dem Bus erreichbar. Über die gut ausgebaute private Mautstraße Nibbevegen geht es von der Abzweigung an der Djupvasshytta in zahlreichen Serpentinen auf 1476 Meter Höhe. Bis auf die Monate Juli und August führt die Fahrt dabei auch durch meterhohe Schneewände. Das Ziel ist ein geräumiger Parkplatz mit großartiger Rundumsicht und dem Aussichtspunkt Geiranger Skywalk. Die Plattform schwebt förmlich auf einem steil abfallenden Felsen und bietet einen großartigen Ausblick auf den Fjord und die Berge. Die hohen Gipfel sind zum Greifen nahe. Und der Ort Geiranger sowie das Geirangerfjorden Feriesenter wirken von hier aus wie Bestandteile einer Miniaturlandschaft. Die engen Kurven der Adlerstraße sind ebenfalls gut

Am Aussichtspunkt Flydalsjuvet ist der gesamte Fjord zu überblicken.

Dalsnibba: Bei diesem Blick in die Berge und über den Fjord muss man sich einfach setzen.

zu sehen. Wer nicht mit dem eigenen Fahrzeug fahren kann oder will, bucht ab dem Hafen von Geiranger (zwei Kilometer vom Campingplatz entfernt) eine organisierte Bustour. Ein Ausflug, der sich bei gutem Wetter auf jeden Fall lohnt. Unterwegs kommt man am sehenswerten Museum Norsk Fjordsenter und am bekannten Fotostop Flydalsjuvet vorbei.

»Der erste und der letzte Blick des Tages fallen auf die steil aufragenden hohen Berge und das tiefblaue, klare Wasser des stillen Fjords.«

Felsen, Himmel und das Meer: *Was will man mehr?*

LINDESNES CAMPING OG HYTTEUTLEIE 

★★½

Geeignet für Wohnmobile, Caravans und Zelte, 40 Standplätze, Anf. Mai–Anf. Sept.

▶ Lillehavn, NO-4521 Lindesnes

Tel. +47 91602276

GPS 57.995933, 7.090033

▪ pincamp.de/SG1200

Schöne Aussicht: Norwegens südlichst gelegener Campingplatz erstreckt sich auf einer schmalen Wiese, eingeschmiegt zwischen Wald und Hügeln. Ein Dutzend hübscher kleiner Hütten in skandinavischem Bilderbuchstil mit rotem Holz und weißen Fensterkreuzen und 40 Stellplätze im Grünen locken nicht nur Angler auf den kleinen Platz in der vielseitigen Provinz Fylke Agder an der Westkante der Provinz Sørlandet. Viele Norwegenurlauber kommen hier vorbei, weil die Fähren von Dänemark im 70 Kilometer östlich gelegenen Kristiansand anlegen.

Wer in Lindesnes seine Zelte aufschlägt, hat vom familiär geführten Platz mit dem hübschen Zeitungs- und Postkiosk gleich am Eingang einen direkten Zugang zum Meer. Zwar schmal, aber breit genug, um für ein morgendliches Bad ins Wasser zu steigen, sich auf einem der umliegenden Felsen einen guten Angelplatz zu suchen – Kenner schwören auf die Gegend rund um den 200 Meter entfernten kleinen Fischerhafen Lillehavn – oder mit dem Boot zum Fischen abzulegen. Man kann dieses direkt am Platz mieten. Wer sicher sein möchte, kann das schon im Vorfeld

Sonnenuntergang am ältesten Leuchtturm Norwegens

organisieren. Unter anderem geht es hier auf Lachs-, Barsch-, Dorsch- und Forellenfang. Lillehavn ist auch der Ort zum Einkaufen oder um sich ein Fahrrad zu leihen.

Befestigte Stellplätze für Wohnwagen und Camper gibt es im flacheren Teil des Platzes. Schöne Plätzchen mit Aussicht genießen Zeltcamper an den für Fahrzeuge unzugänglichen, überwiegend felsigen Hängen.

Einen kleinen Spaziergang entfernt liegt der Leuchtturm von Lindesnes, der nicht nur Norwegens südlichstes, sondern auch ältestes Leuchtfeuer ist. Seit dem Mittelalter ist das Lindesnes Fyr eine der wichtigsten Landmarken zwischen Nord- und Ostsee, weil beim Zusammentreffen von Skagerrak und Nordsee starke Winde, gefährliche Strömungen und bei schlechtem Wetter mehr als 20 Meter hohe Wellen den Seeleuten viel abverlangen. Heute gibt es hier ein interessantes Museum, sowie einen stimmungsvollen Ort für Konzerte und Filmvorführungen. Und eine Idee für alle, die weiter in den Norden reisen, was auf sie zukommt. »Nordkap 2518 km« steht hier auf einem Schild geschrieben. Vielleicht doch lieber in Lindesnes bleiben, die Angelrute auswerfen oder mit dem Fahrrad die Umgebung erkunden?

Vielleicht nicht gerade im Hochsommer, wo Platz und sanitäre Einrichtungen bisweilen an ihre Kapazitätsgrenzen stoßen. Doch mit weniger Trubel in den Vor- und Nachsaisonwochen ist das durchaus eine attraktive Option.

»Angelfreunde schwören auf die Gegend rund um den 200 Meter entfernten kleinen Fischerhafen Lillehavn oder fahren mit dem Boot hinaus.«

DEN LEUCHTTURM IM BLICK

Die vielen Autos auf dem Parkplatz am Lindesnes Fyr dürfen einen nicht abschrecken. Der südlichste Punkt des norwegischen Festlands ist ein attraktives Ziel für alle, die unterwegs gern rekordverdächtige Orte ansteuern. Weil vielen aber das Selfie mit Leuchtturm genügt, sind die Wanderwege rundum nur selten stark frequentiert und den Parkstress kann man als Campinggast von nebenan gut vermeiden, weil man den Heimvorteil genießt und die 3,5 Kilometer hierher zu Fuß oder mit dem Fahrrad kommt. Auf und ab führt der Weg am Fjellstien abwechs-

AUSFLÜGE IN DER NÄHE auf einen Blick

Wandern	4,5 km	Leicht	1 Std. 45 Min., Rundtour über Fjell- und Kyststien
Fernglas	70 km	Leicht	2 Std., Elchsafari ab Bjelland
Wasser	Variabel	Leicht	Nach Lust und Laune, durch den Spangereid-Kanal

lungsreich durch Heidekraut und Gräser und immer wieder über die typischen Felsen entlang der Küste. Mal springt man über ein matschigeres Sumpfstück – also wasserfeste Schuhe nicht vergessen –, mal bleibt man beeindruckt stehen und genießt den Blick aufs Meer. Bei den kleinen Felsbergen wendet der Weg. Unbedingt sollte man aber den Grasdalsheia besteigen, von dem aus die Aussicht besonders schön ist. Von hier geht es zurück auf dem näher am Wasser gelegenen Kyststien, bis die Tour am Leuchtturm wieder endet. Lohnenswert ist auch, auf den Leuchtturm hinaufzusteigen und den weiten Blick über das Meer und die Bunkeranlagen aus dem Zweiten Weltkrieg zu erleben (www.lindesnesfyr.no).

Um den tatsächlich südlichsten Punkt Norwegens zu erreichen, geht es auf der östlich gelegenen Route zum Paxstien (2,7 km, 1 Std.) und von dort ein paar Meter weiter zum Nesvarden.

Leuchtturmwärter am Lindesnes Fyr möchte man sein: bei der Aussicht.

Einen Elch in freier Wildbahn gesehen zu haben, vergisst man nie.

DEM »KÖNIG DES WALDS« AUF DER SPUR

Wer einmal einen Elch gesehen hat, der ist beeindruckt. Nicht nur von der Größe dieser imposanten Tiere, sondern vielleicht mehr noch, wie elegant sich die Riesen bewegen, die Skandinavienreisende häufig doch nur von den Warnschildern am Straßenrand und in Souvenirshops kennen. Bei einer Elchsafari hat man gute Chancen, dem »König der Wälder« in Natura zu begegnen. Auch wenn man bei Wildtieren nie ganz sicher sein kann, haben Ewen und sein Team so viel Erfahrung, dass die Chancen gut stehen. Von Juli bis September kann man mit ihnen mehrmals wöchentlich auf Tour gehen. Los geht's um 22 Uhr, da Elche nachtaktiv sind und vorher schlafen. Eine Safari beginnt mit allgemeinen Informationen. Dann geht es im Minibus in die Wildnis, wo man die Tiere entweder einzeln oder in kleinen Gruppen von Müttern mit ihren Jüngsten und den Kälbern vom Vorjahr antreffen kann (www.adventurenorway.net/de/elgsafari).

IM KIELWASSER DER WIKINGER

Wenn das Meer unruhig ist und Wind und Wellen das Paddeln entlang der Küste mühsam machen, bietet der Spangereid-Kanal eine gute, weil geschützte Alternative. Die im Volksmund Wikingerkanal genannte Wasserstraße führt vom Båly Pier in Lindesnes in den Lenefjord. Einst umgingen die Wikinger damit die gefährliche Umschiffung von Lindesnes. Seit 2007 bietet der neugebaute Kanal den Bewohnern des Lenefjords wieder einen direkten Zugang zum offenen Meer. Flankiert wird er zu beiden Seiten von einem Weg für Spaziergänger und Radfahrer. Bootsverleih und geführte Touren (www.havhotellet.no).

Kitschig schön: Die rote Hütte am Lindesnes Fyr

Kein seltener Anblick auf Schwedens Straßen: Eine Herde Rentiere ist unterwegs.

39 ÖSTERJÖRNS CAMPING

★★☆☆☆

Geeignet für Wohnmobile, Caravans und Zelte, 50 Standplätze
▶ Österjörn 13, SE-93694 Jörn

Tel. +46 91621055
GPS 65.021516, 20.146233

■ pincamp.de/SD2350

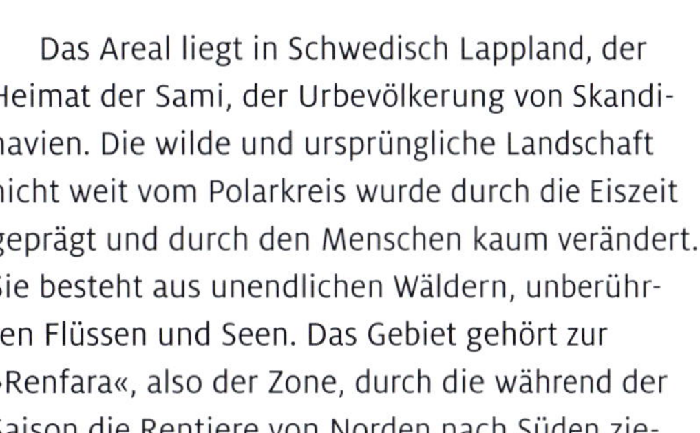

Natur pur: »Was für ein magischer Ort und dazu der wunderschöne Sonnenuntergang über dem See«, sagt Petra. Mit ihrem VW-Bus ist sie über Stockholm nach Norden gefahren und hat sich bei der Vorbeifahrt entschieden, zu bleiben. Das Wasser und der Himmel vor ihr sind in allen Rotschattierungen eingefärbt. Der schön gelegene Campingplatz liegt mitten in der Natur. Camper stehen auf einem großzügigen Wiesengelände direkt am See. Dabei ist genügend Platz für jeden. Auch einige kleine Hütten mit Seeblick können gemietet werden. Das gesamte Gelände ist von Wald umgeben.
Der Campingplatz und die Sommerhütten gehören zu einem romantischen Hotel, das in den historischen Gebäuden eines Pfarrhauses aus dem 19. Jahrhundert entstanden ist. Diese befinden sich in einiger Entfernung auf der anderen Seite des Sees.

Das Areal liegt in Schwedisch Lappland, der Heimat der Sami, der Urbevölkerung von Skandinavien. Die wilde und ursprüngliche Landschaft nicht weit vom Polarkreis wurde durch die Eiszeit geprägt und durch den Menschen kaum verändert. Sie besteht aus unendlichen Wäldern, unberührten Flüssen und Seen. Das Gebiet gehört zur »Renfara«, also der Zone, durch die während der Saison die Rentiere von Norden nach Süden ziehen. Wie ihre Vorfahren folgen die nicht komplett

AUSFLÜGE IN DER NÄHE auf einen Blick

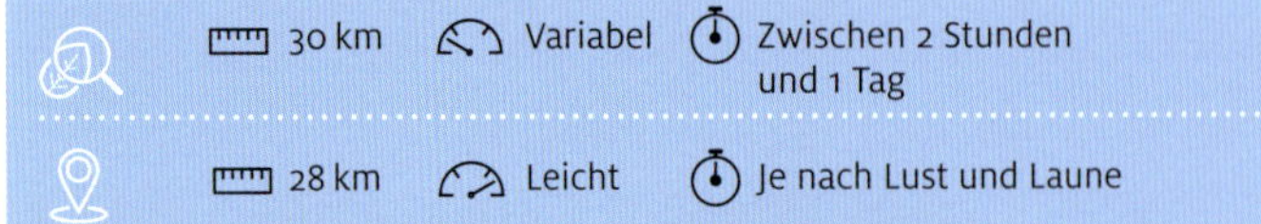

gezähmten Tiere dabei Wanderrouten zwischen Gebirge und Waldland.

Die Region ist ein Paradies für Camper, die es gerne ruhig mögen. Trotz der Einsamkeit wird Naturliebhabern einiges geboten. Etwa 30 Meter ist der bis zu fünf Meter breite Sandstrand am See mit Liegewiese und Badesteg lang. Ein Netz von Wanderwegen um den Platz bietet Naturerlebnis auch für ungeübte Wanderer. Und Angler freuen sich über die großen Fische, die sie aus dem See und den anderen nahen Gewässern ziehen. Der Campingplatz liegt an der alten Silberstraße (heutige Reichsstraße 95), die von Skellefteå am Bottnischen Meerbusen nach Arjeplogsfjällen und weiter zur norwegischen Grenze führt. Sie diente zum Transport der Silbererze aus der westlichen Region Nasafjäll zu den Schiffen im Bottnischen Meerbusen. So ist Skellefteå mit der schönen Sommerstadt am Fluss und einem der höchsten Gebäude aus Holz schnell erreicht. Spannend ist auch ein Besuch in der Kirchenstadt Bonnstan aus dem 17. Jahrhundert. Aber vor allem ist der Campingplatz idealer Ausgangspunkt für die Entdeckung der Taiga, die von dichtem Wald aus Kiefern, Fichten und Lärchen geprägt ist.

Einmalig: auf dem Pferderücken die stille Natur erleben

DAS GLÜCK DER ERDE

Ein besonderes Erlebnis ist der Ritt auf freundlichen Pferden durch die Polarregion. Nicht zu weit vom Campingplatz werden geführte Touren auf Islandpferden durch die mystische und stille Landschaft angeboten. Die Farm Svanström in Svansele liegt direkt am Nordufer des Skellefteälven. Der Weg lohnt sich. Floriane Colonnier aus Frankreich und Rianne aus den Niederlanden zeigen ihren Gästen die wunderschöne Natur der Region vom Pferderücken aus. Sie haben sich damit einen Traum erfüllt. Ihnen und ihrem Unternehmen Horses of Taiga ist der Respekt vor dem Pferd und der Natur wichtig. In einer Kleingruppe von bis zu fünf Personen geht es durch Lapplands Wildnis, durch Wald und entlang von Flüssen und Seen. Dabei werden das Tempo und das Terrain an die Kenntnisse des Reiters angepasst. Alle sind willkommen, vom Anfänger bis zum erfahrenen Reiter. Ein solcher Ausflug ist eine wunderbare

Möglichkeit, die Taiga aus einer anderen Perspektive kennenzulernen und ein unvergessliches intensives Erlebnis (ab 8 Jahren, Höchstgewicht 90 Kilo, www.horsesoftaiga.com).

VIEL MEHR ALS EIN MUSEUM

Ein spannendes Ziel in der Region Västerbotten ist das Svansele Wildniszentrum. Es liegt im Kiefernwald in herrlicher Landschaft mitten in der Taiga. Was als Tischlerei begann, ist heute ein Erlebnisort, bei dem die schwedische Tierwelt und Natur im Mittelpunkt stehen. Das Angebot wendet sich an Gruppen. Im Sommer, zwischen Mitte Juni und Mitte August, sind auch einzelne Reisende, Familien und Kleingruppen willkommen, das Museum und die dazu gehörenden Einrichtungen zu besuchen. Wie oft im Norden von Skandinavien

»Die wilde ursprüngliche Landschaft besteht aus unendlichen Wäldern, unberührten Flüssen und Seen.«

Die mittelschwedische Taiga reicht gefühlt bis ans Ende der Welt.

ist das Äußere der Gebäude unscheinbar. Man ahnt nicht, was sich dahinter verbirgt. Unbedingt hineingehen – im Inneren findet sich die größte Wildtierausstellung in Schweden. Und auch die Darstellung ist abwechslungsreich. In zwölf Themenräumen sind über 650 Tiere zu sehen. Es riecht nach Natur, und die Wände sind mit echtem Wald verkleidet. Frühling, Sommer, Herbst und Winter, die Bucht, Rafting, Jagen und Fischen werden thematisiert. Jäger, Fallensteller und Flößer kommen zu Wort. Im Flößerraum riecht es nach Teer, und die Tiere in den verschiedenen Jahreszeiten werden ebenfalls mit unterschiedlichen Temperaturen vorgestellt. Gerne fungieren die Mitglieder des Teams als Guides und berichten über Natur und Tierwelt. Zusätzlich wird ein sehr gutes Essen mit jahreszeitlichen Produkten aus der Region über dem offenen Feuer zubereitet. Auf dem Buffet finden sich Elch, Rentier, Lachs, Bratkartoffeln und andere Köstlichkeiten. Am besten gleich zu Beginn mit dazubuchen und dann genießen (www.svansele.com).

Im schwedischen Teil Lapplands stehen an de Seen die typischen roten Holzhäuser.

Wer mag, nutzt seinen Campingaufenthalt zum Angeln oder zur Tierbeobachtung.

40 CAMPING, STUGOR & OUTDOOR STORÄNGENS

Geeignet für Wohnmobile, Caravans und Zelte, 47 Standplätze
▶ Erlandervägen 2, SE-68493 Ransäter
Tel. +46 55230080
GPS 59.76398, 13.44867
■ pincamp.de/SZ_76205

Oase der Ruhe: »Psst, siehst du den Biber? Und da ist noch einer! Sie klettern gerade an Land und wenn wir Glück haben, kommen sie noch näher, so wie gestern«, flüstert Anna. Sie und ihre Familie sitzen in ihren Schlafanzügen vor dem Wohnwagen und schauen gebannt auf den Fluss, der vor ihnen im Morgendunst liegt. In der Dämmerung haben sie bereits Rehe gesehen. Jetzt beobachten sie die Biber, die ganz in der Nähe leben.

Ankommen und die Seele baumeln lassen: Direkt am Klarälven finden Reisende diesen sympathischen Campingplatz unter holländischer Leitung. Jessi und Alexander haben in einer Flussbiegung mitten in der Natur ein Paradies für Camper geschaffen. Auf dem Camping Storängens zeigt sich Schweden von der schönsten Seite. Zwischen Straße und Wasser stehen einzelne Hütten auf einem gepflegten Wiesengelände mit vereinzelten Baumgruppen. Das großzügige Gelände bietet für jeden seinen Lieblingsplatz, unter Bäumen oder direkt am Fluss, und wohltuende Ruhe. Naturliebhaber, Angler und Durchreisende sind die Gäste. Und auch Familien fühlen sich wohl. Ein Spielplatz und das Gelände bieten jede Menge Abenteuer, so wie die Biber und andere Tiere, die man hier beobachten kann. Das sind unvergessliche Erlebnisse. In der Saison bietet das Team zusätzlich am Nachmittag ein Kinderprogramm an.

Eine Insel im Fluss wird über eine kleine Brücke erreicht. Andere Schwimmer springen gleich vom Steg ins Wasser. Hier werfen auch gerne Angler die Leine nach Hechten, Brassen, Barschen und Rotaugen aus. Die nötigen Angelkarten gibt es an der Rezeption. Mehrere Feuerstellen liegen etwas abseits von den Stellplätzen am Flussufer, ideal für einen gemütlichen Abend am Lagerfeuer. Vom Campingplatz aus kann man mehrere Wanderungen unternehmen. Wer aufs Wasser will, findet einen Kanu- und Floßverleih direkt am Platz. Auch mit dem Fahrrad lässt sich die Region sehr gut entdecken. Der Klarälven-Radweg auf einer ehemaligen Bahnstrecke verläuft ganz in der Nähe. Leihräder gibt es vor Ort. In direkter Nähe des Campingplatzes liegt das Dorf Ransäter mit

Bei einer Paddeltour lernt man die herrliche Umgebung kennen.

AUSFLÜGE IN DER NÄHE auf einen Blick

typisch schwedischen Holzhäusern. Auch wenn der Campingplatz klein ist, bietet er alles, was man braucht. Es gibt Waschmaschinen, Trockner, Babywickelraum, Behindertenbad und Küche. Wer kein Wohnmobil, Wohnwagen oder Zelt dabeihat, mietet eine Hütte (schwedisch: stugor) oder ein komfortables und komplett eingerichtetes Safarizelt.

Zusätzlich gibt es jede Menge Informationen über Elche, die Pflanzen und anderen wilden Tiere, die in den Wäldern rundherum leben. Värmland ist eine der beliebtesten Gegenden zur Elchbeob-

»Ein kleines Paradies, irgendwie mitten im Nichts – und zugleich doch mittendrin im Leben.«

ELCHSAFARI

Die Elchpopulation in Schweden wird auf über 350 000 Exemplare geschätzt. In der Region rund um den Campingplatz leben viele Elche. So bietet sich hier eine gute Möglichkeit, die gewaltigen Tiere in der freien Natur zu beobachten und aus der Nähe zu fotografieren. Der König des Walds hat eine Schulterhöhe bis zu 235 Zentimetern und eine Körpermasse bis zu 800 Kilogramm, ist aber dennoch nicht leicht zu entdecken. Das nachtaktive schwedische Nationalsymbol kann besonders gut in der Dämmerung beobachtet werden, da die scheuen Tiere tagsüber ruhen. Storängens Outdoor ist Teil des Campingplatzes und bietet Elchsafaris mit einem Partner zusammen an. Mit einem erfahrenen Guide geht es bei der Elchsafari tief in die Wälder. Auf unbefestigten Wegen und entlang von Bächen und Seen, wo sich die Tiere gerne aufhalten, werden die Aussichtspunkte erreicht. Oft können die Elche beim Trinken in kleinen Seen oder beim Durchwaten beobachtet werden. Sie fressen aber auch sehr gerne die Wurzeln von Seerosen.

Mit etwas Geduld gelingen die schönsten Fotos von den Elchen.

achtung in Mittelschweden. In der Regel finden die Elchsafaris während der Elchsaison von Mitte August bis Mitte Oktober statt. Andere Gruppen sind von Anfang Mai bis Ende September unterwegs. Um die Tiere nicht zu erschrecken, bewegt sich die Gruppe vorsichtig und langsam. Auch ist es notwendig, absolute Stille zu wahren. Neben einem Fernglas gehören wasserdichtes Schuhwerk und warme Kleidung zur nützlichen Ausrüstung bei einer Elchsafari.

MIT DEM FAHRRAD AUF DER KLARÄLVSBANAN

Schweden ist mit vielen wunderschönen Landschaften ein großartiges Land zum Radfahren. Es gibt gut ausgebaute Radwege und ansprechende Radtouren. So macht es große Freude, das Land auf zwei Rädern zu erkunden. Direkt in der Nähe des Campingplatzes verläuft auf der anderen Seite des Flusses die Klarälvsbanan. Dieser beliebte Radweg ist 90 Kilometer lang und folgt dem Fluss Klarälven durch Värmland zwischen Karlstad, das im Süden am Vänern-See liegt, nach Hagfors im Norden. Immer wieder gibt es schöne Blicke auf den Fluss, Wälder und Seen. Der Campingplatz liegt ungefähr in der Mitte, sodass man beide Richtungen erkunden kann. Der komplett autofreie Radweg ist sehr gut ausgebaut und verläuft entlang einer stillgelegten Bahntrasse, die Ende des 19. Jahrhunderts gebaut wurde. Die Tour eignet sich auch für ungeübte Radfahrer, macht aber wegen der schönen Landschaft und Abwechslung unterwegs auch erfahrenen Radlern Spaß. Wer keine Fahrräder dabeihat, kann am Campingplatz welche leihen.

Die Klarälvsbanan ist ein gut ausgebauter, einfacher Radweg.

Ein Platz zum Innehalten und Träumen: der Helgasjön im Småland

41 EKNA NATURCAMPING

Geeignet für Wohnmobile, Caravans und Zelte
▶ Ekna 2, SE-36040 Rottne
Tel. +46 708993272
GPS 56.995316, 14.820450
■ pincamp.de/Pin_239401

Mehr Natur geht nicht: »Es ist magisch, angenehm warm, vorhin waren wir noch schwimmen und jetzt haben wir ein Feuer und diesen Blick aufs Wasser«, schwärmt Renate. Ihr Campingbus steht direkt am See. Sie sitzt am Lagerfeuer, das flackert und knackt. Mondlicht spiegelt sich im stillen See. Der kleine idyllische Campingplatz in Südschweden liegt außergewöhnlich schön auf einer Halbinsel im Helgasjön, mit Wasser und Bäumen, soweit das Auge reicht. Extrem beliebt sind die mit großem Abstand voneinander einzeln im Wald liegenden Stellplätze direkt am See, jeder mit eigener Grillstelle. Weitere Plätze für Wohnwagen und Wohnmobile gibt es auf einer Wiese. Besitzer Mats hat hier in Südschweden ein kleines Paradies für Camper geschaffen. Ruhe und Natur stehen im Mittelpunkt, dazu kommen Bademöglichkeiten im weichen Wasser des Sees und die fantastische Aussicht.

Hierher nach Südschweden auf die Halbinsel Ekna kommen vor allem autarke Camper. Die Ausstattung ist rustikal. Es stehen nur Trockentoiletten zur Verfügung. Duschen gibt es nicht. Die drei einzigen Plätze mit Strom befinden sich im Eingangsbereich neben dem Bauernhof, ebenso wie die Ver- und Entsorgung. Die Schönheit der Landschaft und die idyllischen Stellplätze direkt am Wasser haben sich herumgesprochen und sind inzwischen kein Geheimtipp mehr. Wer einen der wunderschönen Plätze vorne am Wasser haben möchte, muss zur Hauptsaison früh anreisen und Glück haben.

Immer geradeaus: mit dem Boot zu den Ruinen von Schloss Kronoberg in Växjö

des Campingplatzes. Småland ist bekannt für rote Holzhäuser und glasklare Seen. Üppige Wiesen wechseln ab mit Wäldern, Flüssen, sanften Hügeln und Tälern. Kleine Bauernhöfe und Gemeinden prägen die Landschaft. Växjö, das sich selbst als Europas grünste Stadt bezeichnet, befindet sich auf der anderen Seite des Sees. Der Helgasjön ist einer der größten Seen im schönen Småland. Er gehört zum Mörrumsån-Wassersystem und ist auch ein gutes Angelrevier. Vom langen Steg oder dem Boot wird die Angel nach Hechten, Barschen oder Zandern ausgeworfen. Die nötigen Karten gibt es beim Betreiber des Campingplatzes. Ein Boot kann man hier auch mieten. Und ganz in der Nähe des Naturcampingplatzes haben Fischadler in den großen Kiefern am See ihre Horste. Mit etwas Glück kann man sie beim Jagen beobachten.

ADRENALINKICK MIT HERRLICHEM AUSBLICK

In Klavreström haben Besucher die Möglichkeit, die schöne Landschaft von Småland aus einer anderen Perspektive zu genießen. Es ist ein einzigartiges Abenteuer in der Natur. Sweden Zipline bietet mitten im Wald verschiedene Rundkurse mit unterschiedlichen Adrenalinpegeln und Längen. Die Teilnehmer gleiten an Seilen und Kabeln entlang, die an Stahlpfosten oder Bäumen befestigt sind. Dazu kommen Brücken, Türme und Plattformen. Es geht in die Höhe und rasant hinunter. Auch eine der längsten Ziplines in Europa – die Little Rock Lake Zipline – ist dabei. Nötig ist nur etwas Mut. Ein Guide begleitet die Gruppe und ist für die Sicherheit zuständig. Kinder unter 35 Kilo Körpergewicht zippen im Tandemgeschirr mit dem Guide, da sie sonst nicht bis zum nächsten Punkt

> »Wohltuende Ruhe und die herrliche Natur stehen im Mittelpunkt, dazu kommen Bademöglichkeiten im weichen Wasser des Sees und die fantastische Aussicht.«

Und die es geschafft haben, möchten nicht mehr weg. Manchmal ist man aber auch allein mit sich und der Natur.

Auch das Umland ist zauberhaft. Mehrere Nationalparks und Naturreservate liegen in der Nähe

AUSFLÜGE IN DER NÄHE auf einen Blick

📍	44 km	Mittel	2–4 Std.
👟	5 km	Leicht	1,5–2 Std., Rundtour ab Parkering Hissö (Växjö)

kommen würden. Im Angebot sind vier verschiedene Routen, immer mit Ausblick. Manche Seilrutschen sind nur ein paar hundert Meter lang und bieten eine kurze und dennoch aufregende Erfahrung. Andere sind länger und führen zu verschiedenen Plattformen, wobei der Blick immer wieder auf die atemberaubende Landschaft fällt, auf Seen, Schluchten und Baumwipfel. Der Aussichtsturm ist 17 Meter hoch und bietet eine herrliche Aussicht über den Wald und die Seen der Umgebung. Eine Online-Buchung im Vorfeld wird empfohlen. Gut sind auch lange Hosen und festes Schuhwerk (Kinder ab 5 Jahren, www.swedenzipline.com/de).

ALTE BÄUME UND GLASKLARES WASSER

Genau gegenüber dem Campingplatz liegt auf der anderen Seite des Sees bei Växjö das Hissö Naturreservat. Trotz der Nähe zur Stadt erwartet Wanderer ein Naturerlebnis mit stillen Wegen durch schöne Natur. Die Halbinsel kann bei einer angenehmen Wanderung umrundet werden. Unterwegs weisen Schilder (auch auf Deutsch)

Im Hissö Naturreservat sieht man den Wald vor lauter Bäumen nicht.

auf die Besonderheiten des Naturreservats hin. Vom Parkplatz mit Toilette startet der Rundweg. Zwischen alten Buchen, Kiefern, Tannen und Eichen geht es auf einem schmalen Pfad immer am Wasser entlang. Dabei gibt es schöne Blicke auf den See und kleine, verborgene Badebuchten. Weicher Sandboden macht den Sprung ins Wasser angenehm. Schatten, Halbschatten und Sonnenflecken wechseln sich ab. Am Nordende von Hissö führt ein 40 Meter langer Steg auf die vorgelagerte kleine Insel Musön, die in etwa 20 Minuten umrundet wird. In der unberührten Natur werden oft Seetaucher, Fischadler und Lerchen gesehen. Ein überdachter Windschutz mit Feuerstelle lädt zur Pause ein, bevor es über den Steg wieder zurück nach Hissö geht. Der Weg passiert den Hundebadestrand. Hier finden Besucher auch einen Grillplatz und Toiletten. Immer geradeaus erreicht man den Parkplatz. Wer möchte, besucht danach noch die nahe gelegene Schlossruine von Kronoberg. Ideal ist die Kombination der Wanderung mit einem Stadtbesuch.

Herrliche Wanderwege durchziehen das Hissö Naturreservat.

Wenn die Sonne sich vom Tag verabschiedet: romantische Stimmung bei Hissö.

Campen auf der grünen Wiese. Nichts stört die Ruhe des Moments.

GYVELBORG ØKO-CAMPING & GÅRDBUTIK 42

Geeignet für Wohnmobile, Caravans und Zelte, 30 Standplätze
▶ Frisbækvej 14, DK-8766 Nørre Snede
Tel. +45 21420864
GPS 55.991646, 9.367434
pincamp.de/Pin_232807

Fast wie Bullerbü: Kühe streicheln, angeln, ins Heu springen und richtig viel Platz zum Toben haben. Das genießen junge Campinggäste auf Gyvelborg und haben richtig viel zu erzählen, wenn man abends an der Feuerstelle mit Stockbrotbraten einen ereignisreichen Tag ausklingen lässt. Für die Großen sind oft allein die Ruhe und die entspannte Atmosphäre schön. Weil Jellemien und Willem Blaauw nicht nur überzeugte Biobauern sind, sondern ihre Art der nachhaltigen und artgerechten Landwirtschaft auch anderen nahebringen möchten, darf man sich hier direkt am Hof niederlassen. Auf der großen idyllisch gelegenen Wiese neben dem Wohnhaus kann man sich seinen Lieblingsplatz aussuchen – nah am Teich, unter einem Holunderbusch mit betörend duftenden Blüten im Frühling oder auf der sonnenbeschienenen Wiese. Auf alle Fälle gibt es hier viel Platz und unbeschwertes Camperleben, das bisweilen neugierig beobachtet wird, wenn die karamellbraunen Jersey-Kühe, die oft bis zum Bauch in blühenden Wiesen stehen, direkt an den Zaun kommen.

Für die Blaauws ist es selbstverständlich, dass Gäste auch den Rhythmus auf dem Hof miterleben und damit sehen, wie wichtig das gute

Miteinander zwischen Mensch und Tier ist. Keiner muss, aber jeder darf mitgehen, um die Kühe zum Melken in den Stall zu holen, Hasen oder Meerschweinchen füttern, in der Molkerei sehen, wie Milch verarbeitet wird oder mit einem Eimerchen ausgerüstet mit Jellemien zum Beerenpflücken am Wegrand gehen. Oder auf einem Spaziergang über die Feldwege viel über Natur, Landschaft und ökologische Landwirtschaft zu erfahren.

Wer es noch nie ausprobiert hat, der hat in Gyvelborg die Gelegenheit, eine dänische Institution zu testen. Shelter heißen die ebenso spartanischen wie gemütlichen Behausungen, die nicht viel mehr sind als ein flacher, überdachter Schlafplatz ohne jegliche Ausstattung. Seiten, Rückwand und Decke sind zum Schutz der Schlafenden geschlossen. Die Vorderfront, der Wetterseite abgewandt, ist offen und gibt einem fast das Gefühl, direkt unter freiem Himmel zu schlafen, wenn man es sich hier mit Isomatte und Schlafsack bequem macht. Die gemütliche Variante von Jellemien und Willem steht am Waldrand und hat Sitzgruppe, Feuerstelle und direkten Blick auf die Weide. Auf Wunsch gibt es ein Körbchen mit Spezialitäten vom Hof dazu. So eines ist auch wunderbar für daheim geeignet, um den Urlaub kulinarisch noch ein bisschen zu verlängern.

Für Pilger, die Hærvejen auf dem Weg nach Santiago de Compostela oder Trondheim passieren, bieten Jellemien und Willem einen Abhol- und Bringservice an, um ihnen die fünf Extrakilometer zu ersparen.

AUSFLÜGE IN DER NÄHE auf einen Blick

Rad	62 km	Leicht	3.15 Std., von Nørre Snede bis Bække
Wandern	16 km	Leicht	4 Std., zwischen Vejle, Greis und Jelling
Ort	4 km bzw. 6 km	Leicht	Je nach Lust und Laune

OCHSENWEG UND WASSERSCHEIDE

Es war einmal … Wie ein typischer Märchenanfang beginnt auch die Geschichte des Ochsenwegs, der entlang der Wasserscheide durch Jütland verläuft. Jahrtausende lang war er die Hauptverkehrsader vom nördlichen Ende Jütlands in den Süden. Nie geplant, aber von Füßen und Fuhrwerken dort durch die Landschaft gezogen, wo man am besten vorwärts kam. Heute folgt eine Rad- und Wanderroute dem Hærvejen, die drei Kilometer südlich von Gyvelborg beginnt und mit schöner Landschaft und viel Geschichte

Spazierend den Gedanken nachhängen – auf dem Hærvejen durch Jütland

aufwartet. Hinter der Grenze von Mitteljütland zu Süddänemark und dem Rørbæk-See mit Wiesen, Heide und Gehölz erstrecken sich mit Tinnet und Kollemorten Krat weitläufige Eichenwälder, ehe man am Margrethe-Deich auf einen ehemaligen Verteidigungswall trifft. Nicht weit von hier entspringen mit Gudenå und Skjern Å zwei der größten dänischen Wasserläufe. Zu Zeiten, als tatsächlich noch Ochsenkarren hier unterwegs waren, gab es bereits den »Harresø Kro«, einen der ältesten Gasthöfe am Weg, wo Ross und Reiter rasteten. Und erst Recht die Runensteine in Jelling, wo König Harald »Blauzahn« das Christentum einführte. Im Erlebniszentrum erfährt man mehr darüber. So strampelt man auf den folgenden Kilometern vorbei an Schlössern, Seen und durch Heideland, passiert bronzezeitliche Grabhügel, moderne Landart und endet nach einem Stopp im mehr als 100 Jahre alten »Bindeballe Købmandsgård« am extrem gut erhaltenen Grab des Egtved-Mädchens aus der Bronzezeit.

Wem das nicht genug ist, der kann auch noch die regionalen Touren Bindeballe-Weg und Engelsholmroute ergänzen (www.haervej.dk).

»Man sucht sich seinen Lieblingsplatz aus – nah am Teich, unter einem Holunderbusch mit betörend duftenden Blüten im Frühling oder auf der sonnenbeschienenen Wiese.«

Auf dem Hærvejen kommt man sich und der Natur ganz nah.

Das Vester Palsgaard Skovmuseum zeigt vieles aus der Region Nørre Snede.

TIEFE TÄLER, SCHÖNE WEGE

Poröses Tuffgestein, Planken über feuchte Böden, sanfte Hügel und raschelndes Laub. Der Grejsdalstien ist ein abwechslungsreicher Pfad durch eines der tiefsten – und wie viele sagen auch der schönsten – Täler Dänemarks. Mal geht es parallel zu steilen, bewaldeten Hängen, während auf der anderen Wegseite der Grejs Å leise gluckst. Bei der Hørup-Brücke geht's aus dem Grejsdal und den Hørup Bæk entlang durch hügeligen Mischwald. Spannend ist vor allem der Brandbjerg Sønderskov, ein Wald, der seit 25 Jahren sich selbst überlassen ist und in dem man bei genauer Betrachtung viel Neues entdecken kann. Die Wanderung ist in beide Richtungen schön. Der Rücktransfer erfolgt am besten mit Bahn oder Bus. Damit es keine nassen Füße gibt, ist wasserfestes Schuhwerk, am besten Stiefel, ratsam.

LEBENDIGE VERGANGENHEIT

Hübsche weiße Häuschen mit moosbewachsenen Dächern, üppiger Blumenschmuck vor den hohen Sprossenfenstern und ein imposantes Hirschgeweih an der Stirnseite. Das ehemalige Oberförsterhaus im Wald von Palsgaard lässt einen sofort in die Vergangenheit eintauchen. Mehr noch drinnen. Da gibt es Spielzeug, Schmuck und Textilien aus der Region Nørre Snede zu sehen, das auf die Bronzezeit zurückgeht. Nicht weniger spannend sind Exponate und Erklärungen zur Land- und Forstwirtschaft in der Gegend. Besonders anschaulich erklärt es ein beschilderter Rundweg.

Vom Campingplatz aus ist das Museum Vester Palsgaard mit einem schönen Spaziergang oder einer kleinen Radtour gut erreichbar. Im Museumscafé kann man sich stärken. Ausdrücklich ist aber auch mitgebrachtes Picknick erlaubt (freier Eintritt, www.museummidtjylland.dk/vester-palsgaard-skovmuseum).

VEREINIGTES KÖNIGREICH

Die raue Landschaft in den schottischen Highlands ist eine faszinierende Kombination aus Bergen, Tälern, Felsen, Heide und Wasser. Die Lincolnshire Wolds im Osten, zwischen Yorkshire und Kent, ziehen sich als eine besonders geschützte Hügelregion an der Nordseeküste entlang. Und schließlich die fast unberührte Landschaft von Somerset, das untrennbar mit dem legendären König Artus verknüpft ist.

ENDLICH AM ZIEL: LOCH LEVEN IN SCHOTTLAND

Kleinod der besonderen Art: das Campinggelände im Glencoe-Tal

INVERCOE CARAVAN AND CAMPING PARK 43

★★★

Geeignet für Wohnmobile und Caravans, 70 Standplätze
▸ GB-PH49 4HP Glencoe
Tel. +44 1855811210
GPS 56.686533, -5.105716
■ pincamp.de/SC5240

Hohe Berge und ebenso großes Willkommen, so beschreibt die Besitzerfamilie ihre Philosophie. Besonders Naturliebhaber und Wanderer kommen gerne auf den ruhigen Platz ganz in der Nähe der kleinen Ortschaft Glencoe, auch wenn die letzten 500 Meter der Anfahrt auf einer schlechten, engen Straße erfolgen. Neben dem entschleunigten Naturerlebnis ist Invercoe Caravan and Camping Park auch für die Erkundung der Region eine gute Basis.

Auf den Spuren der Clans: »Hier ist eine der schönsten Regionen in Schottland. Ich liebe diesen Blick auf das dunkle glatte Wasser und die direkt davor aufsteigenden Berge, die sich darin spiegeln«, freut sich Hans über seinen Platz unmittelbar vorne am Loch. Sein Wohnmobil steht auf einem Logenplatz in der ersten Reihe mit der Nase zum Wasser. Er genießt den ruhigen Abend davor und wartet auf den Sonnenuntergang.

Spiegelglatt ist das Wasser. Die Wohnmobile in der ersten Reihe stehen direkt am Loch Leven. Die Plätze auf der Wiese haben dafür einen herrlichen Blick ins Tal. Immer wieder ziehen die Berge und das Panorama die Blicke auf sich. Die mächtigen Gipfel rundherum waren Zeugen einer bewegten Vergangenheit. Ende des 17. Jahrhunderts suchten Überlebende der MacDonalds im Tal Zuflucht, nachdem fast 40 Mitglieder des Clans bei einem Massaker auf Befehl des schottischen Königs von Soldaten ermordet wurden. Darunter waren auch Frauen und Kinder. Eine Stele erinnert an die Tragödie. Im kleinen Glencoe Folk Museum wird die Geschichte und Kultur der Gegend dokumentiert.

Schon die Anfahrt durch die raue Landschaft im Glencoe-Tal oder am Loch entlang zum schön gelegenen Invercoe Caravan and Camping Park ist eine großartige Erfahrung. Glencoe ist das Tal in den schottischen Highlands, das wegen seiner atemberaubenden Landschaft unvergesslich bleibt, und es ist ideal für Naturbeobachtung und Abenteuer – eine faszinierende Kombination aus Bergen, Tälern, Felsen, Heide und Wasser. Jeden Moment erwartet man, Braveheart oder dem Highlander zu begegnen. Auch die Harry-Potter-Filme sind nicht weit weg entstanden. Der Campingplatz befindet sich im Cairngorms National Park direkt am Ufer von Loch Leven. Gletscher und Vulkane haben die eindrucksvolle Landschaft geformt. Rundherum stehen hohe Berge, darunter der höchste Berg der Insel, Ben Nevis. Dazu kommen tiefe Schluchten und schroffe Klippen.

ÜBERS WASSER GLEITEN

Schottland hat viele Küsten- und Binnengewässer, die sich hervorragend für verschiedene Wassersportarten eignen. Dabei ist das entschleunigte Stand-up-Paddeln eine großartige Möglichkeit, sich draußen zu bewegen und die Natur zu genießen. Das Stand-up-Paddleboard ähnelt einem Surfbrett, ist aber länger und breiter. Auch Loch Leven eignet sich sehr gut für dieses geruhsame Wasserabenteuer und den damit verbundenen Perspektivenwechsel. Ganz in der Nähe des Campingplatzes befindet sich am The Isles of Glencoe Hotel die Basis von Rugged Coast Glencoe. In der lokalen Schule können Anfänger unter fachkundiger Anleitung die Grundlagen des Stand-up-Paddelns erlernen. Nach einer Einweisung geht es mit Paddleboard, Paddel und Schwimmweste aufs Wasser. Auch Neulinge gleiten nach kurzer Zeit vor herrlicher Kulisse auf ihrem SUP um die Inseln im Loch herum. Erfahrene Paddler können Boards mieten oder geführte Touren buchen. Noch intensiver wird die Erfahrung auf dem Wasser durch die herrliche

Wenn der Tag zu Ende geht, kehrt eine ganz besondere Stimmung am Loch Leven ein.

Aussicht auf die mächtigen umliegenden Berge und die Möglichkeit, wilde Tiere zu beobachten. Denn immer wieder werden bei Glencoe Seehunde, Schweinswale oder Fischotter gesehen (ab 12 Jahren, www.ruggedcoast.scot).

»Ich liebe diesen Blick auf das dunkle glatte Wasser und die direkt davor aufsteigenden Berge, die sich darin spiegeln.«

DAS VERLORENE TAL

Bei dieser Wanderung im Herzen des Tals von Glencoe kommt man der Schönheit der schottischen Highlands ganz nahe. Das Lost Valley (deutsch: verlorenes Tal) ist ein beliebtes Ziel für Wanderer. Ausgangspunkt für die Wanderung durch »Coire Gabhail« (Lost Valley auf Gälisch) ist der Hidden Valley Car Park direkt an der A 82. Von dort geht es parallel zur Straße durch das grüne Tal in

Das Lost Valley in den schottischen Highlands ist eine fantastische Wanderregion.

AUSFLÜGE IN DER NÄHE auf einen Blick

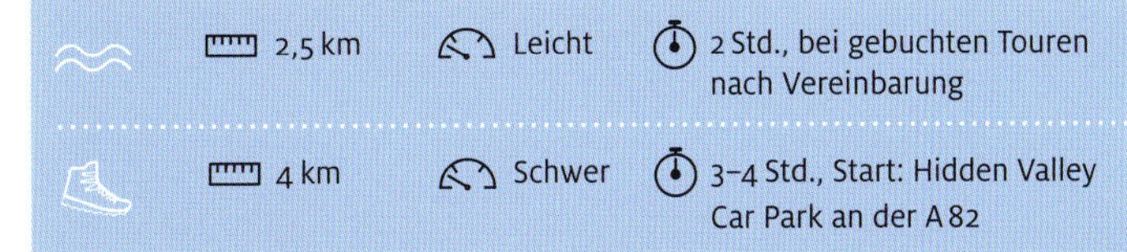

(Wasser)	2,5 km	Leicht	2 Std., bei gebuchten Touren nach Vereinbarung
(Wandern)	4 km	Schwer	3–4 Std., Start: Hidden Valley Car Park an der A 82

Richtung »Three Sisters Viewpoint«. Die Gruppe von drei mächtigen Bergen gilt als Wahrzeichen von Glencoe. Kurz davor folgt man dem Pfad hinunter zum Fluss und überquert diesen auf einer Brücke. Danach wird der Pfad steil und steinig und verlangt Konzentration. Nach einem Wildzaun verläuft der schmale Weg zwischen steilen Felswänden. Beim Weiterwandern muss man aufmerksam sein, um die Trittsteine im Bach nicht zu verpassen, wo der Pfad auf die andere Seite wechselt. Danach geht es an einem Abgrund entlang eine felsige Flanke hinauf. Nach diesem Abschnitt ist der Weg mit Felsplatten als Stufen befestigt. Von hier aus beginnt der Abstieg ins verlorene Tal, in dem Mitglieder des Clans MacDonald früher gestohlene Rinder versteckten. Zurück geht es auf dem gleichen Weg.

Rothirsche lieben die Ruhe und Einsamkeit im Tal von Glencoe.

Nichts stört die Ruhe. Camping in den Lincolnshire Wolds

CAMPING WALESBY WOODLANDS 44

Geeignet für Wohnmobile, Caravans und Zelte, 60 Standplätze, ganzjährig geöffnet
▶ Walesby Road, GB-LN8 3UN Market Rasen
Tel. +44 1673842353
GPS 53.40186, -0.32189
■ pincamp.de/OE_64187

Wunderbare Tierwelt: Bisweilen sagen sich hier Fuchs und Hase Gute Nacht. Oder man kann Rehe beobachten, wie sie im Schutz der Abenddämmerung auf den Wiesen äsen. Eichhörnchen springen durch die Baumkronen, und auf die Vögel sollte man gerade im Frühling ein besonderes Auge haben. Nicht nur, dass der Vogelreichtum der Region auch auf dem Campingplatz überall zu hören und zu sehen ist. Vor allem im Nestbau sind die gefiederten Bewohner von Walesby Woodlands ausgesprochen kreativ. Warnschilder sollte man also dringend ernst nehmen, wenn sich die Blaumeisen wieder einmal den vermeintlich sicheren Ascher als Bruthöhle ausgesucht haben oder der Aufsatz einer Gasflasche zum Unterbau eines Amselnests wird.

Weil Paul und Julia versuchen, den Platz möglichst naturnah zu bewirtschaften, kann das vorkommen, und für die Zeit, bis die kleinen Vögel flügge sind, genießen sie auch an ausgefallenen Nistplätzen ihre Ruhe. Zum Respekt vor der Natur zählt hier auch, dass man die Tiere nachts nicht mit viel unnötigem Licht stören möchte. Entsprechend sparsam ist die Beleuchtung nachts.

Das freut nicht nur die Tiere, sondern lässt auch die Sterne am Himmel heller leuchten.

Die Stellplätze auf einer Lichtung sind geräumig. Dazwischen Hecken, Gebüsch und Blumen. Und gleich vor der Tür die besondere Landschaft der Lincolnshire Wolds, die seit einem halben Jahrhundert als Area of Outstanding Beauty ausgezeichnet und darum besonders geschützt ist. Typisch dafür sind die offenen Hügel, die auf Kalk- und Sandstein stehen, wobei die Lincolnshire Wolds der höchstgelegene Hügelzug ist, der parallel zur Nordseeküste verläuft.

Genaue Details erklären Paul und Julia, die hilfsbereite Gastgeber sind. Dazu gehört nicht nur Pauls Einparkservice für Caravans, der Camping vor allem für Neulinge ein gutes Stück bequemer macht. Geöffnet hat der Platz das ganze Jahr und zu jeder Jahreszeit seinen Reiz. Nur wer deftige Köstlichkeiten schätzt, der sollte sich einen Besuch im Herbst vornehmen. Dann werden Würstchen, Cider und Kürbis mit regionalen Festen gefeiert, und im Wald hat man gute Chancen, Pilze zu finden.

KINDERSTUBE FÜR ROBBENBABYS UND VÖGEL

Wo der Humber ins Meer mündet, ist im Donna Nook National Nature Reserve einer der wenigen Plätze an den Küsten Großbritanniens, an dem Robbenbabys geboren werden. Von Oktober bis Dezember kommen Kegelrobben an diesen mehr als zehn Kilometer langen, ruhigen Küstenabschnitt und finden sich zu Kolonien zusammen, in denen bis zu 2000 knopfäugige Heuler zur Welt kommen. Es ist ein beeindruckendes Erlebnis, die Tiere von einem erhöhten Punkt aus in der Wildnis zu beobachten. Mit Abstand und respektvollem Verhalten kann man das Treiben ausgiebig beobachten (lincstrust.org.uk/get-involved/top-reserves/donna-nook).

Während die Seehundkolonie nur in den Wintermonaten zu sehen ist, gibt es das ganze Jahr über eine Vielzahl von Vögeln. Allein 47 Arten brüten hier. Zu sehen sind mehr als 250, die im Lauf des Jahres in dem nach dem 1588 gesunkenen Schiff Donna Nook benannten Naturschutzgebiet Station machen. Wer mehr darüber wissen möchte, findet Informationen und Anlaufpunkte entlang des Coastal Bird Trails. Hunde sind verboten und bei roter Flagge besteht auch für Menschen kein Zutritt (www.visitlincolnshire.com/birdwatching).

Im Donna Nook National Nature Reserve kommt man den Kegelrobben ganz nah.

AUSFLÜGE IN DER NÄHE auf einen Blick

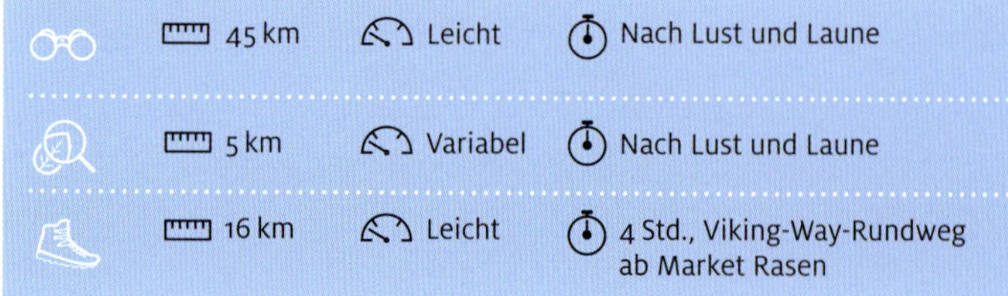

	45 km	Leicht	Nach Lust und Laune
	5 km	Variabel	Nach Lust und Laune
	16 km	Leicht	4 Std., Viking-Way-Rundweg ab Market Rasen

VON BAUM ZU BAUM

Balancieren, klettern, von Baum zu Baum rauschen und den Alltag ganz weit unter sich lassen. Ein Hochseilgarten im Wald ist ein Vergnügen für die ganze Familie – vorausgesetzt, man ist schwindelfrei und ohne Höhenangst. Der Wild Pines Park in einem Wäldchen in Market Rasen ist eine besonders schöne Anlage mit insgesamt mehr als einem Kilometer Strecke zwischen den Bäumen, 22 Ziplines und 87 vergnüglichen und manchmal auch etwas kniffligen Elementen. In unterschiedlich schwierigen Parcours geht es gut gesichert von bodennah bis in beeindruckende zehn Meter Höhe. Und für alle, die ohne Wettbewerb nur halb so viel Freude daran haben, werden auf Wunsch auch Speedruns veranstaltet. Wer hier die Streckenrekorde knackt, der kann sich auf 50 Pfund Siegerprämie freuen.

Wer nicht gern so hoch mag oder einfach neugierig ist auf Neues, der hat im Wild Pines Park eine Menge Alternativen. Wie wär's mit einer Schatzsuche, die es in verschiedenen Schwierigkeitsstufen gibt, einer amüsanten Bärenjagd für die Jüngsten oder einer Runde im Bogenparcours mitten im Grünen, wo man sich wie Robin Hood fühlen kann (www.wildpinespark.com)?

Wackelige Angelegenheit: der Hochseilgarten im Wild Pines Park

Wiesen, Wind und Weite in den Lincolnshire Wolds

»Zum Respekt für die Natur zählt hier auch, dass man die Tiere nachts nicht mit viel unnötigem Licht stören möchte.«

AUF DEN SPUREN DER WIKINGER

Auf seiner kompletten Strecke wäre der Weg auf den Spuren der Invasoren aus dem Norden eine Langstreckenwanderung zwischen Barton-upon-Humber bis Rutland (www.ldwa.org.uk), doch es kann auch ein kleines Stück davon sein. Eine von mehreren Runden führt vom nahen Market Rasen aus durch eine abwechslungsreiche Gegend im Zeichen des Gelben Wegweisers mit dem stilisierten Wikingerkopf. Leicht kupiert ist das Gelände. Mal geht es durch lichten Wald, mal über freie Wiesen und vorbei an Gebüsch, das sich im Frühling wie weiße Wattewölkchen vom saftigen Grün abhebt. Man kommt vorbei an den typischen Lincolnschafen, mit gezwirbelten Hörnern und wolligem Fell, und hübschen Dörfern wie Walesby und Tealby. Einen schönen Blick hat man von der trutzigen Ramblers-Kirche, die auf ihrem malerischen Platz über Getreidefeldern und grünen Hügeln schon weithin sichtbar ist. Droben ist ein schöner Ort für ein Picknick mit Aussicht. Aber auch die allen Heiligen geweihte Kirche selbst ist einen Blick wert. Mit geschultem Auge wird man hier Elemente aus allen Epochen vom 12. bis 15. Jahrhundert finden.

Klein, gemütlich und nur für Erwachsene: der Long Hazel Park

LONG HAZEL PARK 

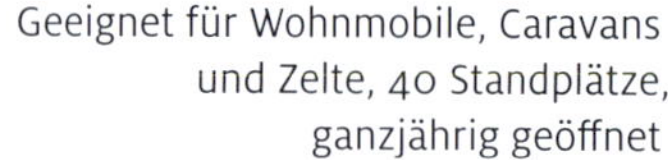

Geeignet für Wohnmobile, Caravans und Zelte, 40 Standplätze, ganzjährig geöffnet
▸ High Street, GB-BA22 7JH Sparkford
Tel. +44 1963440002
GPS 51.03407, -2.56799
▪ pincamp.de/SE4500

Große unter sich: Der kleine, liebevoll gepflegte und gemütliche Campingplatz nur für Erwachsene im Südwesten von England ist ganzjährig geöffnet. Die Betreiber Alan und Pamela setzen sich mit voller Kraft dafür ein, dass ihre Gäste sich wohlfühlen. Das beginnt schon bei der freundlichen Begrüßung und reicht bis zum Bohren von Löchern für die Zeltheringe, wenn wegen schlechtem Wetter von der Wiese auf befestigten Untergrund ausgewichen werden muss. Und so hält man sich gerne hier auf, für eine Übernachtung auf der Durchreise oder einen längeren Aufenthalt, um die interessante Umgebung zu erkunden.

Immer wieder fällt bei der Beschreibung des Platzes das Wort »Paradies« und viele Camper bleiben länger als ursprünglich geplant. Zelte, Wohnwagen und Wohnmobile stehen geschützt durch Hecken auf einem englischen Rasen mit vielen Bäumen und Picknickbänken. Dazu kommen befestigte Stellplätze. Es gibt eigens eingerichtete Bereiche für Zelte und auch Platz für sehr große Wohnmobile oder Gespanne bis zu einer Länge von 12 Metern. Und auch sonst bleibt kein Wunsch unerfüllt. Die Ausstattung ist hervorragend und die behindertengerechten Sanitäranlagen blitzsauber. Es gibt Waschmaschinen, Wäschetrockner und eine Ver- und Entsorgung. Trotz der Nähe zu einer viel befahrenen Straße ist es nachts ruhig. Der Platz ist sehr hundefreundlich. Radfahrer bekommen einen speziellen Rabatt.

Die unmittelbare Umgebung trägt ebenfalls zum Wohlfühlgefühl bei. Das angrenzende Dorf bietet mit Cafés, Pubs, Restaurants und Lebensmittelladen eine gute Infrastruktur. Eine Attraktion ist auch die örtliche Apfelweinfarm. Und der Besuch im nahen Haynes Motor Museum und Fleet Air Arm Museum ist nicht nur bei schlechtem Wetter lohnend. Gäste von Long Hazel Park bekommen eine Ermäßigung auf den Eintritt. In der weiteren Umgebung gibt es ebenfalls viel zu sehen. Die Region ist ideal zum Fahrradfahren und Wandern – eine gute Möglichkeit, die fast unberührte Landschaft zu erleben. Die Inhaber sind stolz auf ihre Heimat Somerset und bringen diese ihren Gästen gerne näher. Hier befinden sich Camper im Land des legendären König Artus. Er soll ganz in der Nähe gelebt und wichtige Schlachten gegen die das Land angreifenden Angelsachsen geführt haben.

Der Weg ist das Ziel: In der Umgebung des Campingplatzes gibt es viel zu entdecken.

AUSFLÜGE IN DER NÄHE auf einen Blick

Fahrrad	20,5 km	Leicht	1 Std. 30 Min., Rundtour ab Campingplatz
Wanderung	3,5 km	Leicht	Nach Lust und Laune, Parken: South Cadbury, Church Lane

HÜGEL UND TÄLER

Eine gute Möglichkeit, die sanften Hügel und Täler von Somerset zu entdecken, ist eine Fahrradtour. Ein Großteil der Route führt über kleine Landstraßen mit immer wechselnden Ausblicken. Dazu folgt man vom Campingplatz der High Street durch Sparkford und weiter aus dem Ort hinaus. Über eine nicht zu stark befahrene Landstraße ist nach 4,5 Kilometern eine große Kreuzung erreicht, wo man links über die Brücke fährt und die A 303 passiert (hier ist der nette Chapel Cross Tearoom empfehlenswert). Danach passiert man North Cadbury. An einer scharfen Abbiegung nach links führt die Radroute weiter nach rechts. Nach rund 2,5 Kilometern geht es an einer T-Kreuzung wieder nach rechts Richtung Galhampton. An der T-Kreuzung am Ende der Hearn Lane biegt man links ab und fährt kurz darauf an der Gabelung rechts weiter in der Frog Lane. An der Kreuzung mit der A 359 geht es geradeaus weiter in der Small Way Lane. Als nächstes biegt man an der T-Kreuzung mit der B 3152 rechts Richtung Castle

Abendspaziergang im herbstlichen Somerset: Die Sonne steht tief und taucht das Land in das schönste Licht.

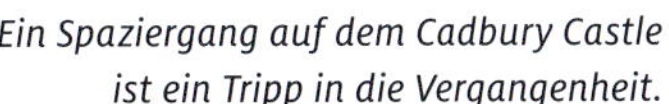

Ein Spaziergang auf dem Cadbury Castle ist ein Tripp in die Vergangenheit.

»Die Region ist ideal zum Fahrradfahren und Wandern – eine gute Möglichkeit, die fast unberührte Landschaft zu erleben.«

Cary ab. Achtung, diese Straße ist belebter. Vor dem Ort geht es am empfehlenswerten Castle Fryer Fish & Chips links Richtung North Barrow (wer möchte, macht einen Zwischenstopp im belebten Marktflecken) und dann den Schildern folgen, bis der kleine Ort erreicht ist. Nach dem Ortsausgang heißt es links abbiegen nach South Barrow. Über eine schmale, gewundene Landstraße geht es zurück nach Sparkford und zum Campingplatz.

CADBURY CASTLE

Schon von Weitem ist der auffällige, lang gestreckte Höhenrücken zu sehen. Er zieht die Blicke magisch an und eignet sich für einen schönen Spaziergang oder ein Picknick. Auf eine Besiedlung der Höhe in der Steinzeit folgte 500 vor Christus eine eisenzeitliche Höhenfestung. Diese war wichtiges wirtschaftliches Zentrum und Fluchtburg für die Region. Besucher werden nach dem steilen Anstieg mit einem weiten Panoramablick über Somerset bis zur Küste und zum magischen Hügel Glastonbury Tor belohnt. Und auch die turbulente Vergangenheit ist allgegenwärtig. Zu sehen sind mächtige Spuren der ehemaligen Befestigung, riesige umlaufende Wallanlagen und Gräben geben Zeugnis von der einstigen Bedeutung des Ortes über viele Jahrhunderte. Bis die Römer die Befestigung und Gebäude zerstörten. Im Frühmittelalter erfolgte eine erneute Nutzung. Doch das ist noch nicht alles: Es gibt Historiker, die an dieser Stelle den einstigen Sitz des legendären König Artus vermuten, das sagenhafte Camelot. Der Legende nach soll er in einer Höhle unter dem Berg schlafen und darauf warten, wieder geweckt zu werden. Der Zugang nach oben erfolgt von einem Parkplatz über steile Wege durch den Wald. Ein besonderes Erlebnis ist ein Besuch der Höhenbefestigung zum Sonnenaufgang, wenn das Land rundum langsam erwacht. Beliebt ist auch ein Besuch zum Sonnenuntergang. Ganz in der Nähe liegt ein empfehlenswertes Pub.

MEŽPILS

BALTIKUM

Estland, Lettland, Litauen – die Landschaft der drei Länder am östlichen Rand Europas ist geprägt von Wäldern, Seen und Flüssen. In insgesamt 14 Nationalparks findet jeder einen Weg zum Wandern, einen Fluss oder See für eine Bootsfahrt oder eine Straße für eine Fahrradtour. Liebenswerte Städte mit altehrwürdigen Bauten und innovativer Architektur sowie verträumte Dörfer laden zur Besichtigung ein. Wer abseits von ausgetretenen Pfaden abschalten und durchatmen möchte, ist hier richtig.

CAMPING ZAGARKALNS LIEGT IN LETTLANDS GRÖSSTEM UND ÄLTESTEM NATIONALPARK.

Qual der Wahl: auf der Wiese, unter Bäumen oder ein Schlaffass ausprobieren?

VETSI TALL CAMPING 

Geeignet für Wohnmobile, Caravans und Zelte, 40 Standplätze
▶ EE-92111 Kassari

Tel. +3724622550
GPS 58.789383, 22.820583
▪ pincamp.de/ES0160

Genießen und Ausspannen: Lieber den Schatten eines Apfelbaums genießen oder auf einer sonnenbeschienenen Dachterrasse über die Baumkronen blicken? Hier ist beides möglich. Der idyllische Campingplatz im Südosten von Kassari liegt mitten im Obstgarten. Stellplätze kann man sich wahlweise auf der Wiese oder im Schatten der Bäume suchen. Wer ohne Zelt oder rollendes Feriendomizil anreist, der kann sich in einigen besonderen Unterkünften einmieten. Einfach aber gemütlich sind die Schlaffässer – ganz aus Holz und richtig kuschelig. Geräumiger sind die chicen Tiny-Houses, bei denen sich Gäste gleich zwischen zwei Terrassen entscheiden können: Parterre mit Vordach oder auf dem Dach und über den Bäumen.

Den schönsten Kochplatz gibt es draußen. Natürlich inmitten der Apfelbäume, wo Grill, gemauerter Kamin und einige Sitzgruppen eine besondere Atmosphäre haben. Und weil die Sommernächte in Estland lang sind, kann man hier viele Stunden in geselliger Runde verbringen.

Mindestens einmal sollte man während seines Aufenthalts aber Essen gehen, weil Hiiumaa, die zweitgrößte Insel Estlands, nicht nur für ihre Naturschönheiten bekannt ist. Die Insulaner sind stolz auf ihre beiden grünen Siegel für nachhaltig regional produzierte Lebensmittel sowie für Ökoprodukte. Das tun sie aus Überzeugung und sind stolz darauf, für ihr Engagement für einen sensiblen Umgang mit der Natur von »Green Traveller« ausgezeichnet worden zu sein. Schon seit mehr als 30 Jahren hat sich Hiiumaa der regionalen Bioproduktion verschrieben. Rinder und Lämmer weiden hier draußen, Gemüse wird selbst gezogen und Pilze und Beeren im Wald gesammelt. Der Fisch kommt direkt von der Küste. So wie die geräucherte Flunder, die eine Spezialität in der Taverne am Platz ist.

Vetsi Tall Camping ist ein Ort zum Genießen und zum Ausspannen. Zum Saunieren, das in Estland fast so populär ist wie im nahen Finnland. Aber auch für Ausflüge. Ganz schnell ist man hier am Strand. Nur zehn Minuten zu Fuß ist es an die Küste. Apropos: Wer lieber hier am Meer saunieren möchte, der kann sich die »Anhängersauna« mieten und sie anschließend an seinen Wunschort stellen (www.visitestonia.com/de/anhangersauna-auf-der-insel-hiiumaa-dt-dago).

DAS FLÜSTERN DES WINDS

Wind kann stürmisch übers Land fegen und tosend die Wellen peitschen, gerade stark genug sein, dass er die Segel und Kites der Surfer bläht oder ganz sanft über die Wälder und Wiesen streichen und Geschichten über den Wind erzählen, die es auf Hiiumaa zuhauf gibt. Seit 2020 kann er auch um den Tuuletorn, den nah beim Campingplatz stehenden Windturm, wehen. 29 Meter hoch und weithin sichtbar, erinnert seine Fassade an eine gestanzte Lochkarte. Dahinter sind Museum, Wissenschaftszentrum und Actionwelt für die ganze Familie vereint. Im Tuuletorn kann man sich stundenlang verlieren, einen Blick in Hiiumaas Unterwasserwelt werfen, vieles über Geschichte und Geschichten Estlands erfahren und sich an der mit 20 Meter höchsten Indoorkletterwand des Baltikums auspowern. Am Ende gibt es im »Ruudi« eine typisch estnische Stärkung mit frischem Fisch und knackigem Grünzeug in herrlich bunten Farben (www.tuuletorn.ee).

Übrigens hat auch der 2018 veröffentlichte Film »The Wind Sculpted Land« von Joosep Matjus und Atte Henriksson die enge Verbindung Estlands zum Wind im Mittelpunkt. Auf die Spuren des Naturfilms kann man sich bei Wanderungen begeben (www.visitestonia.com/de/uber-estland/wandere-auf-den-spuren-des-estnischen-naturfilms).

Kleines Haus mit großem Chic: eines der Tiny-Houses auf dem Gelände

AUSFLÜGE IN DER NÄHE auf einen Blick

	Strecke	Schwierigkeit	Dauer
	10 km	Leicht	Nach Lust und Laune
	5 km	Variabel	1 Std. bis zu 5-Tages-Touren
	7 km	Leicht	Nach Lust und Laune

HOCH ZU ROSS

Wer reiten kann, wird diese Art, die Insel zu erkunden, besonders schätzen. Linda und Triinu bieten auf Ratsamatkad Ausritte an. Je nach Können und persönlichen Interessen geht es ans Meer oder ins Hinterland mit seinen duftenden Pinienwäldern. Kinder finden es besonders spannend, den Wegen des Piraten Unger Sternberg zu folgen und sich die schaurig-schönen Geschichten erzählen zu lassen. Historisch Interessierte nehmen den Kriegshafen der Wikinger ins Visier, während Tierfreunde das Landschaftsschutzgebiet an der Bucht Käina-Kassari besonders genießen und aus erhöhter Position im Sattel vielleicht den einen oder anderen Vogel entdecken, den sie sonst nicht gesehen hätten. Man kann an Sümpfen wandern und durchs Meer reiten oder bei mehrtägigen Ausritten bis auf die Halbinsel Tahkuna im Norden oder Vohilaid an der Westküste von Hiiumaa reiten (www.kassari.ee).

Auf dem Rücken der Pferde lässt sich die Insel auf eine ganz besondere Art erkunden.

Nicht nur der Lavendel taucht die Landschaft von Estland in Lila.

BLÜTENTRAUM IN LILA

Bei Lavendel denkt man zuerst an Südfrankreich. Aber auch Estland kann opulent in Violett. Am Rande des Meteoritenkraters Kärdla, wo vor 400 Millionen Jahren durch eine Meteoritenexplosion Hiiumaa entstand, liegt das nördlichste Lavendelfeld der Welt. In schönster Blüte stehen die 20 000 Lavendelpflanzen von Ende Juni bis Anfang August. Dabei ist allein der Hof von Lisandra, Birthe und Taavi einen Besuch wert. Nicht zu übersehen ist das Haus mit Reetdach links im Lavendelfeld, wenn man auf der Straße von Kärdla sieben Kilometer in Richtung Käina fährt. Hier gibt es unter anderem Lavendelhonig und -marmelade, feine Gewürze, Gesichtswasser und Duftsäckchen. Oder einfach ein duftendes Sträußchen (instagram.com/lavendlitalu/).

»Alles grünt und blüht, dazu der Gesang der Vögel und das Quaken der Frösche aus dem Naturfreibad.«

Besondere Stimmung am Morgen: ein Strand bei Kassari

Wer nicht mit eigenem Zelt oder Camper kommt, kann sich ein Cottage mieten.

47 KIVIRANNA HOLIDAY HOME

★★★☆☆

Geeignet für Wohnmobile, Caravans und Zelte, 40 Standplätze, ganzjährig geöffnet

▶ EE-61113 Rannu, Suure-Rakke

Tel. +3725298561

GPS 58.36502, 26.152959

■ pincamp.de/ES0650

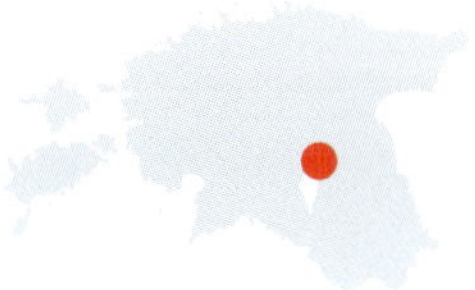

Ruhe und Entspannung: So macht Sauna richtig Spaß! Von dem mit Schindeln gedeckten Saunawagen direkt am Wasser haben Gäste des Kiviranna Holiday Home nicht nur während des Schwitzens einen wunderbaren Blick auf den Võrtsjärv-See. Sie können zur Abkühlung auch gleich ins Seewasser springen und danach im Liegestuhl auf der Wiese in Decken gekuschelt Wolkenstimmung, Ruhe und das Rauschen der Birkenblätter genießen. Und noch einen zweiten Ort gibt es, von dem aus man wunderbar die Zeit vergessen kann: den kleinen Pool auf einer erhöhten Holzterrasse, von dem aus man den See sieht.

Auf Kiviranna haben Jaanika und Allan Norman Kaljuvee 2012 auf ihrem Grundstück am See eine hübsche kleine Ferienanlage errichtet, die sie mit viel Respekt für die Natur betreiben. Zelt- und Stellplätze findet man im lichten Birkenwäldchen, dazu lauschige Sitzgruppen mit Seeblick und eine offene Campingküche in einem schmucken Holzhäuschen und verschiedene Grill- und Feuerplätze an Stellen, an denen man sich gerne niederlässt. Eine Handvoll Cottages am Rand einer großen Wiese bieten den Gästen Platz, die nicht mit Camper, Wohnwagen oder Zelt anreisen.

AUSFLÜGE IN DER NÄHE auf einen Blick

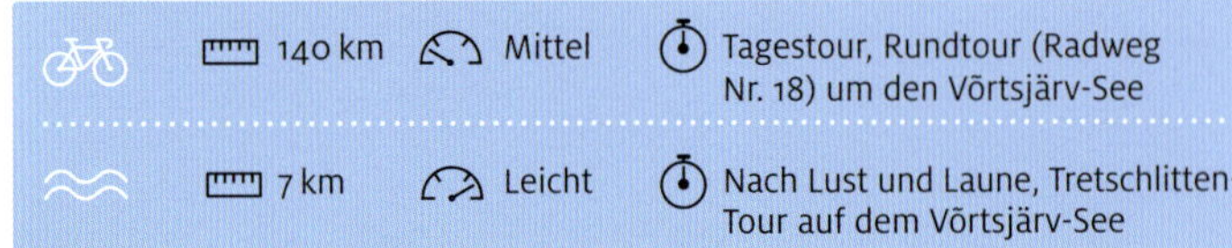

Den breiten Strand hat man auf Kiviranna direkt vor der Tür. Mit geführten Wanderungen und Bootsausflügen wollen Jaanika und Allan Norman ihren Gästen die besondere Natur der Region im Kreis Tartu nahe bringen, die zum europaweiten Netz der Natura-2000-Schutzgebiete zählt. Bei Interesse vermitteln sie auch Fotosafaris und Reitausflüge. Und sie haben jede Menge Tipps für Ausflüge. Etwa zu den schönsten Picknickplätzen, die man gut mit den platzeigenen Leihrädern erreichen kann.

Bei einem Besuch in Tartu gibt es neben dem Rathaus zahlreiche weitere Sehenswürdigkeiten zu entdecken.

Unbedingt einen Abstecher wert ist die 40 Kilometer entfernte, ehemalige Hansestadt Tartu. In der ältesten Universitätsstadt Nordeuropas wird Design gemacht und an Nachhaltigkeit gedacht. In der Europäischen Kulturhauptstadt von 2024 (mit Bad Ischl und Bodø) trifft Vergangenheit auf Zukunft. Hier gibt es Konzerte, Festivals und Sportveranstaltungen, Film-Open-Airs und das größte Pop-up-Kino im Baltikum. Wer nach dem quirligen Stadtleben wieder das Bedürfnis nach Ruhe hat, der wird sie am Platz umso mehr genießen. Vielleicht bei einer gemütlichen Partie Disc-Golf mit der Familie, bei dem es gilt, einen Frisbee entlang eines Parcours mit möglichst wenig Würfen in Zielkörbe zu befördern. Oder beim Angeln. Am Platz gibt es Informationen, was wann geangelt werden darf – und auf Wunsch auch ein Boot.

EINMAL RUNDHERUM

Vom Campingplatz aus ist der Võrtsjärv-See immer im Blick. Aber wie sieht es auf der anderen Uferseite aus? Einer der schönsten und längsten Fahrradrundwege Südestlands führt einmal rundherum. Am Campingplatz können Fahrräder ausgeliehen werden. Das Terrain ist ideal für Gravelbikes und die langen Sommertage garantieren eine entspannte Tour, auf der man unterwegs auch getrost die eine oder andere Pause einlegen kann, weil man keine Dunkelheit befürchten muss.

Der Võrtsjärv-See ist mit 270 Quadratkilometern Estlands größtes Binnengewässer. Sanft fallen seine Ufer ab. Dabei wechseln sich sumpfige Passagen mit kleinen Sandstränden ab, die zu einem Bad zwischendurch animieren. Immer wieder gibt es Aussichtspunkte unterwegs. Unter anderem beim Besucherzentrum am Nordstrand am Ausfluss des Suur-Emajõgi. Hier kann man sich im Café mit Seeterrasse stärken, baden und den Geschichten von den Fischerdörfern, der Gespensterinsel und dem heilkräftigen Opferstein Leie lauschen, unter dem nachts Musik spielen soll. Noch schnell für ein Erinnerungsfoto ins gelbe Fenster gestellt, das von der für ihre Landschaftsaufnahmen berühmten »National Geographic« an 21 besonders entdeckenswerten Orten in Südestland aufgestellt wurde. Vom Aussichtsturm Narva-Jõesuu schweift der Blick über den See, während im Hafen von Oiu Boote auf dem Wasser tanzen. Wer genau wissen möchte, welche Tiere und Pflanzen im Wasser leben, der sollte am Ostufer, etwas südlich von Vehendi, einen Abstecher ins Seemuseum machen (www.visitestonia.com/de/vortsjarv-fahrradweg).

»Die besondere Natur der Region zählt zum europaweiten Netz der Natura-2000-Schutzgebiete.«

Immer am Ufer des Võrtsjärv-Sees entlang und dabei stets die herrliche Ruhe genießen

EISIGES VERGNÜGEN

Wer es im Winter richtig kalt mag und nicht von langen Nächten abgeschreckt wird, der wird die kalte Jahreszeit in Estland lieben. Zu den besonderen Vergnügen im ganzen Land zählt das Schlittschuhlaufen, denn mit zuverlässig tiefen Temperaturen gefriert hier sogar das Meer. Auch der Võrtsjärv-See ist in den Wintermonaten von einer tragfähigen Eisschicht überzogen. Also unbedingt Schlittschuhe ins Gepäck oder Langlaufschuhe, die man mit Kufen ausstatten und zu Schnelllauf-Schlittschuhen umrüsten kann.

Ein besonderes Erlebnis sind die Tretschlitten oder Sparks, die aus Skandinavien stammen, wo sie auf verschneitem und vereistem Untergrund als Fahrradersatz dienen. Man steht auf zwei langen Kufen, schiebt an, wie beim Tretroller und bestimmt die Richtung mit einem Fahrradlenker. Besonders eindrucksvoll ist es, auf der spiegelnden Eisfläche über den Võrtsjärv zu flitzen. Klassisches Ziel ist die Insel Tondisaar, über die es viele Sagen und mystische Geschichten zu erzählen gibt.

Wem die Sache auf dem Eis nicht geheuer ist: Auch auf Wanderwegen macht die Fahrt mit dem Tretschlitten richtig Spaß, wenn der Schnee knirscht und der Schlitten durch Wälder und die stimmungsvolle Landschaft gleitet (www.loodusturism.ee, www.matkajuht.ee/en).

Langlauf und Eislauf gehören in Estland zu den beliebtesten Wintersportarten.

Freie Platzwahl: direkt am Wasser oder auf der Wiese oder unter den Bäumen

48 CAMPING ZAGARKALNS

Geeignet für Wohnmobile, Caravans und Zelte, 200 Standplätze, Mitte Mai–Mitte Sept.

▶ Mūrlejas iela 12, LV-4101 Cēsis

Tel. +37126266266
GPS 57.309007, 25.22339

■ pincamp.de/Pin_235177

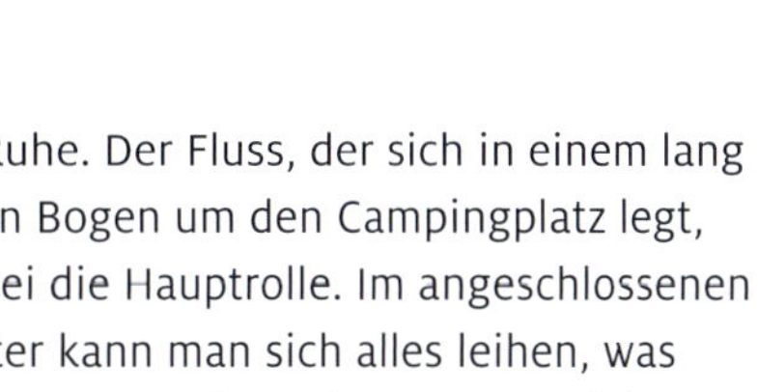

Alles am und im Fluss: Zagarkalns ist ein Platz für Sportler. Es ist ein Platz für Naturliebhaber und für Menschen, die Freude daran haben, von hier aus in die Geschichte einzutauchen. So ist man, wenngleich mitten im Grünen und in Lettlands größtem und ältestem Nationalpark, auch ganz nah an historischen Orten und Städten, die lohnenswerte Ausflugsziele sind. Allein was hier an Burgen entdeckt werden kann – denn am Lauf der Gauja entlang gibt es die größte Burgendichte Osteuropas. Es gibt also viel zu tun, wenn man möchte.

Ausgangspunkt dafür ist die Anlage, die auf großzügigen drei Hektar viel Raum für Stellplätze mit Privatsphäre bietet. Hier steht man unter Bäumen, auf Lichtungen, ganz nah am Wasser oder etwas im Abseits mit Vogelgezwitscher und viel Ruhe. Der Fluss, der sich in einem lang gezogenen Bogen um den Campingplatz legt, spielt dabei die Hauptrolle. Im angeschlossenen Bootscenter kann man sich alles leihen, was auf dem Wasser Spaß macht. Von sportlichen SUPs und Kajaks über gemütliche Kanus für den Familienausflug bis zu eher geselligen Gefährten wie Schlauchbooten mit Liegestühlen und Flößen mit Grill und Sitzgelegenheiten für Fahrten, bei

AUSFLÜGE IN DER NÄHE auf einen Blick

(Kanu)	30 km	Leicht	Tagestour von Valmiera zum Campingplatz
(Wandern)	10 km	Mittel	2,5 Std., Sigulda, Vējupīte-Schlucht, Urstromtal der Gauja

denen die Kulinarik im Mittelpunkt steht. Man kann die Lage am Wasser aber auch einfach nur genießen, ohne dort aktiv zu werden. Am breiten Sandstrand, der in mehrere Beachvolleyballfelder mündet, oder in einer der Sitzgruppen auf der Wiese an der Gauja.

Auch im Winter wäre Zagarkalns eine Reise wert, grenzt der Platz doch direkt an ein kleines, feines und sehr schneesicheres Skigebiet. Doch wegen der zuverlässig sehr tiefen Temperaturen im zweistelligen Minusbereich ist Camping hier nur in den Sommermonaten möglich. Für Campinggäste wären dann vorzugsweise die fünf Holzhäuschen geeignet, hinter deren rustikalen Fassaden sich sehr gemütliche und modern eingerichtete Räume samt privater Sauna verstecken.

Felsen und Wälder säumen das Ufer der Gauja.

Die Füße hoch – und sich bei einer Flusswanderung auf der Gauja auch mal treiben lassen.

AUS DER STADT IN DIE NATUR

Camping Zagarkalns liegt direkt an einem der schönsten Reviere für Flusswanderungen mit unterschiedlichsten Booten. Die Gauja mit einem Kanu oder Kajak zu befahren, ist fast schon ein Muss, wenn man hierher kommt. Für viele auch der hauptsächliche Grund dafür. Lettlands längster Fluss (452 km) ist zwischen Gaujiena und der Mündung ins Meer auf 260 Kilometern befahrbar und ein Traum wegen der Abwechslung, die er bietet. Ein besonderes Erlebnis ist es, sich auf dem Wasser dem Camping Zagarkalns zu nähern. Einstieg ist direkt in der mittelalterlichen Hansestadt Valmiera, die zu beiden Seiten des Flusses liegt. Zunächst geht es eine lange, gerade Strecke durch den Wald. Felsen erheben sich senkrecht über dem Ufer und vom Boot aus erkennt man gut, wie sich das Wasser in den weichen Sandstein gräbt. Bald windet sich die Gauja in Schleifen durch die hügelige Landschaft und wird immer breiter. Irgendwann verläuft der schöne stille Fluss direkt auf der Grenze zu Estland. Auf der gesamten

Romantische Stimmung am Morgen: die Burg Turaida bei Sigulda

Strecke durchfließt er den Gauja-Nationalpark. Am Platz kann man bequem anlanden. Und genauso bequem zu einer nächsten Etappe bis nach Sigulda starten (Bring- und Abholservice auf Anfrage, www.zagarkalns.lv, www.canoegauja.lv).

WILD UND ZAUBERHAFT

Nicht weit hinter dem Bahnhof der aus dem Rodel- und Bobsport bekannten Stadt Sigulda geht es in ein zauberhaftes Waldstück, in dem man sich ein bisschen wie im Märchen fühlt. Es duftet nach Moos und Waldboden, und der steile Hang hinunter in die Schlucht gleicht einem grünen Teppich. Trittsicherheit ist Voraussetzung für diese Tour, denn es geht auf unzähligen Treppen steil hinunter. Die Petershöhle, ein gewaltiges dunkles Loch im Fels, ist eine von zahlreichen Höhlen, für die der Gauja-Nationalpark berühmt ist. Am Talgrund bricht Licht durch das Blätterdach, mal geht es mit kleinen Brücken über den Bachlauf, mal lädt ein netter Rastplatz zur Pause, bis es nach der Mündung der Vējupīte in die Gauja wieder über Treppen den Paradiesberg hinaufgeht. Und wo man schon so geübt im Treppensteigen ist, nimmt man am besten gleich noch die beiden zugänglichen Türme der mittelalterlichen Burg des Livländischen Ordens von Sigulda in Angriff. Alternativ die Mauerburg Turaida, deren Turm man unterwegs schon aus den bewaldeten Hügeln spitzen sah.

Interessant ist die Tour im Frühling, wenn die noch laubfreien Sträucher und Bäume den Blick auf die Vējupīte-Schlucht und das Urstromtal der Gauja zulassen. Wenig später ist es besonders schön, wenn alles kraftvoll sprießt und die Faulbäume ihre winzigen weißen Blüten tragen. Oder doch lieber, wenn sich das Herbstlaub färbt und reife Beeren und Früchte an den Zweigen leuchten? Die Wanderung lässt sich einfach mit anderen Routen aus der Region Sigulda kombinieren, man kann sich aber auch gut einen halben oder ganzen Tag dafür Zeit nehmen, Pausen machen und die Gegend genießen (www.entergauja.com/de/enter-gauja/trail-routen).

Die Karstseen von Kirkilai bilden je nach Wasserstand eine durchgängige Wasserfläche.

49 MINI CAMPING + ECO FARM PAJIESMENIAI

Großes Glück auf kleinem Platz: Im schönen Dorf Pajiesmeniai in Nordlitauen wird Gastfreundschaft großgeschrieben. Nicht weit weg von der Via Baltica, der gut ausgebauten Fernverkehrsstraße, die Kaunas, Riga und Tallin miteinander verbindet, finden Camper den kleinen sympathischen Campingplatz. Er liegt nahe zur Grenze nach Lettland und ist ideal für einen Zwischenstopp.

Wegen der freundlichen Besitzer und der angenehmen familiären Atmosphäre bleibt man aber auch sehr gerne etwas länger. »Wir führen den Platz im Geist des langsamen Tourismus und freuen uns über jeden Gast«, sagen sie. Entsprechend haben Daiva und ihr Mann den Campingplatz in Pajiesmeniai mit sehr viel Liebe zum Detail eingerichtet und dekoriert. Die beiden sprechen sieben Sprachen und betreuen Camper sehr individuell und persönlich. So werden aus Durchreisenden

Geeignet für Wohnmobile, Caravans und Zelte
▶ Sodo Street 3,
LT-39449 Pajiesmeniai

Tel. +37060329485
GPS 56.1085, 24.4845

■ pincamp.de/Pin_239403

Freunde, die sehr gerne wiederkommen. Zelte, Wohnwagen und Wohnmobile stehen auf Gras oder Asphalt im Hof und großen Garten der Gastfamilie. Auch Pilger und Wanderer sind herzlich willkommen. Der 500 Kilometer lange Pilgerweg »Camino Lituano« hat hier einen Etappenstopp. Es ist alles da, was Camper brauchen. Strom, Wasser, WC, Duschen, WLAN, Ver- und Entsorgung (ohne Chemie) und ein Aufenthaltsraum sowie eine litauische Sauna (Pirtis) können genutzt werden. Gäste sind eingeladen, im ökologisch be-

Die Karsteinbrüche rund um Biržai sind teilweise so tief, dass lange Treppen hinunterführen.

idyllische See des Dorfs mit Badestrand und Steg. Er bietet sich zum Schwimmen und Angeln an. Das Dorf ist von Wald umgeben. Ein Naturschutzgebiet und eine historische Befestigung auf einem Hügel sind nicht weit weg. Neben Durchreisenden und Wanderern zählen auch Vogelkundler zu den Gästen. Denn rund um Pajiesmeniai lassen sich viele verschiedene Vögel beobachten, darunter auch seltene Arten.

MYSTERIÖSE RUNDE LÖCHER

Der Campingplatz liegt im Karstgebiet. Hier sind als besondere Phänomene Karsteinbrüche zu sehen. Rund 9000 Dolinen gibt es im Landkreis rund um die Kleinstadt Biržai, und es kommen ständig neue dazu. Es sind fast kreisrunde Löcher im Boden. Sie entstehen, wenn das Grundwasser lösliche Schichten im Erdinneren wegspült. Gut lässt sich dies im Landschaftsschutzgebiet Karajimiškis beobachten, wo sich mehrere dieser kreisrunden Löcher auf engstem Raum gebildet haben. Hier findet sich auch die größte Doline Karvės ola (Kuh-Höhle). Bis zu zwölf Meter breit und 12,6 Meter tief ist das Loch, das sich durch den Erdeinbruch gebildet hat. Am Boden befindet sich eine fünfarmige Karsthöhle mit unterirdischem See. Hinunter führt eine Treppe.

»Hier werden aus Durchreisenden Freunde, die sehr gerne wiederkommen.«

wirtschafteten Garten Gemüse und Obst für den Eigenbedarf zu ernten. Einkaufsmöglichkeiten gibt es um die Ecke im Dorfladen.

Besitzerin Daiva bietet zusätzlich Touren durch die Karstregion an und bringt Gästen begeistert ihre Heimat näher. Auch die Umgebung lädt zum Verweilen ein. Die ländliche Region hier im Norden von Litauen wird von Wäldern, Seen und Flüssen geprägt. Gegenüber dem Campingplatz, auf der anderen Seite der Dorfstraße, liegt der

SCHIMMERNDE SEEN

Nur ein kleines Stück weiter nördlich von Karvės ola ist ein anderes Phänomen zu beobachten. Beim Dorf Kirkilai haben sich 30 miteinander verbundene Dolinen mit Wasser gefüllt und den größten Karstsee Litauens gebildet. Im Sommer sinkt der Wasserspiegel, und es entstehen separate Seen. Bei Regen und steigendem Wasserspiegel verbinden sie sich wieder. Über Stege und Pontonbrücken geht es auf einem rund einen Kilometer

AUSFLÜGE IN DER NÄHE auf einen Blick

Strecke	Schwierigkeit	Dauer
18 km	Leicht	1 Std., im Landschaftsschutzgebiet Karajimiškis
1 km	Leicht	1 Std., Rundweg bei Kirkilai
2,5 km	Leicht	Je nach Lust und Laune

langen Rundweg über Buchten und Moore um und über die Seen und durch die außergewöhnlich schöne Natur. Mit etwas Glück sind hier Kolonien von lila oder grünen Schwefelbakterien zu sehen. Tafeln informieren über Vegetation und Fauna und natürlich die außergewöhnlichen Karstseen von Kirkilai. An verschiedenen Stellen sind Bänke aufgestellt. Start ist am halbrunden wie ein Kanu geformten Aussichtsturm, von dem aus man in 30 Metern Höhe einen herrlichen Blick über die Seenplatte genießt.

RIESEN DER URZEIT

Lebensgroße Dinosaurier, Drachen und große Insekten stehen nicht weit vom Campingplatz entfernt in einem verwilderten Park. Unterhaltsam werden die riesigen Tiere für die Besucher lebendig. Sie bewegen sich und machen Geräu-

Schaurig: ein Urzeitriese im Dinosaurierpark

sche. Die Nachbauten der vor 65 Millionen Jahren ausgestorbenen Urzeitechsen sind riesig und bunt bemalt. Hier schlüpfen »kleine« Dinos aus dem Ei, dort rennt ein T-Rex auf die Besucher zu und hinter dem nächsten Baum schleicht sich ein Velociraptor durchs Gebüsch. Informationstafeln vermitteln Zahlen, Daten und Fakten. Im Mittelpunkt stehen verschiedene Arten von Dinosauriern, die während des Mesozoikums gelebt haben. Der Dinosaurierpark liegt im Landschaftsschutzgebiet und ist Teil eines Freizeitparks mit Tierpark und Streichelzoo, kann aber auch allein besucht werden. Zusätzliche Attraktion ist ein Kletterpark (Tarzantrail) mit fünf verschiedenen Routen. Besonders Familien haben hier ihren Spaß. Im Eintritt, der nur in bar bezahlt werden kann, ist auch der Besuch im 9-D-Kino des Parks enthalten (www.rauboniuparkas.lt).

Der Blick vom Aussichtsturm reicht we über die Karstseen von Kirkilai.

30 Meter ragt der wie ein Kanu geformte Aussichtsturm aus der Landschaft.

Die Stille des Waldes genießen – Urlaubsstimmung mit allem Drum und Dran

CAMPING HARMONIE 

★★½

Geeignet für Wohnmobile, Caravans und Zelte, 45 Standplätze
▶ Raj Trakai, LT-21177 Rudiškės
Tel. +37061421560
GPS 54.50825, 24.890183

■ pincamp.de/LT500

Waldidylle: Ein bisschen abenteuerlich ist die Anreise über Schotterwege, die einen manchmal zweifeln lassen, ob man noch richtig ist. Doch es lohnt sich. Wie eine Insel mitten im Wald liegt auf einer sonnigen Lichtung der kleine Campingplatz, der nicht von ungefähr den Namen »Harmonie« trägt. Wobei die Betreiber bescheiden abwinken, wenn sie das Wort Campingplatz hören, weil es keine großen Annehmlichkeiten und erst recht keinen Luxus gibt. Dafür einen Ort, an dem sich Camper herzlich willkommen fühlen, die es gerne entspannt und gemütlich haben.

Es gibt ausschließlich geräumige Stellplätze, die wahlweise in der Sonne oder im Schatten liegen. Fast alle haben Stromanschluss. Die idyllischsten Plätze gruppieren sich um einen kleinen Badesee, der mit Sitzgruppen inmitten üppiger Blumenpracht auch ein gefragter Rastplatz ist. Hier kommt man schnell ins Gespräch. So wie am Grillplatz, wo bei Würstchen und Gemüse schnell Camperbekanntschaften gemacht werden.

Wer ein bisschen Abwechslung zum ruhigen Landleben braucht, den bringen die Betreiber mit dem Shuttle zum nächsten Bahnhof, um mit dem Zug bequem in das lebendige, von drei Burgen beschützte Vilnius zu fahren; der größten Barock-

AUSFLÜGE IN DER NÄHE auf einen Blick

	Strecke	Schwierigkeit	Dauer
Rad	69 km	Leicht	Tagestour, mit Rad im Europos Parkas, mit Kajak nach Vilnius
Ort	19 km	Leicht	Nach Lust und Laune
Wandern	5 km	Leicht	1 Std., Erlebnisweg durch Varnikai

stadt nördlich der Alpen, in der Mittelalter, Byzantismus und Moderne miteinander verschmelzen und in der es viel zu entdecken gibt. Egal, ob beim Shopping oder bei einem Museumsbesuch. Unbedingt sollte man sich auf der »Wunderplatte« zwischen Glockenturm und Kathedrale einmal um sich selbst drehen, damit Träume in Erfüllung gehen und einen Abstecher hinauf zur Gediminas-Burg machen, um Stadt und Umgebung von oben zu betrachten, bevor man sich wieder in die Waldidylle am Camping Harmonie zurückzieht.

Für kürzere Ausflüge kann man sich am Platz ein Fahrrad leihen, sofern man selbst nicht ausgerüstet ist. Dazu gibt es Tipps, welche Radtour gerade die schönste ist. Dem Hausherrn kann man hier vertrauen, denn er ist nicht nur ortskundig, sondern als ehemaliger Radtrainer weiß er auch, worauf es bei einer schönen Ausfahrt ankommt. Alle, die lieber zu Fuß unterwegs sind, können sich einer geführten Wanderung anschließen. Wer mehr zu Land und Geschichte wissen oder über den liebevoll gepflegten Blumenschmuck plaudern möchte, der ist bei der Gastgeberin als gelernter Historikerin und leidenschaftlicher Gärtnerin genau richtig.

SIGHTSEEING SPORTLICH

Litauen gilt als sportverrückt. Überall begegnet man Menschen, die sich bewegen. Entsprechend gut passt es, wenn man sich im Europos Parkas – einem Museum und Skulpturenpark – 20 Minuten nördlich von Vilnius zur Besichtigung eines außergewöhnlichen Landart-Projekts Fahrräder leiht, um in der parkähnlichen Landschaft genussvoll unter uralten Kiefern und Eichen von Exponat zu Exponat zu radeln. Nachdem französische Geografen hier das Zentrum Europas errechneten, gründete der Bildhauer Gintaras Karosas den Skulpturenpark von Joneikiskes. Direkt am angeblichen Mittelpunkt ließ er augenzwinkernd eine steinerne Pyramide aus dem Gras wachsen, um die, wie auf einem Zifferblatt, alle europäischen Hauptstädte mit Richtung und Abstand vermerkt sind (www.europosparkas.lt).

Nicht sehr weit ist es von hier zur Neris, die direkt ins Zentrum von Vilnius fließt und nicht von ungefähr bei Flusswanderern beliebt ist. Eine

Skulpturen im Europos Parkas in der Nähe von Vilnius

Paddeltour beginnt ländlich. Schilfgras wechselt sich ab mit Wiesen. Mal schnattern Enten. Meistens ist es ganz ruhig. Je weiter sich die Boote der Stadt nähern, desto mehr spürt man von der Zivilisation. Zuletzt führt eine lang gezogene Schleife direkt auf die Stadt zu. Sightseeing mal auf ganz andere Art, während die Paddel ins ruhige Wasser tauchen, und ehe die Tour hinter der Grünen Brücke endet. Dort laden die Jungs von Active Tourism die Boote wieder auf die Anhänger. Sie wollen Gästen ihre Stadt auf sportliche Art nahe bringen. Auf dem Wasser von Neris und Vilnia ist vieles möglich: so wie die Führungen auf dem SUP in Uzupis, dem Künstlerviertel von Vilnius (www.activetourism.lt).

NATURERLEBNIS AUF GESCHICHTSTRÄCHTIGEM BODEN

Allein wird man dort sicher nicht sein. Trotzdem lohnt es sich auf jeden Fall, einen Abstecher nach Trakai zu unternehmen. Schon wegen der Wasserburg aus dem 14. Jahrhundert, die einen mit ihren kompakten und trutzigen Türmen erahnen lässt, dass es nicht leicht war, sie einzunehmen. Umschlossen vom Galvėsee ist sie ein lohnenswertes Fotomotiv aus allen Perspektiven. Trakai gilt als die Wiege Litauens, war im Mittelalter dessen erste Hauptstadt und später Fürstenresidenz. Im historischen Museum lässt sich das vertiefen.

Es ist aber auch wegen seiner Naturschönheiten ein Magnet. Der Galvėsee mit seinen 21 Inseln

Skulptur vor dem Herrenhaus Užutrakis am Ufer des Galvėsees

Die Wasserburg von Trakai ist wunderschön und ihre Lage einmalig.

ist der größte und tiefste von 200 Seen in der Region. Der Nationalpark Trakai ist berühmt für 66 Vogelarten, die hier brüten und etliche mehr, die auf der Durchreise in dieser besonderen Seenlandschaft Halt machen. Plomenai, gleich neben der Altstadt von Trakai, ist der Hotspot für Ornithologen. Die gesamte Seenlandschaft ist ein Traum für Wassersportler, vom gemütlichen Schwimmer über den genussvollen Stand-up-Paddler bis zu engagierten Ruderern, die auf dem See eine Regattastrecke vorfinden (www.trakai-visit.lt/de).

EINDRUCKSVOLLE VIELFALT

Es ist die Abwechslung, die diesen Spaziergang durch das botanisch-zoologische Schutzgebiet von Varnikai so besonders macht. Viel Wald gilt es hier zu durchwandern, aber auch den Ilgelis-Sumpf, in dem es immer wieder Aussichtsplattformen zum Rasten, Staunen oder Picknick machen gibt. Man hört den Wind durch das Laub des nahen Eichenwalds streichen und das vielstimmige Zwitschern der Vögel. Ungewöhnlich große Königslibellen tanzen um Gräser. Es lohnt auch ein Blick auf den Boden. Die Bohlen für den Weg, auf dem man trockenen Fußes über den Sumpf gelangt, sind aus feuchtigkeitsbeständigem Espenholz. Informationen wie diese, sowie zur Entstehung der kleinen Seen und den hier heimischen Lebewesen, liefern die Schilder unterwegs (www.exploretrakaivilnius.lt/de/herrenhauser-und-parks/der-erlebnisweg-von-varnikai).

REGISTER

REGISTER

UNTERWEGS AUF DEM COL DE LA MADELEINE
UND DABEI DIE AUSSICHT GENIESSEN

PINCAMP: SUCHEN. BUCHEN. CAMPEN.

Camping-Vorfreude statt Urlaubsstress: *Auf PiNCAMP (www.pincamp.de), dem Campingportal des ADAC, können Camper ihren Urlaub von der Inspiration über die Campingplatzsuche bis zur Buchung bequem und kostenlos planen.*

Auf der Suche nach dem passenden Campingplatz ist PiNCAMP die richtige Adresse für alle Camper. Das Campingportal listet über 11 000 Campingplätze in ganz Europa, mehrere Tausend können davon direkt online gebucht werden. Camper erhalten somit auf PiNCAMP einen perfekten Überblick, welche Campingplätze in ihrer Wunschregion noch frei sind, und können sich direkt ihren Platz einfach und schnell online buchen. So steht dem nächsten Campingglück nichts mehr im Weg.

Um Camper bei der Urlaubsplanung bestmöglich zu unterstützen, bildet die europaweit einheitliche ADAC Klassifikation die perfekte Grundlage zum Vergleich von Campingplätzen.

Die ADAC Klassifikation basiert auf der objektiven Bewertung durch die ADAC Inspekteure. Diese geschulten und erfahrenen Camping-Experten durchleuchten regelmäßig 6000 Campingplätze europaweit einheitlich auf Basis eines standardisierten Fragebogens mit über 200 Messkriterien. Das Ergebnis ist eine objektive Analyse der Qualität von Ausstattung und Angebot. Die besten Campingplätze mit einer 5 Sterne-Klassifikation erhalten die Auszeichnung ADAC Superplatz. Ein Platz mit zwei Sternen muss aber nicht automatisch weniger attraktiv sein als ein Platz mit vier oder fünf Sternen. Camper müssen sich lediglich darauf einstellen, dass Infrastruktur und Ausstattung bei wenigen Sternen einfacher gehalten sind. Aber manchmal sind gerade einfachere Plätze die charmanten Geheimtipps. Alle in diesem Buch vorgestellten Campingplätze wurden mit größtmöglicher Sorgfalt ausgewählt und bilden ganz bewusst das volle Spektrum der Sterne-Klassifikation ab. Campingplätze ohne Sterne sind ganz neu in der Datenbank und wurden noch nicht von ADAC Inspekteuren besucht.

Für genauere Informationen steht am Ende der Platzbeschreibung ein Link zu pincamp.de, dem Campingportal des ADAC. Dort gibt es alle Details, die für die Auswahl eines Angebots hilfreich sind. Viel Spaß beim Sichten und Auswählen!

BILDNACHWEIS

Umschlag vorne: Alamy Stock hoto: Andrey Armyagov
Umschlag hinten: Shutterstock.com: Voyagerix

Karten: Shutterstock

Alamy Stock Photo: 216 – **ALPIN FITNESS WALDCAMPING VÖLLAN:** 42 – **Camping Lika:** 131 – **Auto Camp River:** 139 – **Bijou du Doubs:** 28, 31 – **Boga Alpine Resort:** 152 – **Brustranda Fjordcamping:** 3, 174-175, 176 – **Camp Kargita:** 135 – **Camp Park Sonata:** 94 – **Camping De Rozephoeve:** 18 – **Camping El Cortal del Gral:** 64, 65 – **Camping Jindřiš:** 107 – **Camping Julianadorp Aan Zee:** 14, 16 – **Camping Karolina:** 103 – **Camping Koukery:** 143 – **Camping La Venta De Contreras:** 68, 70 – Farm & **Camping Lazy:** 112, 113, 115 – **Camping Le Braou:** 32, 33 – **Camping Le Brévedent:** 2, 24, 25 – **Camping Leśny Dwór:** 99 – **Camping Naturplatz Na Skali:** 118, 119, 120, 121 – **Camping New Triton:** 166, 167 – **Camping Palouki:** 162, 163 – **Campsite Piccolo:** 127 – **Camping Playa Penarronda:** 60, 63 – **Camping Sofas:** 158 – **Camping, Stugor & Outdoor Storängens:** 197, 198 – **Camping Zagarkalns:** 6_2, 224-225, 235, 237 – **Camping44:** 54 – **dpa:** CTK: 102 – **Geirangerfjorden Feriesenter:** 184 – **gemeinfrei:** 181 – **Getty Images:** E+ 148; iStockpoto 92-93; Jörgen Schön 201, 202, 203, 204, 205; Patstock.com 138; Photodisc 207; Voyagerix 88-89 – **Gyvelborg Økocamping & Gårdbutik:** 206 – **HUBER IMAGES:** Christian Bäck 183, 190, 192; Christof Simon 196; Pietro Canali 40-41; Richard Taylor 185, 186-187 – **imageBROKER:** Christian Handl 108; Frauke Scholz 109; Konrad Wothe 156-157 – **imago images:** Loop 160 – **IMAGO:** imagebroker 44; Blickwinkel 251 – **Invercoe Caravan and Camping Park:** 212 – **Kassari Ratsamatkad: Ivo Panasjuk:** 228 – **Katja Hein:** 256 – **Kiviranna Holiday Home:** 231 – **laif:** Andrea Artz 210-211; Hans-Bernhard Huber 45; Max Galli 180 – Long Hazel Park 220 – **lookphotos:** age fotostock 217; Dave Derbis 189 – **mauritius images:** imageBROKER/Franz Walter 12-13; Thomas Haesgens 22-23; Alamy/Arterra Picture Library 38; Alamy/Sergi Boixader 66; Alamy/Martins Vanags 242; Alamy/Yury Kirillov 116-117; Bruno Kickner 8-9; Loop Images 222; Petr Bonek 106; Pitopia 188; Tereza Tothova 110 – **Ökologix:** CC BY-SA 3.0 195 – **Parque De Campismo O Tamanco:** 76, 77 – **picture alliance:** robertharding: 193 – **Plainpicture:** 194 – **Saskida Wine & Camping Resort:** 2-3, 122, 123 – **seasons.agency:** Jalag / Langlotz, Tim 84 – **Shutterstock.com:** AerialDronePics 53; Irina Wilhauk 36; JGA 62; StockPhotosArt 81; alexilena 80; Andrea Berg 47; Ant Clausen 56; arcachonphoto.com 34, 35; Berit Kessler 15; Bruijn_Photography 19; Cellio7 83; dropStock 20, 21; Focus Photography 17; Javen 48; Juan Carlos Munoz 37; Lguimaraes 27; Luciano Pierantoni 57; MAD.vertise 79; Simone Crespiatico 43; Thierry de Villeroche 26; Tomas Calle Boyero 69; Vcoscaron 67; Voyagerix 58-59; Zocchi Roberto 51; Ingus Kruklitis 247; 23 estudio 6_1; adrianpreda 241; ako photography 236; Andrea Cimini 130; Andrei Armiagov 170-171; Artjom Kuznetsov 233; BearFotos 125; Beliphotos 141; biggiunsband 136; Bokstaz 246; Daily Odyssey 154; DroneworX TS 158; ecstk22 147; Electric Egg 219; ER_09 218; EvijaF 238; F-Focus by Mati Kose 234; Fotokon 96, 97; Francesco Bonino 7_1; Garijs Polskis 240; Iliuta Goean 144; Irina Wilhauk 182; jean schweitzer 208; Joe Dunckley 221; Karl Allen Lugmayer 230; Leonid Andronov 168; Lukasz Pajor 213; mangojuicy 98; Martin Fowler 223; Matous 114; Matt Gibson 215; Matt Ledwinka 179; Maya Afzaal 232; MehmetO 153; Melinda Nagy 133; Michal Seelen 161; MNStudio 239, 243; Mny-Jhee 124; Niklas Toresson 150; nikolpetr 104; Oliver Hlavaty 128; Ondrej Prosick 191; Piotr Wawrzyniuk 7_2, 199; rayints 178; RnDmS 151, 214; Roberto Sorin 146; saiko3p 169; Stepniak 100; Tai Dundua 245; Thomas Amler 202; TomPhoto Stock 228-229; Tupungato 145; Uta Scholl 149; vanGeo 105; Viliam.M 132; Voyagerix 186; xbrchx 137; Zoltan Varga 155 – **Sivinos Camping Boutique:** 46, 49 – **stock.adobe.com:** Aleh Varanishcha 39; Alvaro 61; António Duarte 78; anzebizjan 165; baisa 134; Bogdan Lazar 30; Cellio7 86; dudlajzov 87; JackStock 140; Jorge Anastacio 85; Luciano Pierantoni 55; malajscy 82; Michal Jonik 101; Mike 142; mmphoto 126, 129; Oksana Perkins 177; ondrejprosicky 111; pacoparra 74, 75; palomadelosrios 73; PPstock 71; Roberto Zocchi 52; SCStock 72; stylefoto24 29; Tatiana Kolosovskaya 244; uslatar 95; Zina Zinchik 164; zm_photo 50 – **Tord Olsson:** 200 – **Vetsi Talli Camping:** 226, 227 – **Villy Fink Isaksen:** CC BY-SA 4.0 209 – **Xaver Schuler:** 256

Postfach 86 03 66, 81630 München

Markenlizenz der ADAC Camping GmbH, München

ISBN 978-3-98645-066-3

2. Auflage 2024

AutorInnen:
Katja Hein (Plätze 11–13, 35–37, 39–41, 43, 45, 49), Julian Meyer (Plätze 18, 19, 22–26, 28–32), Heidi Siefert (Plätze 1–10, 14–17, 20, 21, 27, 33, 34, 38, 42, 44, 46–48, 50)

Verlagsredaktion und Projektmanagement: Melanie Loser

Lektorat: Susanne Maute, mcp concept GmbH

Satz und Kartografie: mcp concept GmbH

Schlusskorrektur: Richard Schumm

Bildredaktion: Petra Ender, Nora Goth, Dr. Nafsika Mylona

Umschlaggestaltung: Independent Medien Design, Horst Moser, München; Birgit Kohlhaas

Herstellung: Felix Robitsch

Repro: Repro Ludwig, Zell am See

Druck und Bindung: Printer Trento S.r.l.

Ein Unternehmen der
GANSKE VERLAGSGRUPPE

Wichtiger Hinweis

Die Daten und Fakten für dieses Werk wurden mit äußerster Sorgfalt recherchiert und geprüft. Wir weisen jedoch darauf hin, dass diese Angaben häufig Veränderungen unterworfen sind und inhaltliche Fehler oder Auslassungen nicht völlig auszuschließen sind, zumal zum Zeitpunkt der Drucklegung die Auswirkungen von Covid-19 auf das Hotel- und Gastgewerbe vor Ort noch nicht vollständig abzusehen waren. Für eventuelle Fehler oder Auslassungen können Gräfe und Unzer, die ADAC Camping GmbH sowie deren Mitarbeiter und die Autoren keinerlei Verpflichtung und Haftung übernehmen.

Alle Inhalte im Buch wenden sich an und gelten für alle Geschlechter (w/m/d). Soweit grammatikalisch männliche, weibliche oder neutrale Personenbezeichnungen verwendet werden, dient dies allein der besseren Lesbarkeit.

Ansprechpartner für den Anzeigenverkauf:

KV Kommunalverlag GmbH & Co. KG,
MediaCenter München, Tel. 089/928 09 60

Bei Interesse an maßgeschneiderten B2B-Produkten:

b2b-kontakt@graefe-und-unzer.de

Leserservice

GRÄFE UND UNZER Verlag
Grillparzerstraße 12, 81675 München
www.graefe-und-unzer.de

Umwelthinweis

Nachhaltigkeit ist uns sehr wichtig. Der Rohstoff Papier ist in der Buchproduktion hierfür von entscheidender Bedeutung. Daher ist dieses Buch auf PEFC-zertifiziertem Papier gedruckt. PEFC garantiert, dass ökologische, soziale und ökonomische Aspekte in der Verarbeitungskette unabhängig überwacht werden und lückenlos nachvollziehbar sind.

AUTORINNEN

Katja Hein's Devise ist: »Das Abenteuer wartet hinter der nächsten Kurve, fahr einfach los«. Jede freie Minute ist die Journalistin und leidenschaftliche Reisende im kompakten Kastenwagen-Camper zwischen Südspanien und Nordkap unterwegs. Auf www.hin-fahren.de gibt sie Tipps zu schönen Touren, Reisezielen sowie rund um Camping und Wohnmobil. Außerdem hat sie *Wohnmobiltouren durch Norddeutschland* geschrieben und an weiteren Reiseführern mitgearbeitet.

Heidi Siefert wollte niemals campen, weil im Zelt der Cousine immer Ohrenkneifer waren. Bis sie für eine Reportage in der »Motorwelt« mit einem Wohnmobil auf Tour ging. So wurde Camping zu einem Schwerpunkt der Journalistin und Buchautorin. Unter anderem war sie bis zu deren Aus Redakteurin der ADAC-Fachzeitschrift »Freizeit Mobil«. Beruflich ist sie neugierig auf die Annehmlichkeiten moderner Anlagen, während sie privat mit Mann und Kindern die kleinen, unkonventionellen Plätze sucht.

LEGENDE

Zeichenerklärung Campingplätze

 Strandnähe

 Shopping

 Brötchenservice

 Kinderfreundlich

 Schwimmbad

 Hund erlaubt

 Restaurant

 Internet

Zeichenerklärung Ausflüge – Fakten auf einen Blick

 Distanz/Strecke

   Leicht/Mittel/Schwer Schwierigkeitsgrad

 Dauer, Start- und Endpunkt

Zeichenerklärung Ausflüge

 WANDERUNG
Ob Strandspaziergang oder Bergtour: Wer zu Fuß unterwegs ist, der hat Zeit zum Genießen.

 RUND UMS WASSER
Mit Paddelboot, Kanu oder Floß: Von Flüssen und Seen aus sieht man die Welt aus einem ganz neuen Blickwinkel!

 FAHRRADTOUR
Adrenalin auf dem Mountainbike und Entspannung pur beim Familienausflug mit dem Drahtesel.

 NATURERLEBNIS/LEHRPFAD
Moore, Wälder, Stein-Fossilien – diese Pfade durch die Natur sind Achtsamkeit pur.

 TIERBEOBACHTUNG
Wölfe, Braunbären, Affen: Mitten in der Natur ist man nie allein unterwegs.

 ERLEBNISORT
Von der Salzgrotte über den Dinosaurier-Park bis zum Hochseilgarten: Hier gibt es was zu erleben!